起跳

中国自由式滑雪空中技巧发展史记

黄岩 \ 著

人民体育出版社

图书在版编目（CIP）数据

起跳：中国自由式滑雪空中技巧发展史记/黄岩著.
-- 北京：人民体育出版社，2023（2024.8重印）
ISBN 978-7-5009-6275-5

Ⅰ.①起… Ⅱ.①黄… Ⅲ.①雪上运动—体育运动史—中国 Ⅳ.① G863.109.2

中国国家版本馆 CIP 数据核字 (2023) 第 022099 号

*

人民体育出版社出版发行
北京中献拓方科技发展有限公司印刷
新 华 书 店 经 销

*

710×1000　16 开本　14.25 印张　236 千字
2023 年 4 月第 1 版　2024 年 8 月第 2 次印刷
印数：3,501—4,000 册

*

ISBN 978-7-5009-6275-5
定价：88.00 元

社址：北京市东城区体育馆路 8 号（天坛公园东门）
电话：67151482（发行部）　　邮编：100061
传真：67151483　　　　　　　邮购：67118491
网址：www.psphpress.com

（购买本社图书，如遇有缺损页可与邮购部联系）

序

时隔多日,北京2022年冬奥会那些扣人心弦的比赛场面依旧历历在目,冰雪健儿追逐梦想、不懈拼搏的故事仍让人记忆犹新、备受鼓舞。

习近平总书记在北京冬奥会、冬残奥会总结表彰大会上指出:"我国广大运动员、教练员以实际行动落实拿道德金牌、风格金牌、干净金牌的要求,诠释了奥林匹克精神和中华体育精神,实现了运动成绩和精神文明双丰收,为党和人民赢得了荣誉!"

中国体育代表团勇夺冬奥会9金4银2铜共15枚奖牌,其中自由式滑雪空中技巧项目贡献2金1银。成就源于奋斗,胜利来之不易,其辉煌战绩的背后,蕴藏着怎样坚定不移的志向,沉淀了怎样坚持不懈的奋斗历程,《起跳——中国自由式滑雪空中技巧发展史记》一书给出了最好的答案。

本书较为完整地记录了自由式滑雪空中技巧项目在我国从无到有、由弱到强的发展历程。《辽宁日报》记者黄岩同志的采访深入扎实,从他的文字中我们能感受到,其满载体育情怀,书写时代担当。我们也被几代运动员、教练员的事迹感动,他们从一穷二白起家,坚守为国争光初心,一路披荆斩棘,最终实现梦想,书写了精彩人生。

筚路蓝缕,始简毕巨。本书忠实记录了很多不为人知的故事,从三十多年前开始,在沈阳体育学院室外游泳池边那座用脚手架搭建的简易跳台上,在捐钱修建的正规水池跳台上,在皑皑白雪覆盖的长白山里,一群少年勇敢"起跳"。他们从体操、技巧等项目跨项转练,他们应该是我国冬季项目最早的一批"跨项选材"运动员,成为中国自由式滑雪空中技巧的"拓荒者"。也是从那时候开始,这支被誉为"中国雪上梦之队"的队伍培养了一大批优秀运动员,在国际雪坛形成并长期保持集团优势。本书忠实反映了这一过程,第一个世界冠军、第一枚奥运奖牌、第一枚奥运金牌，中国自由式滑雪空中技巧运动在一次次突破、一次次超越中实现了"弯道超车"。

使命在肩，奋斗有我。沈阳体育学院从20世纪80年代末起，根据国家体委的竞技体育布局调整，转身拥抱冬季项目，几代沈体人憋着一股劲，三十多年风雨兼程，一张蓝图绘到底，硬是把一个在我国尚处于空白状态的弱势项目打造成叱咤国际雪坛的拳头产品。截至目前，我国获得的14枚自由式滑雪空中技巧冬奥会奖牌中，有13枚由沈体培养的运动员获得。这些成绩是对奋斗者、奉献者的致敬，也是对中华体育精神的褒扬。

繁霜尽是心头血，洒向千峰秋叶丹。自由式滑雪空中技巧项目辉煌成绩的取得，源自党的坚强领导，源自举国体制的有力保障，源自根植于运动员、教练员、科研人员、后勤保障人员内心的爱国主义情怀和自力更生、艰苦创业的优良传统。《起跳——中国自由式滑雪空中技巧发展史记》一书的可贵在于，不仅把自由式滑雪空中技巧作为中国冰雪运动发展的一个缩影，更将其放在"大体育"格局下审视，这也让我们深切感受到，在筹备和举办北京冬奥会、冬残奥会的过程中，竞技体育举国体制呈现出更加多元、包容的发展趋势，新时代体育事业高质量发展正被注入更多内涵。

党的二十大报告提出"促进群众体育和竞技体育全面发展，加快建设体育强国"，进一步明确了全国体育战线在新时代新征程上的使命任务，吹响了体育人扬帆起航再立新功的时代号角。在实现第二个百年奋斗目标的征程上，体育不仅是提高人民健康水平的重要途径，也是满足人民对美好生活的向往、促进人的全面发展的重要手段，更承载着国家强盛、民族复兴的梦想。中国冰雪运动需要更多的"起跳"，中国的体育事业需要更多的"起跳"，作为新时代的体育人，我们任重而道远。

勉为序。

沈阳体育学院院长

2022年10月

目　录

一跳天下扬名 / 001

01　她们三个总能出来一个吧 / 002

02　拿啦 / 006

03　跳还是不跳 / 010

04　是祖国培养了我 / 013

05　一块中国冰雪运动的"大金牌" / 017

有为才有位 / 023

01　逼出来的"冰雪冲击波" / 024

02　摸着石头过河 / 028

03　搭台"唱戏" / 032

04　1993 年的遗忘和铭记 / 037

05　请回答 1995 / 041

筚路蓝缕 / 047

01　九人参赛的七冬会 / 048

02　你能冲出亚洲走向世界 / 052

03　我要好好练 / 056

04　为你自己的梦想努力 / 060

05　杜鹃山庄 / 063

走向世界 / 069

01　挪威的森林 / 070

02　日本的雪板 / 074

03　亚冬会的礼物 / 079

04　一根木棍和一根针 / 083

05　澳大利亚的遗憾 / 087

长野啊长野 / 093

01　200.21 分 / 094

02　千里走单骑 / 098

03　宁为玉碎　不为瓦全 / 102

04　根据地在长野 / 107

05　拼——啦！这跳！ / 112

负重飞翔 / 119

01　不要望雪兴叹 / 120

02　好像是遇到了瓶颈 / 124

03　她是顶着压力去拿金牌的 / 127

04　你是怎么挺过来的 / 132

05　别再让自己打败自己 / 136

后浪推前浪 / 141

01　没有女孩愿意上也要上 / 142

02　天时　地利　人和 / 146

03　咱俩在一条船上 / 150

04　一定要赢国家队 / 154

05　别了，温哥华 / 158

迈步从头越 / 165

01　好像有预感一样 / 166

02　昏迷八十八天 / 169

03　选择了危险并爱上了它 / 173

04　消失的四年 / 177

05　这件事翻篇儿 / 181

起跳——中国自由式滑雪空中技巧发展史记

新的征程 / 187

01　自己和自己对话 / 188

02　三十而"励" / 192

03　这就是"5.0" / 196

04　莫忘来路 / 200

05　新的起跳 / 204

参考文献 / 208

附　录 / 210

附录1　中国自由式滑雪空中技巧发展历程 / 210

附录2　中国自由式滑雪空中技巧队参加历届冬奥会人员名单 / 213

后　记 / 216

「一跳天下扬名」

01 她们三个总能出来一个吧

2006年2月22日下午，时任沈阳体育学院院长张贵敏早早出发，出沈阳，上高速，40多公里路程，到达白清寨乡。夜幕降临，沈阳体育学院白清寨滑雪场会议室灯火通明，电视屏幕锁定都灵冬奥会自由式滑雪空中技巧女子决赛。在场的人都说，气氛像过年一样热闹，那种对金牌的渴望，谁都能感受到。

资格赛原定于意大利当地时间19日进行。天有不测风云，赛场突降大雪，比赛时间延后两天。23位选手取前12名，两跳得分相加决定决赛名单，不允许有失误出现。好在，中国"四朵金花"顺利突围，郭心心第二，李妮娜第三，徐囡囡第七，年纪最小的王姣也涉险过关，排名第十二位，踩线进入决赛。

踏上决赛赛场的4名中国运动员，无一例外都是沈阳体育学院的学生军。时隔多年，谈起那天的场面，张贵敏还面带笑意，"我们那时的女子运动员不得了，号称'梦之队'，世界杯金牌拿个遍，李妮娜连续三年获得女子世界杯总分第一名。决赛那天，学校组织在滑雪场集体收看。"

徐威时任沈阳体育学院竞技体校校长，运动员的情况他最熟悉。"都灵冬奥会那个赛季的世界杯冠军，不仅李妮娜拿过，郭心心、王姣都拿过。即便某一站没得冠军，进前三名也不是难事。出征都灵冬奥会之前的备战周期，李妮娜三个赛季拿了13站世界杯冠军，还拿了1届世锦赛冠军，几乎难逢敌手，所以整个空中技巧队的工作，从训练重心到重点队员，都在女队这边。"

空中技巧在沈阳体育学院牵动人心，不仅是管理、从事项目的相关人员，从领导、机关干部到教职员工，包括家属，都在关注比赛。徐威说，鞭炮、酒水、夜餐、标语全都齐备，以队伍出发时的成绩估算，大家在后方鼓劲的想法，完全按照庆祝夺冠做的准备。

决赛直播开始，形势果然大好。第一轮刚刚战罢，不知道谁心急，先放了几挂鞭炮痛快痛快心情，室外清脆的噼啪声和会议室内爆发出的欢呼声汇成庆祝的主旋律。难怪，即便第一跳便失误的王姣早早退出冠军争夺，但徐囡囡稳了，后空翻同时转体360度接后空翻同时转体720度；同样的难度动作，李妮娜也稳了；郭心心更稳，难度系数为3.800的bLFF，直体后空翻一周接直体翻腾一周同时转体360度再接直体翻腾一周同时转体360度，一气呵成，占据首位。

张贵敏笑着回忆："说心里话，当时我也觉得希望非常大。尽管竞技体育的偶然性大，不过我们是几个人团体作战，东方不亮西方亮啊。女子决赛第一轮结果令人惊喜，郭心心第一、李妮娜第二、徐囡囡第三，金牌似乎已经揣在兜里。鞭炮放起来，电视台记者摄像机架起来，对家长、对竞校校长徐威开始采访。我心里合计，这还有什么说的，再怎么差，她们三个总能出来一个吧。"

郭心心妈妈是一个很外向的人，面对镜头真情流露，女儿这么多年的辛苦努力终于要看到回报了。那种父母对子女的爱与期待，让人受到极大感染，也深深刻在当时在场的竞技体校副校长孟春媛的脑海中。

其实那时的期待，何止"出来一个"。大家心中可能都会冒出一个念头，如果三位姑娘在第二轮中继续稳定发挥，不要说金牌，横扫金、银、铜三枚奖牌也有可能。

然而，自由式滑雪空中技巧的比赛就是这样残酷无情和不可预测。决

都灵冬奥会自由式滑雪空中技巧女队教练员、运动员在风雪中等待决赛（沈阳体育学院／供图）

定最终名次的第二跳，先出场的瑞士选手伊芙琳完成了一个高难度的三周动作，总分202.55，升至第一，彻底打乱了中国队的部署，让白清寨滑雪场会议室从喧嚣中一下安静下来。

28岁的徐囡囡完成了她职业生涯中的最后一跳，总分落到了两名外国选手之后。徐囡囡的父母当天谢绝了到白清寨观战的邀请，都灵决赛将是女儿运动生涯的终点站，徐囡囡母亲担心控制不住自己的情绪。最终名次果然在遗憾中产生，参加了长野、盐湖城和都灵三届冬奥会的徐囡囡，与铜牌的差距仅有0.16分。

眨眼间，包揽三枚奖牌的梦想破灭，人们的表情开始变得复杂和紧张。李妮娜则把紧张感继续放大，她没能再现第一跳的精彩，总分197.39，伊芙琳的领先优势未被撼动。徐威介绍，中国队的战术方案，徐囡囡和李妮娜"保"，郭心心"冲"，保的多，冲的少。徐威的话其实还有半句没有说完，回头看，冬奥会的空中技巧女子冠军，几乎都由三周台选手获得，有时候真是不"冲"不行。

金牌希望落在郭心心肩上，难度系数4.050的三周动作bFFF，成败在此一举。李妮娜后来用最简短的话形容当时的情况——"郭心心站了，这块金牌就是中国队的，郭心心没站，那么最好成绩就是银牌。"

大家屏息观看。出发、起跳、腾空、翻转，过程干净利索。然而，落地之后，郭心心突然失去了平衡，重重向前扑倒，滑下了山坡。"我很难解释清楚当时发生了什么。当我站住之后，刚有兴奋的感觉，没想到摔了下去。"这是赛后郭心心的回忆。用很多业内人的话说，郭心心的那一跳，太想站了。

电视转播镜头，甚至捕捉到了伊芙琳的表情，前一秒还高度紧张，后一秒突然松弛下来，高兴地露出笑容。不过片刻之后，她似乎意识到自己的失态，用手捂住了嘴巴，不过眼睛还是在笑着的。

郭心心的那一跳只得到71.58分，这位拥有当时世界女子最高难度动作并且这个动作平时成功率能达到50%~75%的运动员，最终排名第六。几年之后复盘，国家队教练员纪冬还感到深深的遗憾，三个人都有机会赢得奥运冠军，可惜排序的时候失去重点，其实当时郭心心最有可能。

白清寨滑雪场的会议室里一片叹息声，张贵敏还得主持大局，"当时我一看，大家垂头丧气，我说不用这样，竞技体育胜败乃兵家常事，很正常。嘴上这么说，心里不是滋味。"

郭心心摔倒的一刹那，紧盯转播的很多人愤懑地拍了桌子。冷静下来的徐威得出了反思之后的结论，"应该说，从动作质量、稳定性、难度上，都差了一点。李妮娜之前战绩出色，但队伍知道，能跳三周台的国外选手是最大威胁。当时女队上三周台，不像现在这样作为争冠的主体动作。要我说，最后输，还是输在难度上，不能说不服；难度比你高，动作质量稍差，那也要鼓励高难度，按照现在的说法，难度实质上就是创新，竞技体育的创新是永恒的。"

既要难，又要稳，这可能就是自由式滑雪空中技巧项目的"悖论"吧。其实在都灵冬奥会之前的两个月，2005 年 12 月，自由式滑雪空中技巧世界杯第三、四站比赛在长春莲花山举行，冠军被中国女将包揽，可第三站冠军王姣在第四站中仅排在第八位，而第四站冠军徐囡囡在第三站的比赛中没进决赛。可以说，"偶然性"这个魔咒，运动员想躲都躲不开。

都灵冬奥会把自由式滑雪空中技巧比赛时间放在晚上，灯光赛场，中国选手之前少有尝试。都灵是海洋性气候，雪质也大不同，常年在国内较干雪质环境下训练的中国运动员，需要重新适应。更何况，李妮娜在长春站的比赛中腰伤复发，徐囡囡因腿伤、膝伤此前休养了很长一段时间。种种客观因素叠加，谁说金牌一定十拿九稳呢？直播还在继续，镜头里李妮娜很有风度地向对手祝贺，并高举雪板向观众致意，大家才意识到，银牌同样来之不易。郭心心抱着雪板走向停止区，等待分数的过程中，她眼含泪水，这个女孩在距离冠军领奖台最近的地方摔倒后，依然选择坚强。

会议室的灯光熄灭，白清寨浸入夜色之中。临出门前，走在后面的徐威狠狠往沙发腿上踢了一脚，嘴里嘀咕着骂了一句："谁还给我们的名次乘以二了！"这个动作被孟春媛看到并感同身受。是的，只有全身心融入这个项目并为之付出巨大心血后，才会有这种懊恼情绪的爆发。

王钰清时任校党委副书记，那天他没去白清寨，在家一边看直播，一边通过短信与在都灵的学校党委书记于晓光交流。决赛第一轮，排名一、二、三的时候，前线后方一样充满期待，"怎么还不拿一个"；最后二、四、六，"没办法，没站住"。王钰清说，决赛 12 人，有我们 4 名运动员，已经很了不起。他给前线的致辞中写道："三分天下有其一，银牌也灿烂。雪域我仍独翘楚，无须称梦断……"最后一句："阿尔卑斯埋火种，蓄芳来年绽。"

起跳——中国自由式滑雪空中技巧发展史记

谁能想到，金牌之花的孕育，竟然不用等到"来年"，第二天就迎来绽放。当女队4名运动员在赛场上忘我拼搏的时候，都灵萨奥兹·杜尔克斯滑雪场的观众里，有一个第二天就要上阵的男选手，他的名字和他从事的项目，从此将被更多人所知。

02 拿啦

8岁的牛牛缠着孟春媛问了一整天。"妈妈，姐姐们为什么没拿到第一？还有比赛吗？"

"今天晚上是我认识的晓鹏哥哥的比赛啊！那我一定要看！"斗志满满的牛牛坚持到晚上10点多钟，困得实在不行睡了过去。决赛第一轮结束，孟春媛进屋把睡得迷迷糊糊的儿子叫醒，还落了埋怨，"妈妈你怎么不早点喊我！"外国运动员跳一次，牛牛问一句，这个动作晓鹏哥哥会吗？当屏幕上韩晓鹏举着国旗在场地上奔跑庆祝的时候，牛牛也在沙发上欢快地跳跃，"晓鹏哥哥拿冠军啦，晓鹏哥哥拿冠军啦！"孟春媛笑着看儿子边蹦边喊，笑着笑着，眼眶湿了。

2006年2月24日，韩晓鹏赢得了中国第一枚冬奥会雪上项目金牌（视觉中国／供图）

"实际上,冬奥会的冠军意味着什么,对他来说当时肯定是不清楚的,但是他和我一样,眼里都是泪水。"孟春媛第一时间拿起电话,赶紧把喜讯分享给同事。

那是 2006 年 2 月 24 日凌晨 2 点多钟。王钰清家里铃声大响,接起来,话筒里传来院长张贵敏兴奋的声音:"你看没看啊?"

王钰清回答:"困了,躺沙发上睡着了。"

"你赶紧看啊——拿啦!"

王钰清连忙重新打开电视机,正看到韩晓鹏高举双臂庆祝的场面,张贵敏说:"走走走,上办公楼来!"

事实上,在男子决赛之前,女队痛失金牌的遗憾尚未挥之而去。包括王钰清在内,23 日晚,沈阳体育学院许多员工没能熬过连夜看冬奥会带来的疲劳,大多早早入睡。王钰清说,其实韩晓鹏是以预赛第一的身份冲进决赛的,但在前一天那种从亢奋情绪跌落的巨大心理反差下,这一点好像被大家完全忽略。

女子比赛后,张贵敏留在滑雪场住下,安抚军心。第二天早上回到学校,晚上在家继续观战,挺到男子决赛时间,"没有任何人给我信息,说男子还有希望拿牌,奖牌都不敢想,更别说金牌了。不管怎么说,自己的学生在那儿比赛,还是要看一看。"

男队不被看好,不是没有原因。徐威回忆说,在自由式滑雪空中技巧国家队的备战工作中,男队虽然不能说是陪衬,但肯定不是夺金重点。世界杯战绩是最好的衡量坐标,韩晓鹏从未拿过冠军,欧晓涛 2004 年在捷克站比赛中拿到了中国第一块世界杯男子金牌固然可喜,但从整体考量,与国外主要对手比较,中国男队的难度、动作质量、稳定性,都不是最高水平的,所以男队不可能成为重点。

不被看好也是好事,甚至韩晓鹏自己对夺冠这件事,赛前也"真没有想过"。回头总结夺冠的成功之处,时任国家体育总局冬季运动管理中心副主任任洪国首推"目标制定可行",他的观点是,中国队赛前的目标是韩晓鹏打入前六名,然后争取冲击奖牌,因此韩晓鹏在定位和心态上都比较好。

但对韩晓鹏来说,轻装上阵,不意味着没有压力。多年之后,韩晓鹏依旧难忘自己当时的心情。他说:"我们这个项目历年来都是女队更强,男队夺金希望没女队大。我以预赛第一的身份进入决赛,要说完全没有压力也不可能,就看自己怎么调整。当时的状态,只要动作成功,发挥好,基本上是前三名的水平,反正放手一搏吧。"

第一跳，后空翻转体360度接转体720度接转体360度，难度系数4.425。状态出色的韩晓鹏延续了他在预赛中的出色表现，尤其落地异常稳健。落地分最高得3分，两位裁判打出满分。这一跳，韩晓鹏得到了130.53分。只是，强中更有强中手，拿过长野冬奥会铜牌的白俄罗斯选手达辛斯基不愧是夺金最大热门，发挥同样极其稳定，第一跳131.42分，硬是压过韩晓鹏一头。

决赛第二跳，按照第一跳的成绩由低到高排序出场。"那时我自己心里非常清楚，正常跳下来，前两名没有问题，但这个念头只在心里闪了一下，我就告诉自己，不要去想，不要去想！"结果，韩晓鹏飞得高，落得稳，120.24分，不如第一跳，原因很简单，难度降了，这一跳的难度系数只有4.175。

徐威也在自己家里看直播。"很多人都认为第二天的男子决赛中国队没戏，既然认为没戏就不看了，但竞技体校的人基本上都在看，想看看男队到底表现怎样。想不到，头一天女队输了，坏事变好事。韩晓鹏的动作，不是现在这种更高难度的动作。温哥华、索契、平昌三届冬奥会，把韩晓鹏的这个动作拿过来，可能都进不去决赛。2018年平昌冬奥会贾宗洋最后那一跳，完全像从教科书里扒出来的一样，按照规则应该扣不下去分，结果才是亚军。韩晓鹏夺冠回来之后，我们研究、分析他的动作，反复看视频。韩晓鹏的动作有没有瑕疵？有，但拿冠军，也没有太多可挑剔之处。说实话，那个动作，韩晓鹏从来都没跳得那么好过。"

把最完美的表现放在了冬奥会决赛上，这就不难理解，韩晓鹏完成动作后会兴奋地仰面倒在雪地上。后来他说，落地后，知道前两名肯定有了。可后面还有达辛斯基最后一跳，是第一还是第二，这可不敢说。

白俄罗斯选手达辛斯基似乎决心毕其功于一役，他把动作难度系数继续保持在4.425，倒没出现重大失误，但用内行人的眼光看，达辛斯基身体后仰，那一瞬间几乎擦到着陆坡，落地还是有问题的。

任洪国赛后总结，为什么说韩晓鹏是个聪明的运动员，因为他很会吸取别人的经验教训。他在比赛前反复观看中国女队的决赛录像，总结裁判打分的特点。郭心心失利的重要原因，与第二跳的难度系数太高不无关系，落地的不成功直接影响比赛结果。韩晓鹏把很多问题提前想好，特别是第二跳要降低难度，保证着陆成功。

果然，裁判迟迟没有出分。正常情况下，如果达辛斯基的动作真的无懈可击，分数会马上出来。这让韩晓鹏觉得"信心足了"，因为分数出来迟代表裁判肯定对达辛斯基的动作存有争议。说是"迟迟"，实际上只耽搁了两分多钟，但那种等待的煎熬，让人感觉好像等待了几个小时一样漫长。

这又是一次"难"和"稳"的博弈。结果是圆满的，韩晓鹏第二跳的落地获得 2.8 分，达辛斯基这一跳只得到 117.26 分，落地分不如韩晓鹏，只有 2.7 分。不要小看 0.1 分之差，它让中国实现了冬奥会雪上项目金牌"零"的突破。

守在电视机前的张贵敏简直不敢相信自己的眼睛。"当时给我的感觉，中间是不是出了什么差错，真没敢想韩晓鹏的分数会比白俄罗斯选手高。我一看，冠军真到手了，马上打电话，办公室主任睡得迷迷糊糊的。我说，国强，通知所有在家的校领导和有关干部全部到办公楼，把学院的灯全部点亮。"

沈阳体育学院 2006 年初还没南迁，从张贵敏家到北陵公园旁边的老校区，走路要五六分钟。那是寒冬里后半夜的 3 点多钟，他远远望见沈阳体育学院的办公楼灯火辉煌。张贵敏觉得，浑身暖洋洋的，脚步都轻快了许多。

王钰清快马加鞭赶了过来，他和张贵敏先给前线的于晓光书记打了电话，"晓光嗓子都哑了，乐的"。王钰清记得，张贵敏从办公室拿出一瓶酒，大家每人分了一口，没菜，所有人却谈兴浓烈。话题只有一个——金牌，这是中国冬奥会雪上项目的第一块、雪上项目男子的第一块、自由式滑雪空中技巧的第一块、沈阳体育学院的第一块。王钰清说："赶紧吧，咱们把自由式滑雪空中技巧在沈阳体育学院的发展历程编个画册，我马上安排。"画册的名称当场敲定，《走向辉煌》！

关于这顿"庆功酒"，孟春媛记得酒瓶是扁的，后来担任过竞技体校校长的刘大可觉得像是洋酒的模样。当时在场人的回忆或有不同，不过感受完全一样，滋味是甜的，心情是美的。

酒是好酒，张贵敏的解读充满深意。酒是之前院校交流活动时一位外国友人赠送的，顺手放在办公室里，名字挺吉利——"冠军酒"。他还开玩笑说过一句，什么时候拿了奥运冠军，大家一起痛饮。"当时的情景历历在目，真是难忘，我拿着那瓶酒，国强抱着一堆纸杯，站在办公楼二楼楼梯口，上来个同志就倒一点。酒香洋溢，笑语盈盈。"

一跳天下扬名 | 009

说着，笑着，不觉东方既白，曙色照在白雪覆盖的汉卿体育场上。这座老东北大学时期遗留下来的田径场饱经沧桑，是中国人走向奥运的原点——1932年，东北大学学生刘长春参加了第10届洛杉矶奥运会。现在它即将见证，从这里出发的大学生运动员，经过74年漫长的接力，终于迎来了一次英雄式的金色凯旋。

"热闹到5点多钟。还得上班呢，还有事儿呢，冠军拿了，接下来怎么安排呢？"一宿未眠的张贵敏心情依旧澎湃，但接下来，他必须要面对一个有些棘手的新问题——这块金牌，到底该怎么算？

03 跳还是不跳

2005年的冬天，郭心心正式拥有了当时世界女子空中技巧运动员中的最高难度动作，bFFF。"都灵冬奥会上我用的那两个动作，2005年冬天在雪上都可以做了，给人感觉成功率好像很高，其实跳得怎样，我自己最清楚，应该说只能达到50%的成功率。"郭心心说，bFFF动作，她基本上跳三个能站一个半，半个，意思是着陆时蹲得有些深，但自己还能站起来。"我跳三周动作这些年，没说动作跑范儿跑得厉害，就是说完全失控的时候，几乎没有。"

偏偏那最后一跳，郭心心失去了控制。从都灵回来，郭心心很窝火："从始至终，我都算不上是冠军的最大热门，后来却说什么，是我让煮熟的鸭子飞掉了，还有人问为什么不临时降一降难度，难度降下去就是冠军了吗？我没想过拿金牌，能把动作完成好就行。比赛前大家对我的关注度不高，摔倒之后，压力全都堆了上来。"

胜败在此一举，冠军只能去搏。郭心心那一跳，伊芙琳看得心惊胆战，这位瑞士选手后来说："中国选手很棒，尤其是心心，我们的动作完全一样。虽然她没拿到金牌，但必须承认我很幸运。"

郭心心回忆那段时间的心情，倒也不能说是自闭、抑郁那么夸张，但是也把自己"封锁"起来，不希望别人打扰，一度都想退役，大学毕业后就不想干了，太闹心了。

这和备战2006年冬奥会时训练的样子形成鲜明对比。郭心心2004年春天进入国家队，她记得，那时杨尔绮老师带李妮娜，陈洪斌老师带女队的其他运动员，纪冬教练带男队。不想刘丽丽受伤，郭心心成为唯一一名三周台女选手，于是被分到了纪冬组，和欧晓涛、韩晓鹏、邱森几名男队员一起练。对纪冬的称呼，郭心心一直使用专有名词——"教练"。

外教来了，先是辛迪，接下来是达斯汀，他担任国家队主教练，纪冬是副教练。郭心心终于不再单打独斗，代爽飞、赵姗姗两个三周台女孩也进入了国家队，大家团结作战。郭心心和代爽飞非常要好，俩人住一个房间。原来每天跳台，是男队员跳完郭心心再跳，但男队员跳三周的感觉和女队员不一样，代爽飞来了，每天跳台变成她第一个跳。郭心心由衷觉得，那几年的她在迅速成长，这种成长，离不开男队员们和代爽飞的保护。"教练"跟郭心心说，夺冠概率五五开，往上冲。

在郭心心的运动生涯里，纪冬是一个特别重要的存在。"他是从运动员转为教练员的，非常了解我们的想法，当然他也有急躁的时候，也狠狠批评过我和代爽飞。回想一下，我和代爽飞没在'教练'面前掉过一滴眼泪，没说过'教练'别生气了这样的话，也不知道为什么那么倔。"郭心心对"教练"感谢并理解，但在冬奥会的赛场上，所有人都承载着极大的压力。

那是最后一跳，出发之前，起滑点只剩下郭心心和纪冬。"开始我们两个谁都没出声，因为也没有更多时间进行交流。准备出发了，我站在那儿说：'教练，我想再往上站一步，上一趟感觉有点慢了。'他回复：'我感觉正好，不用动。'"

郭心心说："我一声没有，因为我觉得，作为一名运动员，我要相信教练。我一动没动，从原来的位置开始下滑。"

奥运会是运动员人生中的一次大考。郭心心如此，李妮娜亦如此。从2002年到2006年，在这四年里，李妮娜在国家队经历了从新人到主力的转变。按照原计划，李妮娜也准备上一个难度动作，她做bdFdF，郭心心做bFFF，俩人携手向金牌发起冲击。而那个时候，国际雪联官方网站上的头条文章写道："如果说这届冬奥会有一枚金牌在赛前已经决定了归属的话，那就是女子自由式滑雪空中技巧的冠军，中国的李妮娜。"

计划没有变化快，为都灵冬奥会全力备战了四年，李妮娜最后却不得不带伤上阵。受伤发生在都灵冬奥会前的一个月，助滑速度不够，影响空中翻转，导致

一跳天下扬名 | 011

落地时也失去控制。摔倒后腰部受伤，李妮娜整个人有半个小时动弹不得。这是她在运动生涯中第一次经历这种情况，她尽量让自己什么都不去想，但心里清楚，"如果严重的话，我可能就不能参加冬奥会了。"

幸运的是，腰无大碍，但伤的后遗症还在。接下来的训练中，每一跳落地，都是李妮娜最痛苦的时刻，整条右腿都是麻的，坚持滑到停止区后，一动也不能动，只能用左腿支撑着，一下一下蹭出场地，再接受队医的治疗。

第二次走上冬奥赛场，李妮娜对意大利的场地并不陌生，陌生的是观众，是腰伤。只要专注于比赛，对观众也不用担心。她因大赛的到来而充满期待，更因为新伤而略显紧张，但不知道自己能不能坚持比完，能不能做到最好。

因为不希望把弱点暴露在对手面前，训练中李妮娜一直假装若无其事。前三天训练，李妮娜换了三次跳台。"每天都觉得自己跳的台子不舒服，换得纪冬教练实在受不了了，他跟我说，你要什么样的台子，我给你修，你再换，我的心态都要崩了。"换跳台，其实是心神不定的一种表现，之所以心神不定，伤病影响只占其一，内心犹豫比重更大。李妮娜很难作出决定，要不要做那个难度系数 3.900 的 bdFdF。

外教的观点是"做"。做了，就有希望拿金牌。李妮娜的个人倾向是"不做"。倒不是像关心她伤病的朋友们担心的那样，怕因此伤上加伤，断送运动生涯，而是因为在冬奥会之前，李妮娜只做了两次 bdFdF，再加上突然受伤，成功根本没有把握。俗话说得好，台上一分钟，台下十年功。李妮娜最清楚，到冬奥会赛场做拿不出手的动作，无异于去"撞大运"。

用李妮娜自己的话说，连续几天"惶惶不可终日"。最后实在经不住内心煎熬，李妮娜去找带队领导，"我是国家队的人，国家队让我干啥我干啥，冒不冒险无所谓，但是别让我再想了，再想预赛都比不好，决赛我都进不去了！"就在李妮娜专心准备预赛那两天，她听说，为了研究做还是不做这个动作，领导和教练组每天开会讨论到凌晨两三点钟；每个人都顶着巨大的压力，最后的决定是，"保守治疗"。

留得青山在，不怕没柴烧。李妮娜很感谢这个决定。但即便如此，也难做到轻装上阵。从进驻奥运村的那天开始，李妮娜便被无形的压力裹挟。压力来自方方面面，更多来自自己的内心感觉。在决赛到来前，李妮娜没睡过一个好觉。每天躺下，比赛动作开始在脑海里一遍一遍地"过电影"，睁开眼睛看看表，已经 1 点钟了，人还是清醒的。"幸好是晚上比赛，训练也安排在夜间，白天不用起那么早，不然精神状态一定完蛋。"决赛结束以后，李妮娜回到住处倒头就睡，那是她到都灵后睡得最踏实的一回。

李妮娜说："在我成长的过程中，经历过成功，也经历过失败，攀上过高峰，也跌落过谷底。不过我认为，正是这些经历，才让我能以更自信的心态站在奥运赛场上，即使带着伤，即使顶着压力，我还是站在起点，并充满信心地起滑、起跳，虽然没有拿到冠军，但第二名已经是最好的礼物和证明，没有泪水，只有喜悦。"

除了银牌之外，想不到还有其他收获。那是男子决赛韩晓鹏夺冠之后，自由式滑雪空中技巧队全体先去现场观摩颁奖，后去一家中国餐馆聚餐。正吃着呢，老板跑过来问大家，要不要见布冯？李妮娜记得，当时全场女士脸上一片迷茫，布冯是谁？然后男队员们开始讨论，是不是那个踢足球的？对对对，意大利队的守门员！

管他是谁，先见了再说！李妮娜赶紧带头同意，然后就有了一张大合影。后来 2006 年世界杯上意大利队一路过关斩将，大家一直觉得，他们肯定是沾了中国自由式滑雪空中技巧队的光。

郭心心终于把自己的心情调整了回来。以 2010 年温哥华冬奥会为目标重新投入训练，再看自己想站但是没站住的情形，已经释然。郭心心说："用上了自己最大难度的技术动作，可能丢掉了自己的个人荣誉，但队伍的荣誉没丢。2006 年在都灵失败了，我四年后再来。"

李妮娜也在重新规划目标，坚持自己稳定的优势，同时表示下个四年一定会做 "3.90"。四年后，等待她们的又会是怎样的奥运，无论是郭心心还是李妮娜，都充满期待。

04 是祖国培养了我

去看女队的决赛，是韩晓鹏自己的决定。领导和教练员当然不想让韩晓鹏去现场，都劝，"你第二天还有决赛"，但韩晓鹏的想法最后得到大家的尊重和认同，第一是去给女队加油，第二能感受决赛气氛。

2月21日的预赛，韩晓鹏"不声不响"拿了第一。晚上睡觉的时候，韩晓鹏心里兴奋的小火苗在燃烧，这要是决赛多好！资格赛发挥固然特别出色，但冬奥会的决赛啥样，韩晓鹏还没弄清。

在现场，队友从第一轮动作包揽前三到最后获得一枚银牌的全过程，韩晓鹏看在眼里。女队的拼搏精神让他深受鼓舞，也深深为之惋惜。"她们发挥出了自己的水平，可能在一些细小环节上没有把握好吧。"韩晓鹏记得，当时有人跟他说，别有压力，韩晓鹏鼓足劲回答："明天看我的！"

压力怎么可能没有？韩晓鹏记得，当天晚上，他睡觉时手心脚心都在出汗，仿佛做了一场大梦。第二天在候场区，韩晓鹏觉得自己的两条腿一直在抖。但当他观察其他选手时，发现他们的紧张程度有过之而无不及。

"明天"的故事已经被大家熟知。夺冠时刻，正陪同李妮娜出席颁奖典礼的杨尔绮教练难抑兴奋。"当时我说，晚上回去我得喝点儿酒，好好庆祝庆祝！"2006年，杨尔绮60岁，在2020年回忆当时的场景，杨尔绮仍旧动情："平时我很少掉泪的，但是那天真的哭了！"

喜极而泣的还有韩晓鹏的家人。2006年2月23日晚，沛县老家，韩晓鹏的家人和亲朋好友齐聚一堂，在电视机旁等待着都灵冬奥会的空中技巧决赛直播。当年父亲把6岁的韩晓鹏送到体校学习技巧项目时，最初目的只是希望他能多吃饭，增强体质，那时怎么会想到将来参加冬奥会的事情。

徐州到沈阳，距离1200公里，要坐一天一夜的火车硬座。杨尔绮把韩晓鹏招来的时候，也不曾奢望金牌。第一次站上跳台，虽然心里没谱，但韩晓鹏那股倔强劲上来，"当时就对自己说：随它去吧，爱咋咋地。一咬牙，一跺脚，两眼一闭就跳了。"落地许久，才回过神来，但瞬间已经爱上那种飞跃的感觉。

随后的日子，是出操、训练，看技术录像，"枯燥乏味"，日复一日。不懈努力终有回报，1999年第9届全国冬运会，亚军；2000年和2001年全国锦标赛，冠军。可上升势头却踩了急刹车，2001年12月，在二龙山滑雪场训练中，一次不慎摔倒，导致韩晓鹏右膝交叉韧带和内侧副韧带断裂，盐湖城冬奥会迫在眉睫，只能选择保守治疗。

腿里带着钢钉，韩晓鹏站上了盐湖城冬奥会的起滑点，两跳均出现严重失误，第24名。他对成绩自然不满，但信心却大大增强。"看着国外顶尖选手做的那些高难度动作，我觉得我也可以完成。"重新静下心来，继续早上出操，吃早饭，上午训练；吃中饭，下午训练，吃晚饭；看技术录像，开会，心理训练，按摩，医生治疗。实力在365天不变的"枯燥"训练生活中慢慢累积增强，他对项目的理解也在逐渐加深。韩晓鹏慢慢学会如何去真心投入一场比赛，而不是只看到比赛的残酷。韩晓鹏开始真正地体会到自由式滑雪空中技巧项目散发的巨大魅力，枯燥乏味的训练真的成了一种享受。

比赛成了"饕餮盛宴"，成绩自然一路随行。再上冬奥赛场，先给自己减压，"能进前六，能进决赛就挺好了。"没想到，看似没有目标，却赢得最大收获，韩晓鹏一路披荆斩棘。

2006年2月24日，让韩晓鹏终生难忘的日子。比赛的过程，鲲化为鹏。在一次报告中，韩晓鹏坦露自己的心声：

"决赛第一跳，我最后一个出发。深吸一口气之后，我告诉自己，放开，无所谓，能站在这里已经证明你很棒了，既然很棒了，就更完美下去吧，没问题。我问自己：'准备好了吗？'然后在心里坚定地回答：'准备好了。'我第一个动作难度为4.425，这个难度在12名决赛选手中位居中游，跳完之后，我排名第二位。决赛第二跳，我放弃和白俄罗斯选手一样的难度动作，选择了一个难度稍低、自己落地更稳的动作，成功完成，无论是空中姿态，还是落地的稳定性，自己非常满意。尤其是在落地分上，两名裁判都给出了3分的满分，最终的得分是130.53分，以总分250.77分暂列第一。此时，有可能超过我的，只剩最后出场的达辛斯基。那一刻，我更深地体会到了什么叫作紧张，紧张中还伴随一丝恐惧。分数出来了，我却愣在那里，直到代表团的欢呼声震响了我的耳膜，我才确定，这是真的，我举着雪板冲了出去，和大家紧紧相拥。心情稍作平复之后，我真切感到，这块金牌是我的了，是中国代表团的了！"

有人说，韩晓鹏是"一张白纸"拿了奥运冠军，毕竟，在之前的荣誉册上，韩晓鹏一个世界杯分站赛冠军都没得过，似乎是个"无名之辈"。

但奥运冠军怎能是个"意外"，都灵一战，在韩晓鹏身上诠释了中国体育不畏艰难、顽强拼搏的精神，赢得了观众的喝彩，赢得了对手的尊重。

奥运冠军更不会是"一张白纸"。巍峨的阿尔卑斯山见证了中国冰雪健儿的飒爽英姿，见证了中国冰雪运动树起的一座里程碑。韩晓鹏在都灵冬奥会上勇夺

起跳——中国自由式滑雪空中技巧发展史记

自由式滑雪男子空中技巧金牌，实现了中国体育在奥运征程中的又一次历史性突破，助推中国冰雪运动站上了新的历史起点。

"这枚金牌对我们空中技巧项目包括整个雪上项目，都产生了很大的促进和推广作用。说心里话，在我没拿这个冠军以前，真的很少有人知道空中技巧，很冷门、很偏门。但是我拿了冠军以后，不能说是家喻户晓吧，基本上了解体育的人都知道了。"韩晓鹏说。

得了金牌之后，有人劝韩晓鹏急流勇退，把最美好的瞬间留在记忆里，不要给自己留下失利的遗憾。考虑再三，韩晓鹏决定留下，为队伍的新老交替添一把力，为曾经付出的辛劳与汗水再做一次拼搏。

有了冬奥会决赛的经验，韩晓鹏更加成熟稳定。2007年他连夺亚冬会和世锦赛的金牌，在2010年温哥华冬奥会中继续有所作为令人憧憬。可是，在备战温哥华冬奥会的四年时间里，伤痛不停袭扰，2008年一次训练中的意外受伤，韩晓鹏右腿膝关节韧带撕裂，训练和备战计划被彻底打乱。带着既兴奋又忧心忡忡的心情，韩晓鹏登上了温哥华冬奥会的末班车。

时隔多年，韩晓鹏还记得当时的心情。开幕式上，韩晓鹏以中国体育代表团旗手身份入场，内心激动澎湃，感受到无上的光荣。

2010年2月12日，温哥华冬奥会开幕式，韩晓鹏担任中国代表团旗手
（视觉中国/供图）

温哥华，塞普里斯山滑雪场，预赛开始。第一跳韩晓鹏使用了难度系数为 4.425 的 bFdFF，落地稍有瑕疵，得到 111.95 分，在 24 名选手中排名第 12。韩晓鹏对自己的表现有些不满意，但自我感觉应该可以挺进决赛。第二跳的动作是难度系数 4.175 的 bLdFF，出发和空中表现很好，落地动作也做得充分，没想到着陆时脚下有一块不平整的地方让他失去平衡，仅得到 80.57 分。赛后韩晓鹏潸然洒泪，哽咽无语。

总成绩 192.52 分，排在第 21 位。奥运会就是如此，四年前在都灵，韩晓鹏从黑马变成英雄，四年后在温哥华，卫冕冠军未进决赛。韩晓鹏不需要解释，因为人们永远记得 2006 年的那一幕，在都灵萨奥兹·杜尔克斯滑雪场的苍茫夜色里，22 岁的韩晓鹏腾空而起，惊心动魄地战胜欧美国家的众多强手，在一夜之间完成了中国冰雪运动的三大突破——那是中国首次获得冬奥会雪上项目的金牌，是中国男选手首次获得冬奥会金牌，更是中国冰雪运动重点项目"由点到面"的实质性飞跃。

都灵的一跳，完成几代人的梦想，韩晓鹏说，现在想起来，仍会汗毛直立。

韩晓鹏的冰雪生涯还在继续。作为运动员，他见证了一个项目从无到有、从小到大、从弱到强的发展经历；作为国家体育总局冬季运动管理中心工作人员，以"一刻也不能停、一步也不能错、一天也误不起"的状态，参与了北京冬奥会的筹办工作。

韩晓鹏说，他成绩和荣誉的取得，与自由式滑雪空中技巧项目的发展相伴相随。如果把成绩比作服饰，运动员只是展示服饰的模特，服饰的真正设计和制造者是党和人民，运动员的成绩和荣誉属于祖国，"是祖国培养了我"。

05 一枚中国冰雪运动的"大金牌"

"剑外忽传收蓟北"，就在沈阳体育学院欢庆奥运夺金的时刻，喜讯也传到了江苏省徐州市。沛县领导带着锣鼓队和舞狮队，敲锣打鼓，边走边舞，到韩家祝贺夺金之喜，将 10 万元奖金当面交到韩晓鹏父亲手上。时隔多年，关于冬奥冠军韩晓鹏的文章，还能在徐州市政府网站上查到。

与此同时，飞往沈阳体育学院的贺信也纷至沓来，热情洋溢。

辽宁省委、省政府贺信：韩晓鹏在冬奥会上夺取雪上项目金牌，实现了我国雪上项目和男子空中技巧在奥运历史上的新突破，这表明沈阳体育学院在为国家培养冬季项目的优秀运动员上作出了突出贡献。希望你们总结经验，科学选材，科学训练，培养出更多的优秀选手，在今后的国际重要比赛中夺取金牌，为中国体育事业，为辽宁老工业基地振兴和发展作出新的贡献。

沈阳市委、市政府贺电：韩晓鹏同志1995年进入沈阳体育学院自由式滑雪队后，刻苦训练，努力拼搏，在2006年都灵冬奥会上实现了历史性突破，这表明沈阳体育学院在为国家培养优秀运动员上作出了突出贡献。希望你们总结经验，再接再厉，培养出更多的优秀选手，为祖国体育事业发展不断作出新的贡献。

北京体育大学贺信：贵院学生韩晓鹏在第20届冬奥会上为祖国和人民争得了巨大的荣誉，也为贵院及兄弟体院争了光，谨向贵院和韩晓鹏表示热烈的祝贺和崇高的敬意！这枚宝贵金牌是贵院秉承"厚德博学、弘毅致强"精神，长期坚持"亦读亦训、科学训练"办学方针的硕果，将有力地鼓舞兄弟院校士气，振奋体育教育工作者的精神。

长春市体委贺信：此次冬奥会夺金，了却了几代人的夙愿，意义重大，祝贺贵校为中国滑雪事业作出的突出贡献，这是国家民族的荣耀，同时也是贵校的荣誉，在此向你们表示衷心的祝贺和诚挚的谢意。

欢庆时刻，张贵敏突然问了一句："韩晓鹏毕业了吗？"孟春媛记得，当大家回答"毕业了"的时候，张贵敏接着又问："韩晓鹏的档案在哪？"

孟春媛回忆，当年沈阳体育学院还没有运动员编制，本科毕业未能考取研究生的学生，按照管理要求，档案直接转送到人才市场。张贵敏当时立即与几位校领导碰头研究，马上拍板，韩晓鹏必须留到学校。请当时招生就业处付宝森老师马上安排，把档案取回来，留校工作等一应手续马上办理。

回顾那段经历，王钰清说，当选三个省的劳动模范，韩晓鹏的荣誉独一无二。沈阳体育学院的学生拿了金牌，辽宁脸上有光；江苏说，人是我们输送的。问题出在第三家，韩晓鹏等运动员的注册单位在黑龙江，半路杀出个程咬金，冠军是谁的？冬奥会一块金牌等于全运会两块，双计分要计到黑龙江的头上。

这是中国竞技体育的"老规矩",运动员的成绩归属,注册单位说了算。翻看《黑龙江日报》,夺冠报道尚在:"黑龙江省选手韩晓鹏在此间以250.77分,获得都灵冬奥会自由式滑雪男子空中技巧金牌。这是中国代表团在本届冬奥会夺得的第二枚金牌,同时也为中国军团实现了冬奥会雪上项目金牌'零'的突破"。一个月后韩晓鹏回家乡,江苏《扬子晚报》在稿件中提到,他现在是沈阳体院的一名学生,同时也是黑龙江省队的队员。

金牌"争夺战",是都灵冬奥会后的一条焦点新闻。张贵敏当时接受媒体采访说了一句气话,"奥运会冠军,我们得到的是一年25000元"。把这句话的意思掰开,说的是当初沈阳体育学院与牡丹江市体育局达成协议,后者提供冬季训练的场地设施和一定资金支持。到了2004年,黑龙江省出台相关政策,在牡丹江注册的运动员统一调整到黑龙江省体育局注册。所有队员加一起60万元,分摊在韩晓鹏身上,恰好25000元。

沈阳体育学院把队伍放在牡丹江名下的时候,恐怕还没有谁认定这个项目能拿到冬奥会金牌,所以开始研究签约的时候,大家重视程度不够,尽管是沈阳体育学院的学生,可辽宁省体育局当时没有冬季项目队伍,黑龙江的赞助金额也不多。张贵敏一声叹息,没成绩的时候,我们也没办法讨价还价。

说到底,队伍训练条件落后、经费相对短缺、生存状况艰苦等客观条件还是其次,真正重要的,是参赛机会难得。包括全运会、全国冬季运动会在内的全国综合性赛事,只有省、市等行政单位及行业体协才能组队参赛,院校没有这种资格。为了能让韩晓鹏这一组的队员参赛,当初经过选择和协商,沈阳体育学院和黑龙江方面签订了协议。

有参赛资格,才有突破口。

金牌可以被"争夺",韩晓鹏的"所有权"不能有争议。张贵敏说,韩晓鹏的身份有别于隶属省队的专业运动员,在1995年进入沈阳体育学院之后,他的身份就是沈阳体育学院的在读学生,先在附属竞技体校完成了中等教育,而后又进入学院运动系本科就读。"和黑龙江省签订的是注册协议,但韩晓鹏的人事关系都在学校,工资、奖金严格按照相关规定发放。"

当时还有人算了一笔账,培养一个韩晓鹏需要多少钱?粗略统计,十几年的费用不下100万元。多还是少,分怎么看。有些项目,既要开展,又没有职业化条件，必须靠国家投入，为运动员提供坚实后盾；成绩的取得，一方面提振凝聚力，激励士气，另一方面也是竞技体育层面对极限不断挑战的象征，这样的"举国体制"，益处凸显。

2006年3月6日，沈阳体育学院彩旗招展，军乐队锣鼓齐鸣，六只雄狮兴奋欢舞，大门口挤满了欢迎冠军回"家"的学生和市民。庆功会上，沈阳体育学院宣布，奖励韩晓鹏及其教练员各15万元人民币；奖励李妮娜及其教练员各10万元人民币，辽宁省体育局奖励10万元，马上兑现。

庆功会结束了，运动员的争夺才刚开始。冠军到手，沈阳体育学院自由式滑雪队从未受到过如此重视。特别是，从2001年开始，沈阳体育学院从原来国家体育总局直属变为中央地方共建，以地方为主。正因如此，辽宁省体育局有意改变战略，发展冰雪运动，增设冬季项目，势必要与沈阳体育学院联手。

国家体育总局也将自由式滑雪空中技巧项目列入2009年的第11届全运会比赛项目名单，这是继速度滑冰和短道速滑之后，又一个冬季项目而且是唯一一个雪上项目被列入全运会序列。黑龙江方面自然想取得好成绩，可是"官司"一直打到2008年还没解决。2008年初的第11届全国冬运会上，韩晓鹏、李妮娜等国家队主力选手高挂免战牌，使雪上项目比赛失去了应有的光彩。说是去参加国际比赛，实际是注册归属纠纷，冬季运动管理中心只能出此下策，中国顶级雪上项目运动员不出席冬运会这种罕见现象，真实地发生了。

接下来2009年的全运会怎么办，最后经过国家体育总局冬季运动管理中心、辽宁省体育局、黑龙江省体育局、沈阳体育学院四方磋商，韩晓鹏、李妮娜、邱森、郭心心、王姣几名运动员变成黑龙江与辽宁联合培养，全运会成绩各计一半，也算皆大欢喜。

沈阳体育学院展现了自由式滑雪空中技巧的人才厚度。2009年1月5日，解放军与辽宁双计分选手赵姗姗夺得女子冠军，男子冠军由完全代表辽宁的李科获得，两人等于拿了三块金牌，辽宁两块，解放军一块。

回顾特殊时期的特殊故事，沈阳体院自由式滑雪队被推到风口浪尖。现在回看，大家都能以更高的站位来看待这个问题，韩晓鹏的金牌，凝聚着中国冰雪人代代传承的梦想与精神，是一块中国冰雪项目的大金牌。

国家体育总局冬管中心在韩晓鹏夺冠第二天发来的那封贺信，其实就是一段历史的总结。"成绩的取得，得益于贵院多年来在自由式滑雪项目上的不懈努力，沈阳体育学院从1991年开始引进自由式滑雪项目，至今已有15年的历史，从队伍建制、场馆建设、科研服务、后勤保障等多方面给予了大量的精力和经费投入，走过了一条充满坎坷与艰辛、光荣与辉煌的发展道路。"

此话并非虚谈。走过这条路的人都有深刻体会，都品尝过其中的苦辣和辛酸。

「有为才有位」

① 逼出来的"冰雪冲击波"

回头看,沈阳体育学院走过的这条冰雪项目开展之路,一切皆离不开中国体育时代大背景的变迁。

对中国体育来说,1980年是不平凡的一年。1979年11月26日,国际奥委会恢复了中华人民共和国的合法席位。出征1980年美国普莱西德湖冬奥会的中国代表团,由黑龙江队、吉林队和解放军队的6名教练员和28名运动员组成,参加了速度滑冰、花样滑冰、越野滑雪、高山滑雪和冬季两项五个大项比赛。

后来有人说,那届大赛中国代表团创造了三个第一:中国体育健儿第一次踏进冬奥会赛场,运动员村第一次升起了五星红旗,还有成绩倒数第一。不管怎样,那是中国冰雪人踏上国际最高竞技舞台的第一步,中国体育全面走向世界的大门由此打开。

在那之前的一个月,1980年1月7日至23日,全国体育工作会议在北京召开。会议主要研究我国参加奥运会后的体育新形势,目标指向明确,加速把体育事业搞上去,提高人民健康水平和运动竞技水平,更多更快培养体育人才,争取在世界舞台上创造出优异成绩。国家体委提出,北京、武汉、成都、西安、上海和沈阳直属六大体院建立竞技校,为奥运会储备人才。

接下来,1984年的洛杉矶奥运会,许海峰为中国代表团取得奥运金牌"零"的突破,总共15枚奥运金牌振奋人心,但中国竞技体育家底太薄的现实越发显现。资料显示,当时我国专业运动队的规模在1.7万人左右,其中三大球占了 7000 多人，另外 1 万人里有相当一部分是非奥项目，田径、游泳等基础大项薄弱。

国家体委于 1985 年确定了新方针："缩短战线，保证重点，突出单项，重点发展田径、游泳和能在奥运会上取得好成绩的项目"。可是推广起来矛盾重重，克服困难需要时间，最直接的后果是 1988 年奥运会只获 5 枚金牌，兵败汉城。

但当时已经统一意见，全国运动会安排在奥运会后的年份举行，中国体育内部练兵，一致对外，七运会后非奥项目只保留武术，全运会设项完全对接奥运会项目，这意味着对竞技体育发展提出了更高要求。

王钰清对此的解读是，奥运战略，实质上是把竞技体育作为体育运动的最高形式，把奥运争光作为最高目标的国家体育发展战略。其基本特点是发挥举国体制的优势，有所为，有所不为，选择基础好、适合中国人体质特点的项目以及纳入奥运会的新兴项目，通过政策导向加大投入，合力攻关，勇攀世界体育高峰，实现跨越式发展。

指挥棒一挥，各省市闻风而动，重新调整竞技体育布局。显然，冬季项目是中国竞技体育的最短板。在外，1984 年的萨拉热窝冬奥会，中国冰雪不见奖牌。在内，从 1983 年开始，全运会和冬运会相对独立，通过成绩考核指标判断，全运会无疑地位更高。在中国体育序列里，冬季项目的话语权进一步弱化。

王钰清说，冬季项目往后退一步，为夏季项目让路，意味着专业队被砍掉，意味着"投资"减少。当时国内冬季项目的开展单位，以黑龙江、吉林、解放军为重点，其他地方星星点点，不成气候。

终于，从沈阳体育学院的角度看，与冬季项目连上的时间节点到来了。辽宁速滑队撤项，部分教练员、运动员被沈阳体育学院接手。1986 年，沈阳体育学院组建速滑队，刚刚从解放军速滑队退役的杨忠杰，一头扎进沈阳体育学院竞技体校，教练员生涯由此开始。那年 12 月，张贵敏也到竞技体校，担任主持工作的副校长。

说起来，沈阳体育学院与俗称"大院"的辽宁省体育运动技术学院同源，项目基础同质。因此沈体竞技体校成立初期以夏季项目起家，田径、体操、艺术体操、技巧等项目，与辽宁的优势项目高度重合。

20 世纪 80 年代中期，国家体委再提要求，各直属体院的竞技体校要建立自己的特色项目。但沈阳体育学院的特色在哪呢？王钰清回忆，国家体委对六大体院竞校的国内外成绩单独统计。大约是1988年评估时，沈体成绩糟糕，150个编制被缩减为129个，名额减少意味着"经济危机"，沈体突破困境迫在眉睫。

在竞校任职，张贵敏有机会对"特色"二字进行实践探索。恰逢其时，冬季项目打了响炮，1990年亚洲速度滑冰锦标赛，刘洪波获得冠军，那可是沈阳体育学院竞技体校成立以来在国际赛事上取得的最好成绩，被誉为"沈体冲击波"。

必须热烈庆祝，全体教练员、运动员在竞校食堂会餐。张贵敏先讲话，报春花，见亮了，参加亚洲比赛了，还拿金牌了，很了不起了。"杨俊卿院长满满斟上一大杯，都拿了这么好的成绩了，还不干了。一个亚洲冠军，大家就乐成这样。"

刘洪波后来还获得冬奥会的入场券。1994年的利勒哈默尔，孤军奋战的刘洪波，获得了500米和1000米两个第四名，他500米比赛的成绩，距离获得奖牌只有百分之一秒的差距。王钰清回忆，后来1998年他在北体工作时，赶上又一轮体校评估，沈体因冬季项目崛起，分数力压北体荣获第一，沈体的"冰雪冲击波"彰显威力。

张贵敏讲，竞校当时是很困难的，经费明显不足。郭亦农1991年初到1999年初担任竞校校长，他回忆："运动员伙食分为三等，一般运动员5元，转正后进入二线队15元，有大赛任务的才30元。"他说，竞技体校是国家体委单独拨款，财务单独核算，每年的经费，去掉人头费、煤水电费之后所剩无几，几任校长都费尽心思保证训练开支和运动员伙食。

寻找出路，开始考虑和邮电体协联办。论证了将近一年，邮电体协负责一定费用，沈阳体育学院负责出成绩。张贵敏跑了几次国家体委，终于换回同意批复。联办成功，等于有了参赛机会，这最为关键。

张贵敏说："沈阳体育学院运动员，原来连省里比赛都参加不了，窝在家里干练兵怎么能行。代表邮电体协，一下有了参加全运会的资格。邮电体协出多少钱呢？一年10万元。费用到手，运动员伙食标准提高了，出去比赛过去坐硬座，现在可以坐卧铺了，日子总算觉得好过了一点。"

紧接着，便是 1993 年第 7 届全运会。因为奥运战略的实施，七运会与 1987 年的六运会相隔六年。除了武术之外的非奥项目，将在这届全运会上演绝唱。邮电体协和沈阳体育学院商量参赛名单。张贵敏说："拳击、技巧，凡是你要的队，我都给你。很争气，总分拿了 32 分，技巧队还拼下来一个冠军。邮电部门的领导乐坏了，说这拿了多少钱啊？一年 10 万元。哇，三年才 30 万元。邮电部门的领导说，看我们这效率多高！"

打开七运会的成绩册，为邮电体协获得金牌的项目是女子三人技巧，决赛成绩 58.74 分，微弱领先并列第二名的江苏队和上海队，三名运动员任海鹰、赵爱军、张蕾，教练员陈洪斌。

虽然沈阳体育学院的联办在国家体委和各院校中有了一定影响，但领导班子达成共识，继续在传统项目上做文章不是长久之计。

事实上，"特色"在哪，沈阳体育学院对这个问题的思考，渐渐有了眉目。1988 年，一个关键人物走马上任。那年 5 月，韦迪升任沈阳体育学院党委副书记、副院长。

国家体委一共五个司，冰雪项目归竞赛五司管辖。五司司长赵常态 1989 年春节来沈阳体育学院拜年，同时带来了向冰雪运动转移的建议。赵常态司长的建议得到沈阳体育学院党委的完全认同。一是冬季项目开展的省份少，国内竞争不强；二是与辽宁竞技体育布局无争；三是雪上项目更是薄弱，有望实现赶超。

1989 年，韦迪主持完成了创办冰雪项目的报告并上报国家体委，很快得到批准。1990 年全国体育学院书记院长会议在武汉举行，国家体委要求各直属体育学院上报本院竞技体校办学特色。参会的韦迪等人明确提出，沈阳体育学院附属竞技体育学校，冰雪项目是重点和特色。

沈阳体育学院组建跳台滑雪队、越野滑雪队、自由式滑雪空中技巧队，向冰雪运动转移的同时，又要兼顾七运会的备战和比赛。郭亦农记得，学院党委是在七运会之后到竞技体校宣布项目改革方案的，方案引发了巨大争议。由于编制名额有限，上滑雪项目，必然要砍现有项目。根据学院决定，田径、体操、技巧、女举等项目陆续下马。郭亦农感叹："当年，向冰雪项目转移的做法让很多人感到不可思议。沈体一无场地，二无专业教师，三无运动员，四无经费，简直是胡闹呢。特别是在竞技体校内部，质疑声更是不绝于耳。那意味着很多教练员必须回教研室当老师，要知道当教练员是多么荣耀，更别说待遇了。最终，14名教练员离开了竞技体校，那是一种无奈的离开。"

沈体完成了一项重大改革事件。但是，改革总是伴随阵痛。那时的沈体人，可能脑海中都有问号，阵痛中选择的这条冰雪运动之路，会给沈阳体育学院带来些什么呢？

历史已经给予解答，沈阳体育学院走冰雪运动之路，是逼上梁山，也是一系列偶然中的必然，更是一次思想大解放。历史不能假设，但可以选择。

02　摸着石头过河

时间的指针拨回到1988年夏天，22岁的高山滑雪运动员张永和从黑龙江省体工二队退役，已经找到工作准备上班了，突然接到队里通知，领导找谈话，要组建一支新队伍，把大概情况一说，张永和挠了头，"这个项目我也不太懂啊"。

领导拍板，两名教练员走马上任，以另外一名高山滑雪教练员黄万龙为主，张永和为辅。1988年8月，运动员招齐，国内第一支自由式滑雪队正式成立。

后话先说。队伍成立不到一年，变动却不小。先是因为经费缺乏停训一个多月；再是黄万龙因故无法带队，张永和成为主管教练；然后单位归属也发生变更，队伍1989年5月被黑龙江省体委协议放到松花江体委名下。当时黑龙江省设有松花江地区，1996年3月松花江地区并入哈尔滨市。翻看当年的比赛秩序册和成绩册，这支队伍的名称，从"松花江队"演变为"哈尔滨队"。

张永和回忆，组队选人工作由他负责。张永和先去高山滑雪队找，看中一个15岁的男孩，身体素质非常出色。于是，尚志体校的潘立权成为张永和的第一名队员。接下来，张永和有些出人意料地敲开了体操队的大门。"滑雪队去选体操运动员，我怕人家不给，先找省体委冰雪处开出一封介绍信。特别好的队员，在体操上还有发展的队员，人家不能给，咱也不能要。单杠、平衡木非常好的，我也不要。我到体操队跟人家商量，推荐小翻儿动作比较好，成绩又很难往上走的运动员。"张永和最后从体操队选了两个女孩，哈尔滨体操队的尹红，大庆体操队的冯晶。

"跨项选材"是现在的定义，当时却是一种创新精神的体现。第一批6个人，张永和试探性地招了3男3女。空中技巧、雪上技巧、雪上芭蕾三项都练，训练时间还得分开，周一周二练啥，周三周四练啥，空中技巧做不到天天训练，队伍叫作"花样滑雪队"。

王石安教授那时在哈尔滨科技大学工作，冬天他带着体育教研室的同事常去哈尔滨玉泉滑雪场滑雪，总能看到张永和带队训练的场景。有时候队员拿着长长的雪杖，那就是后来没有进入奥运会的雪上芭蕾项目。王石安的感慨是，新引进的项目，都有一个摸索的过程，自由式滑雪也不例外。

松花江队的运动员正在进行雪上芭蕾训练（张永和/供图）

王石安最早接触自由式滑雪空中技巧项目，要追溯到1987年底，国家体委组织高山滑雪队去日本研修训练，他担任翻译。王石安和领队王清华在与长野县滑雪协会的交流中，对空中技巧项目进行了重点调研。"日本教练给我们详细讲解，带我们去观摩训练。竞赛规则、裁判法则等日文资料，我收集了不少，没想到后来都派上了用场。"

张永和对空中技巧项目的初印象，比王石安还要早一些。1984年，张永和作为高山滑雪运动员去日本比赛。他记得，比赛间歇有自由式滑雪的表演，"当时我还挺好奇，认真地看了看，日本那时应该刚开展没多长时间，绝大多数运动员只能空翻一周。"这也成为张永和后来决定去体操队挑队员的出发点。"我本身是滑雪运动员，零基础的体操运动员选过来，用不了两周，我能保证教会她们独立滑行，一个冬季下来，她们的滑行能力肯定会大有提高。"张永和当时的想法是，自由式滑雪项目在空中需要翻腾，涉及技巧类动作，把体操和滑雪这两个项目结合起来，应该容易出成绩。

有为才有位 | 029

但等训练开始，张永和发现没那么简单。"队伍成立时，黄万龙给了我一本资料，那是之前他受国家体委指派去日本学习自由式滑雪时，手抄的《自由式滑雪教程》，前半部分是技术动作介绍，后半部分是竞赛规则。抓项目不懂竞赛规则不行，我会些日语，翻字典，看个大概。"

借助这本手抄本，张永和和 6 名队员同时开展 3 个项目。练了一年多时间，"雪上芭蕾有了模样，这个项目就像花样滑冰，队员把 12 个分解动作串起来，配上音乐就可以去比赛了。"这时候，从国家体委得到新信息，说和日本雪联负责人沟通之后，觉得亚洲人还是搞空中技巧最有希望，当时日本队在世界杯上已经进入前三名。紧接着知道，空中技巧被纳入冬奥会，"我们赶紧转舵，放弃雪上芭蕾和雪上技巧，主攻方向改为空中技巧。"

那本《自由式滑雪教程》，王石安也有，是日文原版。1989 年，王石安受国家体委竞赛五司委托，以日本的竞赛规则为蓝本，编写了中国第一本《自由式滑雪空中技巧竞赛规则》，1990 年出版施行。确定中文译名时，王石安很是动了一番脑筋，日语直接用片假名标注外来语，其实掰开还是英文名的三个单词，"自由式""滑雪""空中"。在其中加上"技巧"二字，无疑有创造性思维的闪现，"自由式滑雪空中技巧"这个经典译名，由此正式敲定。

这本规则在 1991 年 2 月哈尔滨举行的第 7 届全国冬运会上正式使用，自由式滑雪空中技巧被列为表演项目，第一次在国内大赛中亮相。

说起来，自由式滑雪空中技巧是个挺神奇的项目，20 世纪 60 年代在美国诞生，国际滑雪联合会 1979 年正式承认，然后在 1989 年有了最高的名分，确定进入 1994 年挪威利勒哈默尔冬奥会。幸好，中国滑雪界敏锐地捕捉到这个项目带来的发展机遇，高技巧，低对抗，几乎为中国运动员量身定制，在以体能为主的雪上项目中，把空中技巧这种以灵活和技巧见长的项目作为中国冰雪的突破口，无疑是正确的。

白手起家的训练状态是什么样？潘立权一边回忆，一边忍不住乐出了声。"先请来黑龙江省体操队的一位教练，教了我们几天，从最基础的前滚翻、后滚翻动作开始，然后向蹦床过渡，都是自己摸索，"潘立权说，"瞎翻，硬翻，纯是摔出来的。"

张永和一看不行。1989 年春天，正好利用 4 月到 5 月的停训时间，他申请去黑龙江省体操队学习，跟着体操队教练员学习垫上训练内容。"空翻类动作怎么合理地去做，柔韧性训练怎么做，稍稍入门。1990年我又去学了一个月，总算找到了切入点，训练一步一步进入正轨。"

在松花江队成立后，前卫体协武警滑雪队1990年也组建了自由式滑雪队伍，银刚任教练员，运动员选材同样两手抓，最先入队的季晓鸥和宋心鹏，原先是高山滑雪运动员，纪冬和费东鹏两名体操运动员随后入队。

张永和的训练开始取得进展。"1988年底那个冬天，运动员已经能完成空中分腿跳和90度转体动作。几个男孩一次起跳，能在空中连续做两个横大'一'字跳，或者做一个横大'一'字跳加一个纵'一'字跳。"张永和说，但是第一年没敢上空翻动作。

松花江队运动员完成横分腿动作（张永和/供图）

第二个冬天，从玉泉滑雪场转到亚布力滑雪场，"那儿原来有一个回转场地，1983年五冬会用过，之后处于荒废状态。我领着队员，利用那个回转场地下半部分，修了一个小型台，大概2米高，台角55度左右。后来1991年七冬会的空中技巧比赛，就是利用那个跳台进行的。"

即便是最基础的台子，跳起来也不容易，一副雪板加上一双雪鞋的重量六七公斤，运动员戴上头盔，穿上雪服，最后还要在37度的雪坡上着陆。别说别的，只是空翻的方向都需要琢磨，"当时拿到的资料，国际上动作千奇百怪，有后空翻、前空翻、侧空翻，还有旋子翻。但是按笨理儿合计，咱们是从山坡往下滑行，然后通过跳台起跳，身体上仰，向后翻转更合乎运动规律，所以我的要求是后空翻。"但是，张永和知道，哪怕是在蹦床上练得再熟练，想在雪地上完成空翻，也需要勇气和胆量。

潘立权回忆，那时好在是天然雪，永和教练用铁锹把着陆坡的雪翻松，铺得挺厚,说:"来,咱们先尝试尝试。""我胆子大,队友帮忙,把缝好的海绵垫子绑在身上,即便如此,后背着地的瞬间,人也有摔蒙的感觉。但一看没摔怎么样,接着再翻,终于实现了一次成功着陆。"

张永和的记忆里,潘立权成功的第一个动作,应该是一个直体后空翻。潘立权笑了:"哪顾得上什么直体,抽抽巴巴反正翻过去站住了。"

当潘立权在1989年底那个雪季完成了中国自由式滑雪空中技巧运动员在雪上跳台的第一个空翻时,沈阳体育学院的雪上项目队伍建设也进行到了实质性阶段。在当时历史情形下,全校找不出一个会滑雪的教练员,与滑雪关系最近的项目是体操和技巧,所谓"跨项选拔教练",实际是"摸着石头过河"。

张贵敏说:"我们教练员确实是从一无所知开始,田径老师龙春生去当跳台滑雪队教练员,体操老师侯永民担任自由式滑雪空中技巧队教练员。那个时候,说心里话,要说好笑,真有一些好笑的成分。"

❸ 搭台"唱戏"

欧晓涛清楚地记得自己到沈阳体育学院报到的日子,1990年8月24日,那天他成为跳台滑雪队里年龄最小的成员。在此之前,他在抚顺市体校练了四年体操,"是侯永民教练把我招来的,我们是抚顺老乡,那时他是跳台滑雪队的助理教练。"

在跳台滑雪队待了一年,空中技巧队成立。"龙老师和侯老师分队,我记得是1991年9月,侯老师当主教练,先把我带过去,又从体操队招了李桂兰、王坤几名女队员。"于是,11岁的欧晓涛成为沈阳体育学院空中技巧队的第一名运动员。

几乎同时入队的郭丹丹,小时候的梦想是当一名舞蹈家,她指着电视里的舞蹈节目大声喊:"我要干这个!"正在和面的妈妈回头看了一眼,说:"好,知道了。"第二天,郭丹丹被妈妈送进了体操队。练了六年,过了该出成绩的年龄,郭丹丹的体操教练和侯永民是同学,"侯教练一眼相中了我。我甚至不知道什么是滑雪,转学时同学们问我要干吗去,我记得自己还比画一下,说去练滑冰。"

成立初期的沈阳体育学院自由式滑雪空中技巧队（沈阳体育学院／供图）

中等身材，偏瘦，这是留在影像资料里侯永民的样貌。1994年移民出国之后，这位沈阳体育学院自由式滑雪空中技巧队首任教练员再未出现在人们的视野里。哪怕和好朋友郝庆威老师，慢慢也断了联系。不过侯永民从体操老师改行的原因，郝庆威还记得，"那是韦迪院长谈话给谈去的。"

那时候，王石安正在哈尔滨的家中，闷头翻译日本《自由式滑雪教程》的空中技巧部分，手稿交给爱人帮忙誊写。许淑琴老师在2020年冬天谈到这件往事："空中技巧那些术语我当时都会，感觉能去当裁判。"王石安是哈尔滨师范学院首届工农兵大学生，"韦迪是我大学下一级同学，互相比较了解，他让侯永民到哈尔滨来找我，取经倒是谈不上，项目发展之初，需要这样的钻研探讨，我把手里翻译的技术资料倾囊相授。沈阳体院空中技巧队伍人员基础和训练基础的奠定，侯永民有一份功劳。"

沈阳体育学院的体操馆一下子变得好热闹。"呼的一下，几个孩子跑进来了，连打带闹蹦一阵。我还没法撵他们，都是体院老师带的队伍。我那时正带着技巧队备战亚洲锦标赛，接着还有全运会和世界杯。这些孩子噼里扑通，我这边配乐彩排都进行不下去。"回忆当年的往事，陈洪斌笑着说："老烦他们了，真是老烦他们了。"

被陈洪斌"烦"的孩子里，有欧晓涛一个。"体操馆里有个蹦床，那段时间侯老师好像去日本学习，我们白天踢球，踢完球跑步，然后跳蹦床，翻跟头，大概就是这样。"

搞冰雪项目，沈阳体育学院在开始阶段"三条腿"一起迈。张贵敏最早在现场看跳台滑雪，是在吉林市滑雪队的训练场地，"石头垒的一个跳台，以前也没看见过，以为就是这样的呗。后来才发现，根本不是那回事儿。好像人家住的是高楼大厦，我们这边住的是土坯房子似的，和世界水平比，差得太多。"

王石安也有同感，1984年底到1985年初那个冬天，他作为翻译和管理人员，带领两名中国最高水平的跳台滑雪运动员去日本研修训练。刚到长野县时，碰上一场青少年比赛，结果和日本小运动员过招，竟然根本不是对手。

后来有一次，韦迪随国家体委领导去日本考察，跳台滑雪看得让人心里凉了半截，日本半专业选手一跳就是七八十米，我们的专业运动员，使大劲才四五十米。国家体委领导直摇头，这个项目就算了吧，再有几十年也够呛。当然，就在这种艰苦条件下，沈阳体育学院的跳台滑雪运动员后来也取得了一定成绩，在国内比赛、亚洲比赛中都获得过名次。越野滑雪项目面临同样的问题，与世界先进水平相比，相差何止十万八千里。

空中技巧的差距只大不小。1991年底到1992年初的那个冬天，欧晓涛和队友们第一次走进长白山，见到了从来没见过的大雪。"但进行的是普通滑雪训练，听说空中技巧要穿着雪板空翻，但是不知道怎么翻，跳台什么样都没见过，不懂，完全不懂。"

冬天雪季之后，夏天训练时队员们又成了"旱鸭子"。只有陆上身体素质训练哪行，侯永民1992年去日本学习，观摩了一场东京都第8届空中技巧水池跳台比赛。王石安也介绍过，长野县白马村有专门的水池跳台，助滑坡依山势而建。

空中技巧项目的评分，空中动作难度和质量是关键因素，但是怎么提升难度，绝对是当时的难点。唯一肯定的是，直接雪上训练恐怕不行，安全没有保障，落地危险这关就过不了。大家都在寻找一种运动员安全落地的方法手段，水池跳台训练正好能满足要求。

张永和先行一步，1990年夏天，他带着队员们在哈尔滨二龙山湖边搭了一座20多米长的小跳台。"之前我们了解到，国外这种水池跳台已经很成熟了，雪上空翻要通过夏天水池训练解决难度问题。"跳台必须要建,张永和竟然没花公家一分钱。一个懂焊接技术的学生家长帮忙,滑道两边用三角铁固定,中间夹着若干个80厘米长的塑料滚筒,滚筒穿上钢筋当轴。起跳台和滑道一体,把三角铁打开缺口,按照35度的角度焊牢。滑道旁边用木板遮挡,防止运动员冲到外面。一个运动员跳下去,旁边有运动员马上扔出拴着绳子的救生圈,湖水太深,得赶紧把人拽上来。

现在看无比简陋的跳台,当时好像很有一些"科技感"。松花江体委请来一位分管冬季项目的国家体委领导参观,他临走给张永和留下5个花样游泳运动员专用的鼻夹,说可以避免运动员呛水。张永和说:"其实这个跳台不算成功,因为下滑速度太快,起跳之后

1990年张永和(左一戴墨镜者)和队员们在二龙山湖边跳台合影,其身前的运动员叫冯晶。图中雪板由旧高山雪板锯短而成(张永和/供图)

来不及做动作。而且往自然水域里跳,总觉得不安全,所以我们只在二龙山湖边练了一个多月。"

沈阳体育学院空中技巧队建队之后,一直仿效松花江队和前卫体协队的训练安排,夏训体能加蹦床,冬天到长白山,可满打满算只有两个多月的雪上跳台专项训练时间。郭亦农说:"当时知道,国外运动员一年可以进行10个月的跳台训练,如果没有水池跳台过渡,很难发展难度,于是,我们萌生了建水池跳台的想法。"

郭亦农找韦迪,说如果没有水池跳台,我们永远不能与国外运动员对抗,也无法进入世界先进行列。韦迪说:"我们是不谋而合啊。"

"我们用从日本带回来的图纸,照猫画虎干了起来。工程队负责人是竞技体

校一名职工的亲属,只收了材料费和人工费。"开工时,郭亦农给施工队讲话:"建水池跳台要保证绝对安全,在这里训练的孩子,个个都是家庭的宝贝疙瘩,也是这个项目的宝贝疙瘩,出事故人命关天,我要进大北监狱,你们也跑不了。"最后那位职工领了任务,天天待在工地上看着工程队施工,每个螺丝都要检查。"我的心也一直吊着,真要出了事故,我是第一责任人啊!"

1993年4月,沈体老校区露天游泳池深水区的西面,一座脚手架正搭在靠近去体操馆的路边。陈洪斌天天带着技巧队队员路过,心里合计,这地方要盖房子吗?后来架子上开始铺设板子,又听人说,这是搞滑雪运动用。等台子搭好了,天气乍暖还寒,游泳池还没放水,在池壁上固定钢丝,拉起一张帆布大网,里面堆满海绵块。围挡的标语上是八个大字:刻苦训练,冲向奥运。

陈洪斌还是天天路过,遇到刮风,架子下面的围挡呼呼哒哒,好像跳台也在跟着晃荡。远远看到有运动员从架顶滑下,然后飞起来翻个空翻,落到装满海绵块的网里。落下的运动员脚上穿的东西挂在网上,要靠队友帮忙扒开海绵,很费劲地拽出来。

简易脚手架水池跳台(沈阳体育学院/供图)

陈洪斌说:"我那时从来没见过滑雪,心想这就是滑雪训练吗?更是做梦也想不到,一年之后,我的人生就要与它结缘。"

王钰清时任体育系书记、院党委委员。他的想法是,学校认为行,大家觉得行,那就做。"我是支持的,这座简易跳台的搭建,意味着一种觉醒,一个契机,是冒险,更是创举。"

张贵敏回忆,到了夏天,游泳课正常教学还不能耽误,时间排好,游泳课下课,空中技巧队开始训练。泳池边上围不少人,大家都像看"西洋景"似的。"这是什么,这玩意能行吗?""就靠这个,能冲奥啊?"

他们那时当然不得而知,这座跳台今后将给中国冰雪运动、给沈阳体育学院带来多么深刻和长远的影响。

04 1993年的遗忘和铭记

王石安的1993年挺忙。那是他从哈尔滨科技大学调入沈阳体育学院的年头,有段时间两边跑。"有一回我到沈阳体育学院找韦迪院长,院办工作人员直接和我说,你不用来办公室找韦院长了,他天天都在游泳池旁边待着呢,我去一看,韦迪戴个草帽,蹲在泳池边上,仰着头,看训练看得目不转睛。"

按照沈阳体育学院的"官方数据",脚手架跳台高24米。刘大可说,他那时顺着台阶爬上过一次,风一吹脚下直晃,"往下看,立陡立崖的,觉得眼晕,腿发软,直迷糊"。

脚手架跳台修好了,郭亦农还是觉得危险:"我非常担心出事故,每天都在那里看训练,隔几天就用钢丝绳拉拽绑定加固。后来,水池跳台两侧拉满了钢丝绳,足有二十几条。还好,那么简陋的训练条件,居然没有出现一次训练事故,真是一种奇迹,也是我们的运气。"

13岁的徐囡囡春天刚刚入队,看到跳台搭起来了,才有了一点进了滑雪队的感觉。"要不然还是天天蹦床训练、陆上翻腾训练、柔韧性训练,还有身体素质训练,我觉得和原来在本溪技巧队没太大区别。"

1993年留给徐囡囡最深刻的记忆,不是初次登上高台那种"挺恐怖"的感觉,而是之后的几个月,每天都要爬上爬下"打肥皂"。

"训练开始之前,我拿一块肥皂,就是那种特古老、颜色发黄的肥皂,从台子起滑点开始,往下滑材料上打肥皂,一直打到台头,教练说是要增加下滑材料的滑度。"

下滑材料,之前在国内没有生产商。郭亦农讲,队伍在日本训练时,把人家扔掉的菱形拼板式下滑材料带回来研究。在沈阳找了一家化工厂,做了模具,专利名称叫"助滑台衬面拼块",从说明书的附图上能清楚看到,结构示意像一

有为才有位 | 037

起跳——中国自由式滑雪空中技巧发展史记

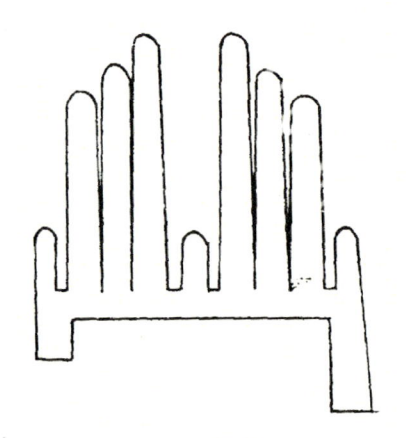

助滑台衬面拼块结构示意图

根根"毛刺儿"。

就是这些"毛刺儿",让徐囡囡大吃苦头,"肥皂渣崩得满身满脸满嘴,天天如此。"然后有时顾不上洗一把,队友开始跳台了,徐囡囡赶紧准备摄像,时不时还要往游泳池中间抛根绳子,把落水的队友拽到池边。徐囡囡说,别看当时还不会滑雪,可每天干的这些活儿,让她比谁都忙。

张永和1993年夏天带队来沈体训练了一段时间。在那之前,张永和1990年夏天一直在哈尔滨市内找能跳水的地方。"找来找去,离我们单位一站地,黑龙江警犬训练基地里有个训犬用的泳池,面积不是很大,但对我们那个铁架子小台来说,深浅还算够用。我和他们领导沟通,人家很支持,那段时间正好警犬游泳训练科目结束,这个水池让我们无偿使用。"

张永和借辆货车,把他们的铁架跳台从二龙山拉到警犬基地,坡度不够,直接架到后面墙上。张永和说:"经过实践,那个跳台太小,没有过渡区,运动员起跳太急促,所以用了一年多就作废了。"

接下来的1991年和1992年,张永和带队去日本进行了时间不等的夏季训练,总而言之,对张永和的松花江队来说,水池训练始终不太顺利。

但欧晓涛这边,已经有了如鱼得水的感觉。"建队前两年,夏季专项训练不明确,最多穿上雪板在蹦床上做基础空翻。有了跳台不一样了,甚至在跳水之前的跳海绵坑训练时,我已经可以完成两周带转体的动作了,训练系统,进步很快。"

有体操功底,还有两年滑雪基础,穿上雪板站在脚手架跳台滑道顶端的欧晓涛,不但没有一丝害怕,反而有些兴奋,滑行、起跳、翻转、落水,完全没有顾虑。"那年夏天跳了几百个两周动作,但是你说1993年夏天有正式水池比赛,哎呀,我真有点想不起来了。"

欧晓涛遗忘的,是他获得第一个国内赛事男子第一名的经历。1993年7月22日,首届全国自由式滑雪空中技巧水池测验赛在沈阳体育学院水池空中技巧场地举行。在1995年出版的王石安、王尔和郭亦农编著的"冰雪运动丛书"《自由式滑雪》分册中这样描述:"这次集训测验赛结束了空中技巧项目在国内开展以来无法在夏季进行专项训练,无法进行空翻两周以上技术认定的历史,为中国空中技巧项目的发展翻开了新的一页。"

4支参赛队伍,松花江队、前卫体协队、长春队和沈阳体院队,几乎集中了当时国内全部空中技巧运动员。最后的成绩表上,共列出10名女队员和5名男队员。欧晓涛的第一跳直体后空翻转体360度接直体后空翻转体360度,好像完成得不太成功,只得到64.26分,但难度系数更高的第二跳B46直体后空翻转体360度接直体后空翻转体720度得到92.30分。参赛的女运动员里,沈阳体院队的郭丹丹、徐丽娥,松花江队的王丹和前卫体协队的王岩都完成了三周动作,郭丹丹、徐丽娥、王丹使用后空翻团身三周均获成功,王岩更是完成了一次直体空翻一周接团身空翻两周。

王石安被韦迪请来参与组织赛事,他对细节的记忆有些模糊,好在收集整理的当时专家裁判的评价还在——虽然参赛人数不多,却表现出相当的水平,可以说是中国空中技巧发展过程中一次技术难度的飞跃。

也是1993年,沈阳体育学院研究决定,从吉林商调杨尔绮教练来竞校工作。按照杨尔绮最初的想法,消消停停干到退休就行。哪知从为空中技巧、跳台滑雪和越野滑雪担任滑雪基础教练员开始,到两年后组建空中技巧二队,一干就是13个寒暑。

1993年水池测验赛举行时,距离泳池不远的体操馆里,同样有运动员在为提高技术动作难度和稳定性埋头苦练。哪怕已经在中国香港举行的首届亚洲技巧锦标赛上包揽三金,载誉而归的队员们仍然不敢放松,9月初在北京举行的七运会、9月底在保加利亚索非亚举行的第10届技巧世界杯,场场都是硬仗。对陈洪斌来说,担任技巧队教练员已经五年时间,1993年是最繁忙和最具考验的一年。

关于陈洪斌1988年从体操教研室副主任接手技巧队的情况,张贵敏比较清楚。"开始陈洪斌也说,我这也不懂啊,能行吗?我说,我看好你踏踏实实,肯吃苦,下功夫钻研,你能盯得住,没有问题。"

陈洪斌来了之后,有人对主持竞校工作的张贵敏有意见,向上级反映说张贵敏"重庸才,不重视人才"。主管教学训练的姜龙南副院长和张贵敏谈话:"行吗?

现在意见很大啊。"张贵敏说:"姜院长,这个事儿吧,我觉得可以。"

过了一段时间,陈洪斌也来找张贵敏。"说张校长,我回去吧。我说,为什么啊?有人说三道四。我说没事,是我把你请来的,我负责!"

王钰清说,体院与其他运动队不同,不当教练员还可以当教师。教练员固然有些补贴,但更意味着辛苦,没假期,起早贪黑,如果转训在外,年节也不在家。所以有老教练说过,先别说方法,肯投入、肯吃苦才是真的。

选择留下的陈洪斌开始把自己的信念灌输给技巧队的孩子们。学校放寒假,陈洪斌告诉孩子家长,队伍训练不停。他掏钱买烟送给锅炉房工人,拜托多给体操馆烧点暖气。大年三十晚上,体操馆拉掉电闸,陈洪斌打着手电筒带队员压柔韧性,孩子们的妈妈送来饺子。陈洪斌说:"运动员很辛苦,但是通过训练知道,你能带领她们取得成绩,实现目标,她们就会愿意吃这个苦。"

还是获得七运会冠军的那三个女孩,任海鹰、赵爱军、张蕾,保加利亚技巧世界杯2枚金牌、1枚银牌是她们"吃苦"的最好回报,同时也把陈洪斌的1993年变成了他在夏季运动项目收获满满的一年。三个女孩在世界杯比赛中同时做出燕式平衡动作的大幅照片,现在还挂在陈洪斌家里,那是一段值得长久珍视的难忘记忆。

冠军教练陈洪斌(2020年12月)(黄岩/摄)

更高兴的是姜龙南,作为国际技巧联合会技术委员会委员,在比赛结束后以及在法国三个城市进行技巧表演一个多月里,始终处在骄傲和兴奋中。回国当天,姜龙南去国家体委汇报工作,路上突发心脏病,抢救到凌晨3点才苏醒过来,陈洪斌至今还记得那天清晨姜龙南给他留下的话语:"洪斌,我的家人来照顾我了,你带队回沈阳吧,队伍离不开你。带好运动员,她们可是我们沈阳体育学院建校以来自主培养的第一批世界冠军啊!"

坐了一整天车到家，陈洪斌刚端起碗准备吃饭，收音机传出"姜龙南先生逝世"的消息，放下筷子，陈洪斌的泪水难以止住。

还没从痛失恩师的情绪中缓过来，技巧队又要撤销了。陈洪斌有点想不开，全运会不设技巧项目，但是世界杯、世锦赛还有呀！韦迪院长找陈洪斌谈话，学校资金有限，要把有限的资源用在刀刃上，从各个方面考虑，决定让他去自由式滑雪空中技巧队担任教练员。

陈洪斌（左二）带领队员获得保加利亚技巧世界杯2金1银（陈洪斌/供图）

尽管真正的雪上运动什么样，陈洪斌那时还未见过，但是以大局为重的道理，陈洪斌是懂得的。在陈洪斌的记忆里，他接管队伍的时间，大概在1994年2月末到3月初。

从"技巧"到"空中技巧"，两字之差，"改项"如"隔山"。陈洪斌听到有人说"真是败笔，这肯定是他走下坡路的开始"。

05 请回答1995

2010年1月22日，国家体育总局任命原水上运动管理中心主任韦迪为足球运动管理中心主任。韦迪是谁，怎么成了万众瞩目的中国足球"一把手"。一时间，沈阳体育学院成了寻找答案的地方。

这有点像1991年的情况，时任杨俊卿院长离退，谁来"接班"成为焦点，国家体委任命韦迪的文件下达，学校上下轰动不小。

这种"轰动"，更多因为当时韦迪37岁的年龄，但对他的开拓意识，同事们

有为才有位 | 041

早有领教。所以，当56岁的韦迪接掌中国足球被认为是外行领导内行时，曾在沈阳体院足球教研室工作，后来担任辽宁省足球运动管理中心主任的梁殿乙想起一段往事。1986年，沈阳体院组建足球队，梁殿乙当教练员，韦迪任领队。韦迪借鉴地方队与企业联办的方式，开体院足球队与企业联办之先河，极大改善了球队的训练比赛条件，队员士气高涨，沈阳体院足球队一举在全国体院系统的比赛中夺取冠军。

关于体院足球比赛的回忆，张贵敏也有一条。那是六大体院代表到国家体委争主办权的时候，体委领导要求，要想主场办赛，得有草皮场地。姜龙南副院长举手，我们学校有两块！一锤定音，沈阳体育学院以"强大"的硬件条件拿下主办权。张贵敏心里没底，悄悄问姜院长："记错了吧，我们哪有草皮球场？"

"没错啊，学校东院足球场那不有草吗？"

张贵敏乐了，野草也算。

可是，当修建一座正规水池跳台的计划在1995年摆在沈阳体院领导班子面前时，哪怕付出的代价是一块长满野草的足球场地，也足以引发争议。

破坏一个足球场，修一个充满未知数的水池跳台，怎么下决心？王钰清回忆，当时方方面面意见都不一样，最后领导班子开会研究。当时韦迪是院党委书记，正在中央党校学习，缺席了现场会议。经过反复讨论，仍然无法统一意见，决定民主投票。4张纸条打开，投出来一个2比2平。

情况汇报到北京，摆在韦迪面前的是一道艰难的必答题。

历史如果可以假设，如果会上的"比分"变成1比3，这座主体建筑至今仍然保存的正规水池跳台，有很大的可能不会出现在1995年以及之后的历史记录当中。

韦迪隔空投票，3比2，建台决定通过。两天后，跳台破土动工。

王钰清说，集体领导，民主集中，不同意见肯定有不同意见的道理。但如果结果反过来呢，也许就没有中国自由式滑雪空中技巧的今天。所以说，必然性有时存在于偶然性之中。对沈阳体育学院的发展，对自由式滑雪空中技巧的发展，甚至对中国冰雪运动的发展，这是至关重要的一票。

王石安后来多次在讲座中提到，"冰"有黑龙江七台河的短道速滑，"雪"看沈阳体育学院的空中技巧，这是中国两个冬季金牌项目人才培养的真实写照。短道速滑实现了冬奥金牌"零"的突破；自由式滑雪空中技巧则创造了三个"中国第一"。老体院的脚手架跳台和正规水池跳台，凝聚着韦迪对中国冰雪运动特别是空中技巧项目的重要贡献，这是实事求是的结论。

回看1995年，建台决心难下，与预算少有关。钱从哪里来？国家体委拨款一部分，联办单位赞助一部分。开工后半年多，资金接续不上了。学院党委及时将情况通报，并发出捐款倡议，一呼百应。"全校师生员工大力支持，那时工资收入低，我应该是捐了50元。"刘大可记忆中不仅有当年捐款的场景，更有大家的心情，别说学校没钱，即使有钱，也要一种精神，沈阳体育学院就是要上这个项目，那是一种破釜沉舟必须做成的劲头。

郝庆威回忆，当时有位田径老师，在建设正规水池跳台的消息众说纷纭时就亮明了态度，要想抓好训练，没有好的训练场地哪行，领导应该把工作落到实处，修跳台我捐1000元。最后果然言出必诺。

李一黎是沈阳体育学院第一任教务长，曾经全面主持教学工作。当时这位退休老领导卧病在家，老伴领工资回来，说学校集资盖跳台，我捐了50元钱，替你也捐了50元钱。

干啥用啊？

冲奥运冠军！

李一黎手一挥，再去给我捐50元！

王钰清说："沈阳体育学院人是有情怀的，从根上来说，沈体是新中国体育奠基时成立的六大体院之一，主要任务是培养师资和体育干部，是新中国体育事业的基本盘。国家需要，舍小家，顾大家，沈体人知道自己的使命。"

有人捐款后从财会室出来，正碰上陈洪斌，说看看陈老师拿多少钱？3000元。陈洪斌捐出了自己担任自由式滑雪空中技巧队教练员两年来的比赛奖金。"举全院之力搞这个项目，领导同事全都捐款，不管有没有人看我，我都必须要多拿，我是这支队伍的教练员，没办法对所有人说感谢，只能当作对大家热情的回应吧。"

水池跳台原址，就在如今沈阳市皇姑区陵东街121巷11号楼，辽宁省残疾人联合会这座办公楼后身长长的斜坡房顶显得有些"奇怪"。一位残联工作人员说："不是我们单位建成这样，这是当年沈阳体育学院一个好像练什么速滑的跑道。"当年的"跑道"上，现在铺着厚厚的油毡纸，爬上三周台，沿着倾斜的角度向上看，

有为才有位 | 043

起跳——中国自由式滑雪空中技巧发展史记

当年运动员脚下的滑道现已变成屋顶（沈阳体育学院/供图）

视线里有一种逼仄的紧张感。水池早已经填平，省残联员工每天都在三个类似石舫船头造型的建筑注视中上班下班。他们中的大多数人应该不会知道，当年运动员会以几十公里的时速从"房顶"滑下，在这里起跳，然后落到他们停车的地方。

沈阳体育学院校史记录，这座水池跳台1995年11月23日动工。33米，是当时亚洲最高的空中技巧夏训设施。之后的日子里，它将见证这个项目的太多风雨。沈体人收获的13枚自由式滑雪空中技巧奥运奖牌，将与这座水池跳台紧密相连，与运动员夏训日子里一次次助滑、起跳、腾空、翻转、入水的反复摔打相伴。

2015年7月31日，王石安在央视体育频道直播大厅里，见证了北京冬奥会申办成功的历史时刻。作为节目嘉宾，王石安讲述了沈阳体育学院捐款修建国内第一座空中技巧正规水池训练场地的故事。"中央电视台不少同志后来表示，他们完全是第一次听说，主持人张斌忍

一名运动员从三周台起跳（沈阳体育学院/供图）

不住发问，还有这事？"

王石安和他们讲，他想表达的是老一代冰雪运动工作者的情怀，以及沈阳体育学院上下对开展冰雪运动的认同感。成就的取得，离不开一代又一代人的跋涉，金牌获得前是漫长的等待和磨炼，老一代教练员、运动员的坚强意志和锲而不舍的精神，不管什么时候都值得学习和铭记。

王钰清2011年4月去越南访问时，恰好与时任国家体育总局局长刘鹏率领的代表团相遇。"2006年刘鹏局长到沈阳体育学院考察，那年正是韩晓鹏夺冠之年。中国雪上项目拿了第一块金牌，而且是男子项目，对总局领导来说，震动很大。这种震撼的源头，要去1995年寻找答案。"王钰清说："单纯靠钱不行，最开始干的时候，还得靠一种精神。我说你来体院时，新校区正建，现已全面迁入新区，欢迎再来指导。刘鹏说2006年我去看过你们的建设现场，还看了空中技巧水池训练，那么简陋的跳台，练出了一块冬奥金牌，难以想象，难以想象啊！他像跟我说，也像是喃喃自语，我再没说什么。那时我想到的是全院教职员工踊跃捐款的场景，有一种置之死地而后生的悲壮，那种艰难，没地方去说。"

张贵敏当年曾经找过一位辽宁省体委主要领导，想说服他上冬季项目，为的是让沈阳体育学院运动员有参赛机会。这位老领导当时表示："你们沈阳体育学院搞教学行，训练还是得让专业的去搞，你们要上冰雪项目是好事，如果你们在奥运会上拿了金牌，我去给你们鼓掌祝贺。但现在想说服我上这个项目，难。"

事实上，这位辽宁省体委主要领导主政辽宁体育时，各方面工作都很出彩，可能就是对冰雪项目未能深入研究。但那时放眼全国，恐怕也不会有多少人对刚刚蹒跚起步的自由式滑雪空中技巧项目充满信心。

回顾自由式滑雪空中技巧的发展，张贵敏的所有感触汇成一句话——有为才有位。"如果等有位了，才开始想作为，那就太晚了。因为你当时没有位置，谁都不会重视。所以，咱们必须先干出成绩来。"

「筚路蓝缕」

01 九人参赛的七冬会

项目有了，比赛跟上。1991年2月4日到6日，黑龙江亚布力滑雪场，自由式滑雪空中技巧第一次在国内大赛中亮相。尽管只是第7届全国冬运会的表演项目，但这一步迈出，表明了态度。

王石安清楚记得，国家体委主管雪上项目的单兆鉴和主管冰上项目的王应辅商量，把他"借"过去进行空中技巧项目的比赛组织和裁判员培训工作。那届冬运会，王石安没担任老本行短道速滑裁判长，而是"跨界"当了一次自由式滑雪空中技巧项目的竞赛长。

在研究竞赛规程时王石安提出，按照正常情况，两轮比赛，运动员必须完成两组不同动作，但由于项目开展时间短、训练条件差、运动员技术水平有限，应该允许运动员完成两跳相同的动作，目的是提高表演观赏性，达到宣传目的。

不这么做也没办法，参赛的只有两支队伍，运动员加一起才九人，连"十几个人七八条枪"都没凑够。与刚刚建队才几个月的前卫体协队相比，已经训练两年多的松花江队无疑更具优势，特别是潘立权，是当时水平最高的男运动员。

谁想到，第一天预赛，潘立权竟然摔了跟头。对他来说相对简单的bLL直体后空翻两周，反而落地前倒。"比赛还整得挺紧张呢。第一天回来，张永和教练老上火了，说这冠军你要拿不着，回去领导不得修理我们呀，我们都去过日本训练了，人家还没出过国，咱们不拿成绩，队伍整不好再让领导给'砍'了。"大大咧咧的潘立权被说得把弦绷了起来，"本来我还能做更难的动作，后来想换个稳妥点的吧，站住了，于是就第一了。"

潘立权是比赛中唯一一个两跳动作不同的男子运动员，bFL直体后空翻一周同时转体360度接直体后空翻一周，从当时的描述看，他的助滑、起跳、空中技术动作、落地四个环节几乎无懈可击。能在小型台上完成空翻两周动作有一定难度，获得第二名的前卫体协运动员也让人记住了他的名字，纪冬的bLL动作，起跳时机准确，整体配合协调，滞空时间较长，既高又飘的空中姿态给裁判员和观众留下了深刻的印象。

自由式滑雪空中技巧在七冬会上虽然是表演项目，但比赛在哈尔滨举办。"松花江体委很重视，好在我们的男运动员和女运动员都拿了冠军。"张永和说，"比赛之后召开新闻发布会，我是冠军队教练员，好多媒体记者提问，当时面对那么多记者，我拍着胸脯说，只要给我足够的资金和训练场地保证，四到五年之内，我肯定能取得世界杯冠军。这话当时上了报纸。"

张永和后来遇到他在高山滑雪队时的教练员，被教练员一把拽到一边。"我的教练批评我，说永和你这话也太大了，怎么能吹自己能拿世界杯冠军呢？"中国当时参与的雪上项目，只有高山滑雪、越野滑雪、冬季两项，出去参加比赛，和世界水平的选手过招，可能连前三十名都进不去。张永和说："我的教练对空中技巧这个项目不了解，还是传统雪上项目的思维，整滑雪还想在世界杯拿冠军？做梦一样，胡吹。"

"我说教练我不是跟你吹，经过这两三年抓这个项目，我深有体会。我认为自己有这种能力，我的运动员、中国运动员有这种能力。只要训练条件有保证，世界杯冠军肯定能拿。"张永和的信心来自哪里呢？"这个项目以什么为准呢？难度。我的运动员当时和世界顶级运动员的动作难度已经持平。如果继续保持训练水准，拿冠军真不是什么难事。"

转过年来，有一场比赛真从某种程度印证了张永和的说法。1992年，张永和带队在日本训练快要结束时，以中国队的身份，参加了东京都第8届水池空中技巧锦标赛，男子第二名潘立权与获得第一名的日本队运动员相差不到1分，女子第二、三、四名则被松花江队的运动员包揽。

起跳——中国自由式滑雪空中技巧发展史记

1992年东京都水池空中技巧锦标赛后中日双方人员合影。前排从左至右：孙毅、李晓鸥、马燕、冯晶、尹红、王丹；后排左二黄万龙、左四潘立权；左五起：郑淑娇、大槻让、银刚、纪冬、张永和、侯永民（张永和／供图）

第三名冯晶的两个动作是 bLL 和 bL，直体后空翻两周和一周，看起来很简单。"但是她在赛前完成了三周动作，赛前训练技术认证做成功了，比赛时也想做，但裁判长说，三周动作有一定危险性，比赛最好不要用这个动作，国家体委派往这次比赛现场的竞赛官员郑淑娇也说，正式比赛那一跳，就别用三周了。"张永和说，后来1994年冬奥会女子冠军、乌兹别克斯坦选手切尔亚佐娃，她用的直体后空翻一周接团身后空翻两周，bLTT，难度系数3.200，冯晶的动作和她一样。

世界杯冠军其实真是一层窗户纸，沈阳体育学院的运动员郭丹丹，在1997年成为中国雪上项目的第一个世界冠军。在张永和的心中，不免掀起一些波澜，"当时我的运动员尹红在世界杯上也能进入前六名。我们队当时最大的难处是物资供应保证不了，松花江体委买一次板，每名运动员只能分到一两副，然后几年不给更换。那时候我到处要板，上省里去要，见到国家体委的人也要。哎呀，竞技体育要想有突破，涉及方方面面，衣食住行、训练器材、训练场地，太多了，哪块差了也不行。"

七冬会的自由式滑雪空中技巧比赛，等于给当时从事这个项目的教练员、运动员一个实践的舞台，给即将从事这个项目的教练员也提了一个醒。后期沈阳体育学院组织编写出版"冰雪运动丛书"，在《自由式滑雪》分册中分析空中技巧当时的开展情况，主要以七冬会比赛为样本。当时的起滑动作，一种是蹬冰步加速起滑，另一种是双足自然滑行加几次跳跃式的调整，助滑虽然不属于动作质量评分范围，但心理平稳、充实流畅的助滑是完成起跳和整个技术动作的重要保证。起跳则是完成技术动作的关键，当时存在的问题是上体过于后倾，膝关节弯曲角度过大，起跳过早，高度不够，完成动作时间不足，运动员落在过渡区和着陆坡交界处的情况多次发生。着陆的失败率也很高，第一轮 12 次试跳失败了 7 次，但第二轮只记录了两次失败，运动员的适应能力让人吃惊不小。最好的是空中动作，中国运动员那种灵敏、平衡、柔韧性、控制能力已经有了初步的模样。

回首七冬会，王石安当时的总结是，虽然还做不出特别高难的动作，但比赛进行得还算精彩。追求难、稳结合的理念开始在教练员和运动员心里扎根。特别是大家意识到，中国运动员在完成高难度动作的能力上蕴藏着巨大的潜力，这种潜力一旦通过科学刻苦的训练激发出来，势必在世界大赛中迎来成绩的爆发。

相对而言，七冬会自由式滑雪空中技巧的女子比赛进行得比较平淡，4 名运动员参赛，只有两人取得名次。

在王石安教授家库房里成堆的历史资料中，几页已经泛黄的纸张从 1991 年穿越而来，七冬会自由式滑雪的成绩公告和名次公告保存了当年的信息。亚布力滑雪场，1991 年 2 月 4 日，上午 11 点，气温零下 13 摄氏度，雪温零下 12 摄氏度，风向东南，风速 2.2 米 / 秒。冠军尹红两轮比赛分别使用了 B2 和 B11 动作，这位当时水平最高的女

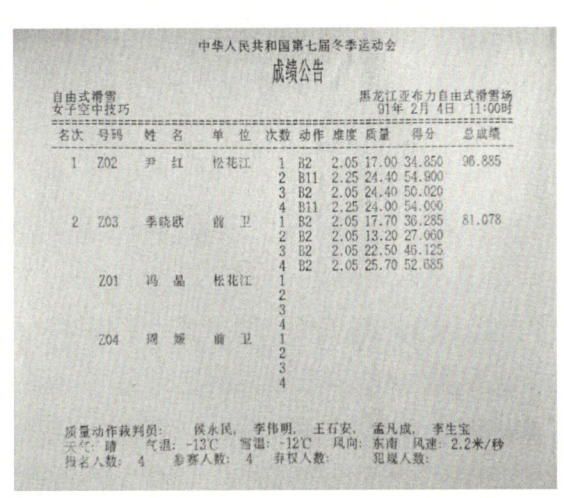

泛黄的成绩公告记录下空中技巧最初发展阶段的样貌
（王石安 / 供图）

子运动员一枝独秀。

季晓鸥总共跳了 4 个 B2 直体后空翻，其中第一轮预赛中的一跳没有成功，质量得分才 13.20 分，不过最后总成绩 81.078 分，在参赛的 4 个女孩中，在完成动作的 2 个女孩里，获得了第二名。

当时的 5 名质量动作裁判员里还有一个熟悉的名字，侯永民。在七冬会上，侯永民和王石安同时担任跳台滑雪和自由式滑雪空中技巧两个项目的裁判员。在 1991 年初时，侯永民是否已经开始为组建沈阳体育学院的空中技巧队伍着手准备，现在已经不得而知。但他从七冬会空中技巧裁判现场带回来的观感，还有只言片语流传。

根据他的好朋友郝庆威老师回忆，他说听侯永民讲过，那么简单的空翻动作，就能在全国大赛中拿名次，感觉有些儿戏了吧。

❷ 你能冲出亚洲走向世界

侯永民可能不知道，这四次后空翻直体一周动作的完成，对 12 岁的季晓鸥来说，已实属不易。

在七冬会前的训练阶段，银刚教练带领前卫体协队在长白山备战。纪冬有体操功底，起跳之后翻过去做成功了。接下来轮到季晓鸥，"我只在蹦床上做过一周空翻，这等于直接在雪上开难度，准备时间仓促，上台的速度不够，我起跳之后，使大劲只翻了半周。"季晓鸥关于自己第一个雪上空翻的记忆到这里戛然而止，她头朝下砸在雪地上，当场摔得失去了知觉。

那是 1990 年底到 1991 年初的冬天，前卫体协队成立后的第一个雪季。

此前，1986 年 12 月到 1987 年 4 月，国际雪联在日本举办学习班，目的是使自由式滑雪成为冬奥会正式比赛项目达到足够开展基数。按照规程，进入奥运会的新兴项目，必须有 23 个以上国家和地区开展方为有效。61 岁的银刚教练在 2020 年 12 月的这段讲述，将自由式滑雪在中国开展的最初脉络彻底梳理清楚。

"国际雪联那次邀请中国、韩国、澳大利亚、苏联四个国家派出学员，每个国家两个名额，学习班由日本滑雪协会和铃木株式会社赞助。国家体委把名额下发给冬季项目开展最好的吉林省和黑龙江省，两省各出一人，吉林省选派了我，黑龙江省选派黄万龙。我们在日本进行了空中技巧、雪上技巧、雪上芭蕾三个项目的学习训练。当时参加了一次日本雪上技巧国际公开赛，我们以运动员身份真正上场比赛，那也是中国人第一次在自由式滑雪国际赛事中亮相。学习的过程中，我们每周都在福岛县猪苗代滑雪场俱乐部参加一次雪上技巧比赛，3月末临回国前参加了一次全日本雪上技巧锦标赛，期间还去日本静冈县滨名湖进行了三周空中技巧的跳水训练。"

银刚说："我们作为学员参加训练，必须自己进行跳水体验，在非常短的时间内，进行一周台非空翻动作练习。我第一次上到出发点的感受是什么呢？恐惧。甚至晚上睡不着觉，风驰电掣滑下然后落入水中的那一幕总在脑海里过电影。"

回国后，银刚开始琢磨从高山滑雪教练员转行。"当时前卫体协宋队长是位懂业务的领导，成立自由式滑雪空中技巧队的提议，得到了他的积极支持。"银刚的想法是，空中技巧是以空中动作难度和质量稳定性决定比赛成绩的项目，要想尽快出成绩，选拔一些体操、技巧、蹦床运动员改项是一条途径。银刚说："现在叫跨界跨项，当时先后成立的三支队伍都在思考和实施。但是，高山滑雪运动员只要具备空中感觉好、力量好、胆子大等素质，同样可以在空中技巧项目中得到发展。季晓鸥便是成功例子，我说的空中技巧选材标准，她都具备。"

当季晓鸥1987年在吉林省白山市业余体校开始高山滑雪训练时，她的启蒙教练就是银刚。"接下来1988年，教练进了前卫体协武警滑雪队。那时我才9岁，年龄太小，教练让我去通化市业余体校再练一年。1989年5月，我以高山滑雪运动员的身份成为中国前卫体协武警滑雪队的一员。"

入队后的季晓鸥，记得银刚教练已经着手做空中技巧陆上训练的筹备，买了蹦床，也动员过几名高山滑雪项目运动员转项，但人家好像都没同意，就连季晓鸥自己，还继续参加高山滑雪的国内比赛，在七冬会的高山滑雪资格赛上顺利过关，拿到了七冬会的入场券。

但银刚没让季晓鸥报名参加七冬会的高山滑雪比赛，1990年，季晓鸥正式离开高山滑雪项目，成为一名自由式滑雪空中技巧运动员。

季晓鸥的第一项训练任务是学空翻。"教练一手拽着我的脖领子，一手托着保护，我总算在蹦床上翻了一个。"从通化走出去，银刚带运动员们去长春。"到

起跳——中国自由式滑雪空中技巧发展史记

吉林省体校的体操队,教练请一位体操教练帮忙,跳跃高度不够,让我们站在单杠上,往海绵坑里翻空翻。一点一点想办法,吉林省体操队我们连续去了两年,后空翻和后空翻转体才算有了眉目。"

银刚说:"七冬会比赛时,我们前卫体协空中技巧队成立时间不长,当时没有跳水池,冬天没有标准场地,只能人工搭建小跳台,费了很多功夫。纪冬和费东鹏是体操运动员出身,根据他们两人的特点,我重点抓他们的雪上滑行训练,通过掌握滑行技术,把体操难度引入空中技巧,训练不到一年,他俩就能完成两周动作,从进度上比较,应该超过了比我们先搞空中技巧项目的松花江队。"

武警滑雪队运动员和教练员1992年合影(季晓鸥/供图)

到了1991年,对于夏季训练该怎么搞,银刚想到了一个好办法。去济南,国家跳水训练基地。"季晓鸥空中感觉好、胆子大,在女子运动员中是优势。根据她的特点,我们在蹦床进行保护带训练,再到3米板、5米台上进行直体一周、团身一周、团身两周的动作训练。"

那段训练对季晓鸥来说至关重要。"我的劣势明显,空翻概念是新领域,没有体操基础,核心力量不够,空翻过程中腰比较松,身体呈反弓形,下坠速度快。之前全靠自己感觉,但真正标准是什么,动作怎样出美感,需要规范训练。"

空中技巧队的教练员和队员,向跳水队的教练员和队员取经。季晓鸥说:"我们向水里跳是脚先入水,跳水教练要求严格,用跳水队运动员膝盖、脚背、直体、团身的标准来要求我们,在济南训练那个阶段,我的空翻动作改进很大。"

银刚的感觉和季晓鸥一样:"当时国家跳水队在济南训练,看到我们的运动员在不到3个月时间里,从学会游泳到能从5米台跳下完成两周动作,国家队总教练徐益明给予充分肯定。"

　　季晓鸥后来知道，当她在济南为提升空翻质量一遍遍跳入水中时，有一个和她年龄差不多大的小女孩正在为备战夏季奥运会而刻苦训练。几个月之前，当季晓鸥即将怀着忐忑心情踏上七冬会赛场的时候，1991年1月4日，那个13岁的女孩在第6届世界游泳锦标赛上夺冠，成为中国竞技体育有史以来最年轻的世界冠军。接下来在巴塞罗那，14岁的她把奥运会女子10米跳台金牌挂在胸前，像她的名字"伏明霞"一样成为天边一道明丽的彩霞，照亮了奥林匹克天际。而季晓鸥从事的这个几乎不为人知的雪上项目，还在黎明前的黑暗中艰难跋涉。

　　也是1992年的夏天，季晓鸥要参加一场水池跳台比赛——东京都第8届水池空中技巧锦标赛。"教练带着我和纪冬从国内出发，松花江队正在日本训练，我们共同参加比赛。等一周台适应完毕，教练让我比赛时直接跳后空翻团身两周。"

　　季晓鸥理解教练员的想法，好不容易赶上一次正式水池跳台比赛，多跳一个难度动作就是收获和胜利。季晓鸥生怕出现第一次雪上空翻周数不够的情况，结果用力过猛，翻了两周半。季晓鸥的身体平拍在水里，上岸后忍耐不住地连声咳嗽，把捂嘴的手张开，手心里一片鲜红。

1992年东京都第8届水池空中技巧锦标赛，左起：潘立权、尹红、王丹、季晓鸥、马燕、冯晶、孙毅（季晓鸥/供图）

　　后来沈阳体育学院的脚手架水池跳台修好，在国家体委的统一安排下，前卫体协队来沈阳夏训。季晓鸥把自己这段跳水的经历讲给新结识的朋友，"我们那一代人的成长，始终都在一起。作为运动员，我们互相切磋技术，提高很快，大家都有机会，往国家队的平台上使劲，虽然训练条件受限，但运动员的关系非常紧密，彼此感情特别深。"

　　银刚带队训练，从1993年开始步入正轨。"从1993年到1998年，可以说是

筚路蓝缕 | 055

中国自由式滑雪空中技巧三足鼎立时期。松花江队成立最早，在国内没有夏训水池场地时，就有机会去日本进行训练，对运动员提高帮助极大。沈阳体育学院成立队伍较晚一些，但是沈阳体育学院是国家体委直属院校，体委领导高度重视，学院高度重视，在政策、财力、人力、物力等方面的投入，是其他两队无法比的。我呢，在中国最先接触自由式滑雪项目，经过学习班学习，参加一些比赛，同日本国家队一起训练，掌握了项目特点，比较懂得规则，不同时期抓住重点，根据运动员特点合理设定计划发展目标。虽然空中动作训练辅助方法不足，但前卫体协队当时能在中国空中技巧项目中占有一席之地，也有其自身优势。"

从1993年到1998年，是季晓鸥羽翼逐渐丰满开始高傲飞翔的几年。回到最初的1990年，"教练动员我彻底转项，我问教练，转这个空中技巧项目有什么前途吗？"

是啊，改练这个未知项目能有什么前途呢？

31岁的银刚看着11岁的季晓鸥的眼睛，想了想，缓缓地说："你练这个项目，能冲出亚洲，走向世界！"

多年之后，每当季晓鸥回忆起当时的场景，便有一股热流从心底涌起，想起这八个字带给自己的憧憬和激励。

03　我要好好练

徐囡囡在1993年时最强烈的想法，是不想再干给下滑材料打肥皂"这些和别人不一样的活儿"了，想参加训练。

徐囡囡记得，侯永民教练带领队员去日本训练时，家里就剩下她和另外一个新入队的小男孩儿。"没有教练，我俩天天除了轮滑就是蹦床。那个时候，要说为国争光这样的理想抱负，可能还没达到那样的高度。我心里想的，是我不比别人差，我想和队友一起跳台，然后也能出国训练。"

在徐囡囡入队之前，沈阳体育学院自由式滑雪空中技巧队第一次踏上了全国比赛的赛场。1992年初，亚布力，欧晓涛在"奥星杯"的比赛中，第一次看到了雪上跳台的样子。"啊，原来是仰角型的，多少度不清楚，侯教练问我敢跳不，我说敢。"

不仅欧晓涛对跳台感到新奇，侯永民教练也还带着体操老师的惯性思维。欧晓涛记得，队里的装备，包括一个海绵垫子，赛前训练时，侯永民把它铺在了台根底下，好像怕自己的队员摔在平坡上一样。其他两支队伍看着手忙脚乱的沈阳体育学院教练员和队员，看到空中技巧场地上的体操海绵垫子，忍不住哈哈笑了起来。

比赛中欧晓涛两跳成功，一个团身后空翻，一个直体后空翻。"不是第四名就是第五名。"欧晓涛对自己的成绩有些吃惊，那次比赛是他第一次穿着雪板冲上跳台，"回想起来还挺危险，但当时没有害怕的感觉。可能与我喜欢滑雪有关，从最早进跳台滑雪队开始，只要上雪，我就不觉得难。"

等到1992年末到1993年初的那个雪季，欧晓涛已经可以完成两周动作。先在一周台上跳，从尝试两周团身空翻开始，然后跳两周直体，或者是一个直体一个团身这种组合动作。直接雪上"开难度"，还能保持相对较高的落地成功率，无疑与欧晓涛的滑雪基础厚实有关。"大家公认，说我适合这个项目，有天赋什么的，其实自己的感觉就是喜欢。"欧晓涛用简单话语道出深刻的道理，因热爱而坚持，热爱是对当下的珍视，更是对未来的期许。

郭丹丹在第一次穿上雪板时便爱上了滑雪。侯永民带她站在山坡上，语重心长地说："丹丹，准备好了吗？"郭丹丹深吸了一口气："准备好了。""好，那我可松手了。"一瞬间，郭丹丹冲了出去，大声喊着"哎呀哎呀"，直到撞到树上才停了下来，可那种贴地飞行的感觉已经印在心里。

沈阳体院脚手架跳台搭好，在欧晓涛和郭丹丹进步飞快的1993年夏天，徐囡囡坚持天天出早操。"有时侯教练用摩托车拽着我滑轮滑，速度很快，找滑雪的感觉。就怕突然刹车或者硌到石头而摔倒受伤，我的腿和胳膊都是破的。"

脚手架跳台建成后，改变了队伍一年只有两个月进行跳台训练的局面。运动员可以大胆练习一周、两周动作，从量的积累开始出现了质的飞跃。"体院的队员空翻基础好，等找到了利用滑行惯性起跳的感觉之后，简直是一天一个变化，韦迪院长每天都来看训练，对我说，没想到运动员进步这么快，他们第一项大赛八冬会有希望了。"郭亦农认为，脚手架跳台搭好，运动员可以进行全天候训练，是沈阳体育学院队赶超国内另外两支队伍的开始。

一个夏天的水池训练之后，1993年末的那个雪季，欧晓涛信心满满。"自己夏天练得那么好，教练说谁先试试两周台，我说我上。"可是速度太快，欧晓涛直接摔出了着陆坡，后脑勺狠狠磕在"硬雪壳"上。欧晓涛在亚布力滑雪场的房间里躺了两天，再回到跳台处往下看，雪板印记还在，上边一个被头盔砸出的小坑仍然很明显。

转过年来，徐囡囡终于有了属于自己的装备。陈洪斌找出一双雪鞋，"有点大，直晃荡，凑合穿吧。囡囡这个孩子真是刻苦，别人中午吃饭，食堂正对着游泳池，大家都能看见，她还在一遍一遍，爬上，跳下。"

终于，跟着队友一起训练，甚至去日本训练，徐囡囡的愿望一一实现。水池跳台训练一直要进行到10月，穿着普通的滑雪服，身体从里到外湿透，食堂工作人员熬好姜糖水，放在游泳池边上，运动员从水里出来，喝几口，再继续练。

日本长野县白马村的水池跳台建在山里，10月中下旬的气温更低，早晨起来一看，水面结了一层薄冰。那时候没有气泡设备，徐囡囡的第一跳砸在水里，冰碴像针扎在身上。雪鞋透水，双脚冰凉，运动员带好暖壶，隔一会儿往鞋里灌点水热乎热乎。

长野县滑雪协会接待了一批又一批不同项目的中国冰雪队伍，自由式滑雪空中技巧的教练员和运动员刻苦训练的故事口口相传。中国队的日训课达到5次之多，水池结冰，日本队都停止了训练，中国教练员带领队员们破冰继续，这一行为让日方人员大吃一惊，并对中国人吃苦拼搏的精神深深佩服。

是啊，项目草创阶段，一切都在摸索中进行，除了训练从难、从严之外，中国的运动队永远都会再增加一个词——"从苦"。

被公认"能吃苦"的徐囡囡现在回想往事，都忍不住说："反正这项目挺苦的。"但放在当时，如果问"苦吗"，她肯定会倔强地摇摇头，说不。就像没有健身房的时候，陈洪斌带着徐囡囡和郭丹丹，大冬天的晚上，一人一块"马路牙子"石头，扛在肩膀上练深蹲，带着雪的大石头压在脖子上，原地跳，一跳一个小时。陈洪斌说，能不苦吗，可想干成一件事情，背后不吃苦哪行。

还是在日本的时候，陈洪斌给徐囡囡开小灶。"她身体没劲，起跳后总拱肚子，从上午9点到下午3点，就为解决起跳技术。她哭也不行，我逼着练。最后我问徐囡囡，值吗？她说，值。"

陈洪斌把带技巧队的训练理念拿了过来，从抓空中翻腾技术入手，"你得让运动员看到你的水平和能力，才会心甘情愿跟你吃苦。"

起跳动作的发力，起跳之后的空翻，这些技术动作，陈洪斌不陌生。着陆动作技术是成功的关键，空翻技术准确与否是成功着陆的重要保证，着陆和空翻分属两个阶段，却密不可分。陈洪斌说，他当老师时讲过的体操技术动作力学分析，身体横纵轴的动量矩、角速度和转动惯量关系等理论储备都派上了用场，虽然滑雪不会，但对空中技术动作的指导游刃有余。

如果以大赛成绩为尺度衡量，在对中国自由式滑雪空中技巧发展的评述中，从1993年到1996年，被认为是沈阳体育学院队追赶松花江队和前卫体协队，并完成追赶，甚至赶超的阶段。郭丹丹和欧晓涛在这个阶段都实现了亚洲冠军的飞跃。欧晓涛说："在空中技术专项指导中，陈老师有优势，动作怎么做好看，他的要求非常严格。而且他特别爱钻研，和我们交流对项目的学习认知，理解技术，发展技术，对我们的帮助和促进非常大。"

"要想做个好的教练，必须认真倾听学生的感知，要向学生学习。他们练习技术动作时，我仔细观察，下来询问运动员的感觉。这是我认识空中技巧这个新项目的起点，也是指导运动员的起点。"陈洪斌把这种教练员和运动员的互动过程形容为"官教兵、兵教官、兵教兵，教学相长"。

陈洪斌后来在一次教练员经验交流会的发言中说道："竞技体育必须有自己的特点，以己之长，克人之短，接队后我的计划是稳扎稳打，在提高空中动作质量和提高成功率上做文章，从质量的角度和对手的难度竞争。用了一年时间，在1995年的第8届全国冬季运动会上，我的队员双双获得男、女冠军。其实最大的收获还不是金牌，而是我增强了信心，赢得了信任。"

这种信任，有领导的信任，更有队员的信任。

"陈老师努力教，慢慢我们都信服了。他说的话我们听，他指导动作我们相信。但这个'我们'不包括我，我一直都相信他，陈老师说什么就是什么。那时候我是刚开始，他也是刚开始。"徐囡囡说的是1994年的自己，"我的想法只有一个，我要好好练！"

④ 为你自己的梦想努力

新官上任不用三把火，把队规队纪一把火点着就行。陈洪斌刚到队里没几天，就有运动员提出来，"教练，该放春假了"。

陈洪斌一愣，即便冬、夏两季运动项目的训练理念有一些差别，也不至如此吧。仔细一问，按"惯例"，春假要从雪期结束的 3 月放到 5 月，夏训之后还有秋假，从 10 月开始放，一直到有雪的 11 月初。陈洪斌把队员们召集起来："咱们国家乒乓球、跳水、体操、举重这些奥运优势项目，从来没有春秋放假一说。当然各运动项目有自己的特殊情况，我们队从现在开始，只在冬训之后调整，大家回家把衣服被褥换季，两周之后归队。"陈洪斌说，他当教练员，就是要打破"惯例"。

当老师，当教练员，陈洪斌养成习惯，别说迟到早退，因私事请假缺课的时候都没有。"我最看不惯的就是运动员散漫、没有理想和目标。"

早就有人和陈洪斌说过，队伍"不好管"。特别是那几名转籍过来、年龄稍大的队员，基本处于"放羊"状态，除了训练晚到、晨练不起床这些常规操作，还偶尔有些出格的举动。队里有辆三轮跨斗摩托车，训练时用于牵拉运动员提高轮滑速度，晚上一个队员偷偷用钥匙捅开，开到马路上兜风被交警收缴。另一个男孩就寝时间不睡觉，拿把匕首挨个宿舍扎门，吓得值班教师大半夜给陈洪斌打电话，"赶紧来管管你的运动员"。

接下来一堂训练课，这个男孩继续迟到。对陈洪斌的批评，男孩动了气，嘴里嘀咕起狠话。训练结束，陈洪斌把这个男孩带回宿舍，插上门单独"过堂"："你说要整死我，现在屋里没人你试试？你如果不喜欢这项运动，可以回家不练，可以去其他项目，我不拦你。你走吧，雪板雪服留下，那是国家提供的。我们之间，你可以不尊敬我，但是我不允许你破坏队伍纪律。"

男孩哭了，陈洪斌口气也软了下来："我不是冲你，我是为了队伍。你这么弄，让我没法工作，我没有威信，队伍就完了。如果我不管你，不但把你坑了，也把下面这些孩子全坑了。我开会时的承诺你还记得不，父母把你们送过来，对我来说是一份信任、期待，我有责任让你们实现为国争光的理想。"

从那之后，这个男孩训练比较正常。"到了 1996 年 2 月亚冬会，男子决赛，那天雪不好，像沙子一样，风一刮往下淌，不好站。"陈洪斌回忆，日本运动员摔了，乌兹别克斯坦运动员失误，"我跟他说，你就做一个两周简单动作，别上三周了，站住就行。"机会来了，降低难度确保成功率为男孩换回来一枚亚冬会银牌。走下领奖台，男孩也动情："真心谢谢您，陈老师。"有了成绩这块敲门砖，男孩后来当了教练员。现在见面，还是一句话："陈老师，感谢感谢。"

还有一名老队员，雪上训练空翻后摔到地上，抢得满脸是血，为发泄情绪狠狠摔打滑雪板，嘴上说些难听的话。陈洪斌当场断喝："如果我的运动员跳不好都摔滑雪器材，这是支什么样的队伍？跳不好跟雪板没关系，摔板是懦弱无能的表现。脸划伤了，觉得吃不了苦可以不干。是男子汉的话，失败了，总结经验教训，再来！只要我们认真，没有过不去的坎！"接下来的训练，这名队员爬坡过坎，八冬会上把金牌挂在了胸前。

训练渐渐走上正轨，队伍保持着早晨出操、上午上文化课、下午训练的节奏。"出早操3000米跑，我们年龄小，有惰性，谁都不爱跑，找理由说脚疼、腰疼。陈老师跑，他在前面领着跑。"陈洪斌的以身作则，让徐囡囡深有感触。

后来一次长白山训练，一天雪下得特别大，站在助滑坡顶看不见跳台，陈洪斌说今天不跳台了，每人"放十五趟着陆坡"。队员们谁也不愿意滑，说这雪"打脸"，滑不了。陈洪斌二话不说，踩上雪板下去。长白山的助滑坡很陡，后来沈阳体院竞校的一位领导去看训练，他有眩晕症，不敢在旁边站着。

队员们面面相觑，陈老师不是不会滑雪吗？季晓鸥心里想，陈老师真能玩命啊，那还有什么可说的，跟着滑吧。

陈洪斌的滑雪是自己偷摸练会的。每天雪上训练结束，说自己要平整跳台，让队员先回去，然后爬上，滑下，一趟一趟反复。这是陈洪斌一以贯之的执教方式，"教练员真得和运动员同甘共苦，人心比自心，他苦的时候，你也要跟着苦。"

欧晓涛后来才知道，陈老师原来好"厉害"，全运会上得金牌已经很难，何况技巧队还拿了世界冠军。但陈洪斌刚刚接队的时候，欧晓涛觉得对自己影响不小，"毕竟从到沈阳体育学院练滑雪就是和侯老师在一起，感情很深。"

空中技巧队换了一个"家长"，欧晓涛他们正是十四五岁的年纪，青春期逆反心理爆发。"说实话，开始有些排斥陈老师，上午我们几个逃课，体院大门口有游戏厅、台球社，我们偷着跑出去玩。有一天被竞校领导抓个现行，让我们在校长办公室站成一排，然后把陈老师叫来。"欧晓涛当时想，这下可完了。校长对欧晓涛几个队员的处罚结果是"停伙"多少天，不准在食堂吃饭。"陈老师没说什么，给我们每个人塞点钱，停伙期间在外面吃饭。"从那天起，欧晓涛的心理有了转变，严肃的陈老师原来也有温柔的一面。

陈洪斌自己说，他批评孩子，有一条雷打不动的原则，睡觉前必须把矛盾化解掉。这么多年，队员们都摸清了陈老师的规律，挨批评之后，到了晚上，陈老师会转悠过来，找你再唠一唠。

2017年5月，自由式滑雪空中技巧青年队跨项组成立（沈阳体育学院/供图）

时间来到2017年5月，自由式滑雪空中技巧青年队跨项组成立，老教练再度出山。面前是16名平均年龄12岁的孩子，可陈洪斌已经从1994年的40多岁的壮年，变成了67岁鬓染白霜的老人。两年时间，整支队伍进步神速，队里的陈梅婷训练一年半拿下二青会冠军，俞伊玲进入国家二队。

响鼓还得重锤擂，批评起这几个小队员来，陈洪斌心直跳，"俞伊玲看着我，她眼里冒火。我说人家那个女孩，比你矮，比你瘦，拿5公斤的杠铃，你用2.5公斤的杠铃，你对吗你……"

过后，陈洪斌又把俞伊玲叫到身边："我批评你没有问题，但是方法可能欠妥，当着那么多队友，让你丢了面子，有我的不对。但是反过来想，你的触动越大，受到的教育可能会越深刻，经历坎坷和挫折，对你也是一次锻炼。你在渐渐长大，自尊心越来越强，这次事情对我也是一次教育。我以后要控制自己的情绪，急躁解决不了问题，如果我在气头上，你感觉提醒不了我，我是老人，你就先委屈自己一下，先承认错误后再跟我讲清道理，好吗？"

俞伊玲哭着点头。陈洪斌拍拍她的肩膀："这样吧，你要是听进去了，回头写封检讨书。"这是 2020 年 3 月的事情，70 岁的陈洪斌对 14 岁的俞伊玲苦口婆心。

一封几百字的检讨书，第二天发到陈洪斌的微信里。陈洪斌转发给俞伊玲的父亲，俞爸爸简直不敢相信："这是我姑娘写的吗？万分感谢陈老师。"

"尊敬的陈老师：通过认真反省，我认识到错误的严重性。第一，影响队内训练的正常流程，如果大家都像我一样，自由散漫，漫不经心，队里纪律就会很乱。第二，昨天没有及时反省，反而还怨恨您。第三，没有带好头，我作为队里年龄第二大的女孩，没能给比我小的女生做好榜样。

"同时在这件事中，我还感到，自己在体能训练时注意力不集中，就算已经有很多老师提醒，我在体能训练时还忍不住开小差，把老师的教诲当耳旁风。这充分说明，我在思想上没把课堂重视起来，对自己的训练没有足够的责任心。

"训练，是为了我们的未来而练，是为了我们的前途而练，不是为了老师去练，这才是正确的训练态度。对不起陈老师的信任，这让我感到万分愧疚。陈老师原谅了我，我反而更加难受，我知道，重要的是犯错后如何改正，恳请陈老师相信我，我一定把今后的训练做好。"

陈洪斌把回信一个字一个字打好。

"伊玲，很高兴你能找到自己的不足。我虽然一夜未眠，但是在收到你来信的那一刻，沉重的心理负担突然卸下，感觉心脏也轻松了许多。努力吧伊玲，为项目，为国家，为你父母的期待，为你自己的梦想，努力！"

⑤ 杜鹃山庄

陈洪斌第一次带队冬训，是 1994 年 10 月末。十几名运动员，冰冷的硬座车厢，昏沉漫长的旅途，耳边"咣当咣当"响个不停。列车员报站名："二道白河快到啦。"看手表，凌晨 4 点多钟，赶紧把队员们喊醒，带好东西下车。

初来乍到，老队员为陈洪斌领路。车站外一条小路，几盏路灯光亮微弱，走路大概 10 分钟，先到一家个人开的旅店歇脚，等训练基地来车接上山。进屋一铺大炕，已经有客人盘腿坐在炕上，队员们在炕边各自寻找座位。陈洪斌问老队员，待这一会儿要不要钱；老队员说，不用花钱，但是必须在店里吃顿早餐。

7点多钟，车来了。陈洪斌一直贴着车窗向外望，越往山上走，路边的积雪越厚。这是陈洪斌第一次进长白山，听说站在天池边上喊一声就下雨，也不知道真假。老队员告诉他，山上还有地下森林，怪吓人的。

盘山路开了三个多小时，终于到达驻地——杜鹃山庄。4人一个房间，条件简陋，可竟然有一个免费的公共浴室，从山上直接引来温泉，水中散发着刺鼻的硫黄味，洗去了一天一夜旅途的疲惫。

欧晓涛刚入跳台滑雪队的那个冬天，在长白山进行过冬训，对杜鹃山庄相对熟悉，这次来感觉条件有所改善。1990年时，想洗澡需要带着装备走到山上瀑布附近，天然温泉的泡池，洗完踩上雪板滑回山庄。

但厕所没变样，还是户外旱厕，坑特别深。女孩晚上不敢自己起夜，几个人结伴去，厕所四面透气，一刮风呜呜叫唤。

滑雪场的位置在半山腰，若顺大路爬山，要一个多小时，太费时间。还有一条经年雨水冲刷成的山沟，大家称为"沟塘子"，虽然很陡峭，但抄近道20分钟能到场地。

陈洪斌每天6点半吃早餐，7点钟出发，"最早长春队的教练单戈老师和我一起主抓队伍，他每天领着我爬小路，20多分钟攀爬，气喘吁吁，汗流浃背。"根本来不及休息，马上抢锹干活，差不多一个小时之后，运动员们陆续到达场地，跟着投入"战斗"，平整助滑坡雪道，修过渡区雪道，给着陆坡松雪，大家头上冒着热气，脸上挂着白霜。

像欧晓涛这样的大男孩，最大的感受是吃不饱。"早晨爬山干活，还没等练呢，就饿了。"晚上吃完饭，从餐厅揣个馒头回屋，抹点辣酱，夹根香肠，房间里特别冷，把馒头放在电暖气上烤热乎当夜宵。季晓鸥也念念不忘方便面里放根香肠的"美味"，还有在饭盒里把奶粉冲开，放到窗外，一夜工夫冻成"奶油雪糕"，那种属于女孩的小欢喜。

解放军冬季两项队待遇不错，队员房间门口的垃圾桶里，总能看到苹果皮、橘子皮、香蕉皮。潘立权问陈洪斌："陈老师，咱们什么时候也能吃上呢？"

陈洪斌说："咱们没有成绩，为了这口气，就得拼，等咱们把成绩拼出来，到那天，香蕉管够你吃。"那是1995年底的冬天，陈洪斌开始担任国家队教练员，松花江队、前卫体协队和沈阳体育学院联办的长春队三支队伍合并管理训练,那年长白山上的技术教练只有陈洪斌一个人。

盼到过春节,好不容易能改善伙食,火锅"大餐",集训队伍人人有份。欧晓涛那桌的电磁炉好像不太好使,比其他桌开锅都慢,"然后我们就等啊等,好不容易水烧开了,我刚想往里下肉,陈老师端起一盘冻豆腐'夸嚓'倒在锅里。接着眼巴巴地又等了20多分钟,别的桌差不多吃完了,我们还没吃上。"现在一吃火锅,欧晓涛就会想起这个场景。

每天的训练,正常情况上午9点可以开始,千万别赶上大雪,那样的话,教练员要提前半小时去清理场地,哪怕有运动员帮忙,跳台训练勉强能在10点开始。场地条件特别不好时,陈洪斌中午不回山庄吃饭,继续平整跳台雪道,累了躺在雪地上休息一会,等队员下午带饭上来。可巧有一天,夜里雪特别大,大家好不容易把场地收拾利索,欧晓涛刚在起点滑了几个回转动作,突然"砰"的一声响,整个山坡发生了一场小型"雪崩",跳台全被埋住,好在没人受伤,后果是大家干了一天清雪工作,个个筋疲力尽。

当天训练结束,跳台上会轧出两道雪辙,"缝补"跳台可是一个技术活。方法是用一个大铁皮槽子,先撮进去松软的干净雪,然后倒水用铁锹搅拌。水多了,台面就成冰状,跳台时雪板打滑容易失控;水少了,雪还是粉状,台面不结实,滑几回就出沟。"火候"的掌握,全靠双手感知,搅拌均匀后,抓起一把雪,攥成面团一样才算成功。这个活儿还要求必须快,稍微耽搁一会儿,雪块就会冻硬,前功尽弃。

台面补好铺平,天已擦黑,运动员踏上雪板,沿着天池公路几分钟就能滑回驻地。苦了最早阶段还没学会滑雪的陈洪斌,天黑坡陡路滑,爬沟塘子太危险,顺着天池公路走,最少40分钟,冷风一吹,衣服冻成硬板。每年的长白山冬训要持续4个月,教练员和运动员的鼻子、耳朵冻得发黑变硬,春天时一片一片地掉皮。

最重的活儿,要算修跳台了。先搭架子,用胶合板围出跳台的形状,里面堆雪夯实,用雪量太大,必须从坡下往山上运,用麻袋肩背手抬。每年修两个跳台,上山之后,别的不管,一个一周台,一个两周台,教练员和运动员先忙活一个星期。

1997年11月,王揖涛、王钰清、郭亦农等几位学院领导和竞校领导去长白山基地看望备战长野冬奥会的教练员和运动员。"条件确实艰苦，训练中跳台和着陆坡每隔一段时间就要修理、补雪。记得到后的第二天早上，我们几个也参加了抬雪。天气阴沉，雪深坡陡，雪灌到鞋里，脸被风吹得生疼。"王钰清后来主编 2006 年夺冠画册拟订相关文字，第一节小标题"筚路蓝缕，以启山林"，无疑与他当年这段深刻印象的亲身经历有关。

是啊，驾着简陋的车，穿着破烂的衣服去开辟山林。形容创业艰苦，也许再找不出比这个成语更适合的词句了。筚路蓝缕，说的是一种锐意进取、锲而不舍的创业精神；以启山林，更是一种人生境界的描绘，一幅事业开创的壮美画卷。

欧晓涛总是每天第一个起跳，"每天雪质和场地都有变化，要靠运动员自己感受，一般情况下我来开头，其实就是冒蒙跳，试验一下速度。速度慢了，刚翻过来可能落在平台区，速度快了呢，可能翻到着陆区外面。一周台和两周台对速度要求不同，主要靠滑行距离掌握，等我跳成功了，他们可以借鉴我的起点位置，找到自己相应的点位。"正因为欧晓涛当时的水平是队中最高的，才被教练员委以重任，充当一台安全未卜的"人体测速仪"。

现在手动测速仪早已不是什么稀罕物，精致轻巧，早成为队伍的标配，国家队的训练场地甚至使用电动测速，教练员的双手都可以得到解放。

可刚上长白山的时候，哪知道还有这种设备。后来 1997 年出国参加世界杯，陈洪斌才第一次见到测速仪的模样。从一个手提式电池箱里拉出一条线，连接在一个枪式装置上，外国教练左手提着电池箱，右手拿着测速枪。国内没有卖，陈洪斌更不敢奢望在国外购买。"2006 年前后，我们才开始有测速仪，当时价格 1 万多元，还是天价。"

经费有限，陈洪斌把一分钱掰成两半花，甚至能不花就不花。欧晓涛的雪鞋鞋帮裂个大洞，陈洪斌有办法，拿出个午餐肉罐头，肉吃掉，铁皮洗干净，剪出大小合适的一片，用铁丝穿孔固定，竟然严丝合缝。这种针线活儿，郭丹丹也想试试，看陈洪斌的手套磨破了，郭丹丹说："陈老师我帮您补。"第二天把手套交给陈洪斌，可陈洪斌的手说什么也伸不进去，仔细一看，手背和手心有的地方缝在了一起。陈洪斌笑了，真是个孩子啊。

因为一次滑行中的意外，主要还是雪板不行，加上力量不足，在助滑坡上滑歪的徐囡囡直接一头撞到台上，头盔撞裂。陈洪斌背着徐囡囡下山，一路上心里不知道有多害怕。幸好,徐囡囡昏迷了一天一夜之后,终于睁开了双眼。陈洪斌说:"有件事情不知道囡囡忘没忘,看她醒了过来,我心疼地问她还练不练了,囡囡的回答不假思索:练!一个字,让心情极度疲惫的我重新迸发出斗志。"

直到现在,陈洪斌对这些"出生入死"的运动员仍然充满了感激。"虽然说训练必须要吃苦,"他顿了顿,"可他们毕竟还是孩子啊,我觉得他们真的太不容易了,但他们全都咬牙顶了下来。"

那个夜晚,陈洪斌无助地守在杜鹃山庄房间里徐囡囡的床边,眼泪噼里啪啦地从脸颊滚落。

杜鹃山庄,全称是吉林省长白山高原训练基地招待所长白山杜鹃山庄,位于吉林省延边朝鲜族自治州安图县二道白河镇。人在哪里住久了,哪里就有了割舍不掉的记忆。冬天的长白山,气温能降到零下三十几摄氏度,却因记忆而变得温暖。

『走向世界』

① 挪威的森林

进入 20 世纪 80 年代，国际奥委会主席萨马兰奇力推奥林匹克的商业化进程。为了保证相关各方权益，1986 年，国际奥委会投票决定，将夏季和冬季奥运会的比赛时间错开，由同一年举行改为间隔两年举行。这样，每两年就有一届奥运会，更有利于奥林匹克运动在全球的推广和普及。1988 年，挪威利勒哈默尔赢得了第 17 届冬奥会的举办权。

与此同时，中国体育张开双臂拥抱世界。1991 年 12 月，北京奥申委向国际奥委会呈交北京申办 2000 年奥运会的申请书。1993 年 9 月 23 日，国际奥委会第 101 次全会在摩纳哥蒙特卡洛举行，宣读申办报告，投票，之前一切都很顺利，但最后的结果却是北京输给悉尼，以两票之差。第二天，《人民日报》发表评论员文章《坚定不移地走向世界》。

1994 年 2 月 12 日，利勒哈默尔冬奥会开幕，共有来自 67 个国家和地区的 1739 名运动员参赛，比赛共设 12 个分项 61 个小项。与上届阿尔贝维尔冬奥会相比，自由式滑雪空中技巧成为新增项目，下设男女两枚金牌。两名中国女子自由式滑雪空中技巧运动员，第一次踏上奥运赛场。15 岁的季晓鸥，实现了"冲出亚洲、走向世界"的"小梦想"，中国冰雪迎来了发展的大时代。

关于怎样获得冬奥会参赛资格，银刚印象比较清晰："当时规则比较简单，世界杯分站赛进入前 30 名，就有机会参加冬奥会。季晓鸥、尹红通过三站世界杯比赛，为中国拿到了自由式滑雪空中技巧的冬奥会参赛资格。"

1993年在法国参加世界杯比赛的尹红（左）、纪冬（中）、季晓鸥（右）
（季晓鸥/供图）

两个女子参赛名额，获得的是"数字"，具体落实到"人名"，怎么分配？"国家体委的领导刘文殿、单兆鉴制定了规则，通过选拔赛方式确定参加冬奥会的运动员和教练员名单。"在银刚近40年教练员生涯的回忆中，那次选拔赛第一次提前公布办法，公开竞争，开创了按成绩、按规则办事的先河。

排名第一和第二的运动员将拿到奥运会门票，第一名运动员的教练员随队出征。松花江队的尹红、冯晶，前卫体协队的季晓鸥、王凌、王岩、李丹阳，这些中国最早一批的自由式滑雪空中技巧女子选手悉数参加。比赛在1993年冬天的长白山进行，最终，女子第一名是前卫体协队的季晓鸥，第二名是松花江队的尹红。

银刚的心情非常激动，他把来之不易的冬奥会参赛机会，归结为决心、信心、用心、计划合理、勤奋汗水和抛小家为事业的合力。"作为一名首次参加冬奥会的教练员，我知道我们的水平有限，定下四个目标：第一是多学习、长见识；第二是确保安全；第三是要发挥出运动员平时的最好水平；第四是为下届冬奥会做好准备。"

中国自由式滑雪队很早抵达赛场，在预赛之前，有超过一周的训练时间。银刚的训练安排在有条不紊地进行中。"我们提前制订计划，帮助运动员确定出发位置，掌握好滑行速度，我告诉运动员训练中的几项重点，包括适应雪质、适应跳台角度、调整着陆角度。教练员能做的，就是解决好眼前能解决的问题，带领运动员保存体能，一步一步调整状态。"

季晓鸥在奥运村里第一次见识到 24 小时开放的运动员餐厅，在训练馆里第一次体验了在跑步机上跑步的感觉。利勒哈默尔冬奥会的自由式滑雪空中技巧场地，紧挨着跳台滑雪赛场。穿着传统服装早早占据有利观赛位置的挪威观众发出山呼海啸般的喝彩声，现场气氛热"雪"沸腾。这一切对于 15 岁的季晓鸥来说，无疑是一次冰雪运动文化的洗礼，内心无比震撼。

殊不知，相比阿尔卑斯山区兴起的高山滑雪，生活在山地雪原中的北欧人更钟爱越野滑雪并自得其乐。这种当地最大众化的滑雪方式甚至和刺激的跳台滑雪一起组成了"北欧两项"，从 1924 年第 1 届冬奥会开始就不曾缺席。更何况，滑雪"Ski"这个词，本身起源于古挪威语，表示一种劈开木板绑在脚上的行走方式。

一年中有 8 个月与雪为伴的挪威人，在利勒哈默尔冬奥会的场馆建设上颇费一番功夫。考虑再三，挪威人小心翼翼地把雪车雪橇赛道隐藏在了茂密的森林里，又在一个大山洞里建造出冰球馆。为了让观众也能加入环保行列，组委会在每张门票的后面印上了"禁止吸烟""禁止酗酒""禁止乱扔垃圾"的字样，处处体现出人与自然的巧妙融合。萨马兰奇评价，利勒哈默尔为后来的奥运会树立了环保典范。彼时，在世界冰雪运动的大森林里，中国冰雪还是一棵枝不繁、叶不茂的小树。

季晓鸥开始感受到巨大的心理压力。"压力不是因为参加冬奥会而产生，那时我年纪还小，还没体验到大赛本身带来的压迫感。"赛前训练中，季晓鸥两个两周台动作完成得相当稳定，一个后空翻两周直体，一个后空翻直体一周接团身一周，预赛还有两天开始，季晓鸥已经准备好用这两个动作发起冲击。

就在这时，银刚教练突然有了新要求。"教练让我上个三周动作，后空翻一周直体接两周团身，可能教练看我之前动作完成得挺好，再加一周没什么问题吧。但是我完全没有心理准备，夏季水池跳台训练时都没做过三周动作，完全没有概念，一点底都没有，我的心理压力都是因为教练临时让我上这个动作而起的。"季晓鸥形容，当教练说完，她的状态瞬间发蒙。

第二天的雪上训练，季晓鸥鼓足勇气跳了 bLTT。没敢上三周台，从两周台起跳，结果还是翻过了，后背贴到着陆坡。这个动作还引发了一些争议，按照国际雪联的规定，满18岁才能做三周动作。季晓鸥说："挪威报纸登了新闻，教练的想法我能理解，拿到更好的成绩对项目有帮助，但当时的我与世界水平差距很大。"

预赛开始，季晓鸥不出意料再次落地失误。"对三周动作的空中跳跃高度和旋转速度都没有概念，在两周台上做三周动作，飞行高度不够，动作质量上不去，我的落地分可能只有零点几分。"跳三周动作给季晓鸥带来的巨大压力，让她另一个两周动作也失去了稳定性。

说到当年让季晓鸥临阵更改动作的初衷，银刚有自己的想法："有些根本技术需要通过长时间跳水训练、蹦床训练等基础训练解决。对起步不久的中国自由式滑雪空中技巧来说，利勒哈默尔冬奥会是一次尝试，我们真正的目标应该放在四年之后的长野。季晓鸥滑行技术好，空中感觉也好，胆量大，我们在济南做过空中动作的跳水训练，从各方面条件看她具备完成三周动作的能力。而且，在奥运会赛场做一次三周动作，这种机会难得，可以积累经验，为以后参加大赛蓄力。"

利勒哈默尔冬奥会，中国代表团的参赛运动员只有27人，参加速度滑冰、短道速滑、花样滑冰、冬季两项和自由式滑雪共5个分项的比赛，不用说，重点还是三个冰上项目。尹红和季晓鸥，两名自由式滑雪空中技巧女孩在默默无闻中完成了比赛，一个获得了第17名，一个获得了第18名。

70.25分，尹红拿到了中国自由式滑雪空中技巧运动员首次参加冬奥会的最高得分，如果两跳成绩相同，她的总成绩甚至能排在前六名之内。

季晓鸥则在预赛前度过了一个不眠之夜，"无论如何也睡不着，一想第二天要翻三周，激灵一下，吓醒了。"

"预赛的前12名运动员，谁都有可能最后夺得冠军。"从空中技巧进入冬奥会的第一场决赛开始，这句话就变成了这个项目的至理名言。顶着1992—1993和1993—1994两个赛季世界杯总冠军、1993年世锦赛冠军的光环，25岁的切尔亚佐娃却在预赛中发挥不佳，排名第12，擦边进入决赛。这名从小练过体操和技巧的乌兹别克斯坦队女将，决赛两跳，只能说正常发挥，冠军优势仅有微弱的0.96分。

除了第18名，季晓鸥还有额外收获。比赛结束后，银刚在场地捡到一副雪板，大概是某位欧洲运动员扔下的，板头稍微有点"瓢"，倒不耽误用。那副雪板成了季晓鸥的宝贝，连续三年夏天水池跳台训练都用它，"愣是没折，真是结实"。

1994年冬奥会自由式滑雪空中技巧决赛的录像带，后来陈洪斌手里有了一盘，成了他刚接队时最好的老师。银刚则通过现场观看比赛得到更直接的感受："通过参加利勒哈默尔冬奥会，增强了信心，确定我们能尽快达到世界水平。"

02 日本的雪板

早上8点刚过，第一堂水池训练课开始。天空飘起小雨，陈洪斌发现，脚手架跳台附近站着一位"观众"，披块塑料布看得非常专注。运动员顶雨练到11点半，这位"观众"看到11点半。上午训练结束，陈洪斌过去一看，原来是韦迪。

"热心观众"还向教练员提了一个问题，"韦迪院长说洪斌我问你个事，着陆动作你为啥让运动员两臂往前伸呢，保持平衡稳定不是应该向两侧张开手臂吗？我说韦院长，这个项目着陆时更多是前后方向摔倒，很少侧倒，向前伸臂，能让运动员稳定角更大。"

韦迪说："好，陈老师，我学着了。"

这是陈洪斌关于1994年春天一堂普通训练课的记忆片段，"韦迪院长以身作则，重视这个项目，特别钻研，而且不耻下问，我作为教练员颇受教育。"

事实上，这种对技术动作要领的不同看法和研究，在空中技巧发展初始阶段，是松花江、前卫体协、沈阳体院三支队伍教练员、运动员都要面对的问题。比如，非转体直体空翻时稍有挺身对不对？属不属于标准动作？空翻的转体速度是不是越快越好？如何做到节奏明显？第一个动作完成后，身体在什么角度上进行第二动作为准确？为什么觉得我们的运动员动作不如某些国外运动员的动作交代得清楚？某一种空翻腾空高度究竟多少为最优？空翻周数不同时落水最佳距离应该多远？许多问题各有各的理解，似乎都不十分清楚。

老师来了。大槻让，国际雪联自由式滑雪委员会理事、全日本滑雪联盟自由式滑雪部技术委员长，当时日本自由式滑雪空中技巧项目的"一把手"。1994年9月，韦迪把大槻让请到沈阳体育学院，王石安在研讨会上担任翻译，大槻让耐心回答问题，对项目最新发展情况、错误动作避免、技术发展趋势进行详细讲解。国内三支空中技巧队伍的官员、教练员、运动员全部参加讲座，期间还进行了裁判员培训，目标只有一个，在项目发展之初把握国际脉搏。

最难得的是，讲学之后，9月10日到11日，利用沈阳体院游泳池的脚手架跳台，举行了中日首届自由式滑雪水池空中技巧友谊赛。比赛不仅是运动员的比拼，还包含裁判员实习的内容。大槻让担任技术代表，王石安担任竞赛长，裁判长是日本的田中千香子，姿势裁判员包括黄万龙、王尔、王贺一、游琨炎，见习裁判员中有戈炳珠、杨尔绮、孙立平等十几人。从竞赛组织、裁判评分程序，到运动员的动作标准评判，比赛完全按照国际比赛组织程序进行。

田中千香子后来嫁了外国人，改了名，欧晓涛管她叫"提娜"，现在还是自由式滑雪空中技巧裁判领域的专家。"这个项目开始阶段，我们在向日本学习，那届中日水池比赛，对于她担任裁判长我有印象，现在我们做裁判培训，有时候还请她。"

欧晓涛在比赛中拿了男子第二，第一名是潘立权，女子第一名是郭丹丹，刚刚正式训练几个月的徐囡囡也参加了比赛。欧晓涛认为，虽然与潘立权、纪冬相比还有差距，但他的进步幅度更大，差距每年都在缩小。脚手架跳台搭好之

研讨会合影，左起为郭亦农、王石安、大槻让、韦迪（王石安/供图）

1994年中日水池跳台比赛精彩瞬间，图中或为获得女子第三名的尹红（张永和/供图）

走向世界 | 075

后，夏天可以进行系统专项训练，是沈阳体育学院运动员在1994年的夏天进步飞速的重要原因。

同样在沈阳体育学院训练，张永和却觉得有点施展不开拳脚。第一是训练时间的安排，第二，也是更主要的——"雪板用得太费"。运动员从高空落入水面那一刻，在强大的冲击力下，雪板常常拦腰折断。张永和说："松花江队当时给我发了20多副板，都跳折了，找国家体委雪上处要，负责人也没给，但是给沈阳体院拉了一车日本赠送的二手雪板。"因为这事儿，张永和还与领导"吵了一架"，让张永和想不通的是，沈阳体育学院的空中技巧项目起步不久，为啥雪板的供应比他这支成绩更好的队伍还要充足？

这个问号其实早已经拉直。有体委直属院校和教学、科研、训练三位一体的优势，加上逼出来的共识，沈阳体育学院等于把有限的编制、资源全都押上，在决心上力压地方，国家体委也把雪上项目的希望寄托在沈体，那时被运动员称为"老单处长"的单兆鉴等领导和专家，几乎钉在沈体的队里。

那些二手雪板，都散放堆在汉卿体育场看台下的库房里，运动员可以随意去挑。不应该说是挑，而是"扒"，戴着手套在堆成山的雪板里翻捡，第一选择肯定是找儿童款雪板，对空中技巧跳台来说，1.5米的长短正好。

雪板很多不能使用。1.8米的雪板肯定不要，锯短后，板后跟太厚，没有弹性，滑行半径改变严重。1.7米的板锯断后勉强能用，1.6米的板截去10厘米，影响相对较小。为了让板更结实，运动员有一套加工程序，先用砂轮打磨，然后涂塑脂胶，粘玻璃丝，用一天时间晾干，再打磨抛光，钻眼上固定器。徐囡囡说，这是周末必修课，说是半天休息，其实等于没有休息。

时间一长，大家经验丰富，打磨时手里掂量，再看看横截面，就知道这副雪板是不是"一命货"。季晓鸥说，有一款"小贺"板最抢手，弹性好，韧性强，不轻易断。"一周训练，一个人至少准备五到六副雪板，器材不够，耽误训练，赶上运气不好，一天跳水三副五副地折。谁能找到心仪的板，真是如获至宝。如果一副板能挺三天，等于减轻负担，少干多少活儿啊！"

在教练员和运动员的印象里，易折的雪板是当时训练条件简陋的代名词。其实，这些来自日本的二手雪板，本身就是一段历史。

中国冰雪运动与日本长野县结缘，要追溯到1980年的首次冬奥之旅，出征美国普来西德湖之前,中国高山滑雪队到日本补充粮草辎重,一是学习技术,二是添置装备器材。

后来几乎成为定例,凡是到长野研修训练的中国雪上队伍,从服装到雪板,日方全部配齐。特别是从1983年开始,长野县日中友好协会推进一项重要工作,即收集日本雪场的二手滑雪板,赠送给中国滑雪协会。王石安最初去长野时,还专门问当地朋友,这些二手雪板哪来的,怎么往中国运呢?得到的答案是,在港口装集装箱启航之前,所有二手雪板集中运到长野市,挑拣整理工作由长野县日中友好协会负责,属于义务劳动。

长野县日中友好协会赠送雪板的这项工作很少为人所知,但对中国雪上运动的开展起到重要作用(王石安/供图)

雪板运到国内,中国滑雪协会负责统一接收,需要的单位可以提出申请。不要瞧不起这种二手滑雪板,当时国内几乎没有雪板制造厂商,且不说大众普及无法开展,专业队训练同样受困于器材缺乏。从徐囡囡到徐梦桃,中国自由式滑雪空中技巧几代运动员,皆从日本二手雪板开启训练之路。

后期全日本滑雪联盟专务理事丸山庄司应邀来华参观交流,长野县日中友好协会托他询问,沈体对二手雪板还有什么需求?王石安记得,那时他们对雪板开始"挑肥拣瘦",他带丸山庄司去白清寨滑雪场参观,双板已经饱和,单板多多益善。再往后,中国滑雪场建设日益升温,硬件软件逐渐升级,高中低档雪板成为标配,日本赠送的二手雪板完成使命,退出历史舞台。现在,在沈阳体育学院各个场馆和白清寨滑雪场还会发现,很多长椅都是雪板制成,算是一个时代的标志。

回到1994年的水池跳台比赛,大槻让带来3名日本男子运动员,队员兼教练员横山岳男,另外两位是石川浩和石川康太。看到简陋的脚手架跳台,横山岳男开始犹豫跳或不跳,后来比赛还算顺利,拿了第五名,可雪板脱离器掉进了泳池。体院泳池水底,漂白粉淤泥积了厚厚一层,横山岳男硬着头皮下水,把脱离器摸了上来,留在两只手上的味道,几日未散。

起跳——中国自由式滑雪空中技巧发展史记

比赛后，横山岳男和陈洪斌成了好朋友。2020年9月，横山岳男给陈洪斌发来三张照片，微信留言写道："26年前，珍贵的照片，难忘的记忆，好怀念。"陈洪斌回复说："中国自由式滑雪空中技巧的今天，有日本教练老师的汗水和心血，谢谢。"

照片里，脚手架跳台是显著的背景。横山岳男后来肯定有所了解，对于中国空中技巧项目来说，这座简陋的脚手架跳台，是一座高耸的里程碑。

全体官员、教练员、运动员、裁判员合影（陈洪斌/供图）

比赛前的入场环节。参赛队伍包括日本队、松花江队、前卫体协队、沈阳体院队及与沈阳体院联办的长春队（陈洪斌/供图）

03　亚冬会的礼物

郭丹丹和王凌是好朋友，玩心大盛，一起往领奖台上跳。两人挤在最高位置互不相让，最后说，咱俩都站这儿吧。1995年1月，八冬会自由式滑雪空中技巧比赛前，吉林北大壶滑雪场发生的这段小插曲，竟然在比赛中应验。

女子项目出现并列冠军，沈阳体育学院联办长春队的郭丹丹和前卫体协队的王凌，获得相同的141.94分。第一次被列入冬运会正式比赛项目，自由式滑雪空中技巧就以这样的方式引起轰动。

松花江队张永和教练强烈质疑。"因为现场打分和比完赛报的分不相符。王凌原来落地失败，比赛要结束了，

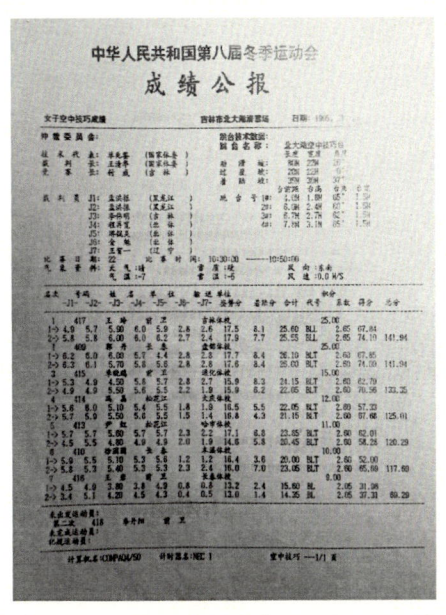

1995年八冬会成绩公报（陈洪斌/供图）

突然广播通知，王凌出发有误，回起点重新出发。分数出来，和郭丹丹一模一样。金牌一家一块。比赛结束后的领队会议上，我们要看现场打分的小票，比赛下午2点多结束，开会时间是下午4点，结果打分小票拿不出来。我们提出强烈抗议。"

"那场比赛，冯晶落地没全摔倒，手接触了一下地，最后打分很低很低。运动员心理不平衡，我说不平衡也得平衡，毕竟你有失误。有能耐你别失误，你要是一点失误没有，咱们不就赢了嘛。有失误，扣多扣少，这官司没法打。"八冬会的比赛，让张永和第一次有了挫败感。"如果领导不是现场看到，我可能要受到批评，我们先抓的项目怎么没拿到冠军。黑龙江省体委领导、松花江地区体委领导都在现场，对我没有怨言，比赛没拿到冠军，咱认了。"

银刚的回忆中也有不服气的成分。"八冬会女子空中技巧的冠军之争，在沈阳体育学院联办长春队与前卫体协队之间展开。季晓鸥当时动作成功率高，比赛

中也成功了，分压得很低。长春市是东道主，7名裁判中有5名和长春市、沈阳体育学院有关。郭丹丹暂列第一，没想到王凌的第二跳动作腾空高、姿态好、着陆稳定，分打出来很高。"

陈洪斌觉得，这件事情和松花江队没有关系。在他的印象里，是裁判出现发令失误，组委会允许王凌再做一次。"其实这是不符合规则的，确定名次的时候，王凌跳完在那儿哭。郭丹丹两跳成功，落地稳定，本来是第一名，那时候反倒不一定能拿金牌。我对郭丹丹说，你也哭！"

三支队伍三名教练员的回忆和描述，似乎都在按照对自己有利的方式进行。八冬会的并列冠军事件，二十几年之后仍在上演"罗生门"。

后来多次在国内自由式滑雪空中技巧大赛担任裁判长的孙立平，1995年也在现场。他在回忆的同时，求证当年的裁判人员，证实发令失误是有的，王凌第二跳分数打出来也是有的，两跳分数相加发现比郭丹丹高还是有的。

"前卫体协队李丹阳本来已经弃权，但赛会播报和发令员衔接出现了问题，发令员以为在起点等待的王凌是李丹阳，催促王凌出发，但是这跳失败。成绩给不给？仲裁研究决定让她重跳一次。这个过程中，郭丹丹完成第二跳，金牌似乎在手。结果重跳的王凌，分算出来超过了郭丹丹。问题就出现了，怎么办？"

木已成舟，在项目开展之初的特定时期，自由式滑雪空中技巧的裁判工作流程同样在摸索建立和规范阶段，在尊重赛事、尊重裁判的前提下，并列冠军成为不得不做出的选择。

郭亦农也在比赛现场，他认为："两名运动员相差无几，最后判定并列，也是皆大欢喜的事情。当然也有些传闻，但我认为差距很小，就看裁判如何确定。我后来反复看比赛录像，个人认为并列第一是合理的，同时也照顾了两队的积极性。但从沈阳体育学院的角度说，我们的空中技巧队伍从零开始，用不到五年的时间，达到国内领先的地位，不能不说是巨大的成就。"

赛前玩笑变成现实，郭丹丹和王凌真的一起站到冠军领奖台上。那是郭丹丹运动生涯中的第一次大赛，在经历了很多"不想上难度，晚上睡不着觉"的煎熬之后，郭丹丹的名字开始和更多的"冠军"联系在一起。

1996年2月，第3届亚洲冬季运动会在哈尔滨举办，比赛层次升级，陈洪斌和他的队员们将第一次经历自由式滑雪空中技巧"世界级别"的比赛。同样"初出茅庐"的教练员和运动员，心里七上八下没有把握，赛前的备战气氛略显紧张。

运动员都住在公寓里，郭丹丹在走廊里光脚穿拖鞋走来走去，被单兆鉴处长看见，狠狠批评一顿。祸不单行，第二天郭丹丹感冒发烧打起了点滴，教练员陈洪斌和领队郭亦农都跟着吃了"挂落儿"，受到严厉批评。

决赛来了。在空中技巧的比赛中，出发顺序是非常重要的一环，先出发有很多不利因素。首先，赛前公开练习后，正式起跳前有整理场地时间，这段时间气温和风向会有微小变化，很可能对运动员滑行速度带来影响，后出发的运动员，可以参照前面运动员的速度快慢调整出发位置，从而提高成功率；此外，后出发的运动员还可以根据前面运动员的比赛成绩和动作完成情况调整战术，重新选择动作。

抽签结果让人大跌眼镜。郭丹丹第一个出发，徐囡囡第二个出发。陈洪斌赛前度过了一个不眠之夜。

不仅为出发顺序不理想闹心，陈洪斌更为运动员的伤病发愁。之前长白山冬训时，徐囡囡左腿膝关节内侧副韧带撕裂。徐囡囡一怕教练担心，又怕来之不易的大赛机会溜走。训练时咬牙坚持，训练后疼得走路困难，由好朋友尹红背着下山。一次突然发现陈洪斌注意到她的异样，徐囡囡赶紧对尹红说："快放下我，快放下我，别让陈老师知道！"

这件事是尹红后来告诉陈洪斌的，陈洪斌心里好一阵难过。"囡囡这孩子太要强，训练吃苦受累最多，但是几次比赛成绩都不理想，作为她的教练，我心里也像压了一块石头。"

徐囡囡腿伤未愈，陈洪斌发现日本男队运动员有一种桶式支架护膝，赶紧找日本队教练员横山岳男借来一只让徐囡囡试试，虽然不太得劲，但能保护膝关节、避免伤势加重就好。

第一跳，徐囡囡的起跳和空中姿态都还好，落地有失误，得分一般，名次靠后。第二跳，胜负在此一举，徐囡囡的后空翻直体两周完美漂亮，着陆也无可挑剔。可由于第一跳的"失败"，徐囡囡以为这次成绩又要泡汤，直接哭着跑回休息室。

陈洪斌开始也觉得徐囡囡要"砸"，可随着比赛的进行，乌兹别克斯坦队和日本队的女将要么落地失败,要么动作不理想。比赛全部结束,陈洪斌先回休息室,一看徐囡囡还在屋里哭呢。这可怎么劝,陈洪斌心想,他还是去看看成绩和名次吧。

公告栏贴出了成绩。第一名郭丹丹,第三名尹红,徐囡囡的名字排在第二。那一刻,陈洪斌如释重负,立刻跑回休息室,"囡囡你是亚军!"徐囡囡眼睛都哭红了:"陈老师,您别安慰我了。"陈洪斌笑了:"是真的!"

徐囡囡二话不说,趿拉着鞋跑出去看成绩栏,回来时已是破涕为笑。

在那之前,欧晓涛已经让人高兴了一回。自由式滑雪空中技巧开赛打破了中国代表团雪上项目无金入账的沉寂。兴奋的观众把欧晓涛抛向空中,接住,再抛,托举着他一直走到颁奖现场。现在,金、银、铜三枚奖牌都挂在中国姑娘的胸前,三面五星红旗升起,国歌响彻亚布力滑雪场。

1996年亚冬会夺冠后的欧晓涛(陈洪斌／供图)

中国姑娘包揽三枚奖牌,左起徐囡囡、郭丹丹、尹红(陈洪斌／供图)

三面五星红旗升起在亚布力滑雪场(陈洪斌／供图)

亚冬会的优异成绩为中国自由式滑雪空中技巧队伍带来了"礼物"——国家体委允许,从1996年开始,陈洪斌带队出国参加世界杯比赛。

陈洪斌拉上越野滑雪队一位会说俄语的教练员,陪他去乌兹别克斯坦队驻地找人。1994年冬奥会冠军切尔亚佐娃在这届亚冬会上的发挥不佳,她前一年夏训时摔伤头部,严重昏迷两周,从此竞技水准再也没回巅峰。后来1998年的长野冬奥会上,她预赛获得第13名,与决赛失之交臂,再后来持续受到伤病困扰,不得不黯然退役。

陈洪斌带去的问题是,觉得中国队的水平怎么样?切尔亚佐娃的回答很明确,中国姑娘水平很高,完全有能力参加世界比赛。

时光如梭。2019年3月23日,切尔亚佐娃因病在俄罗斯新西伯利亚市去世,享年50岁。她是冬奥会历史上女子自由式滑雪空中技巧首金得主。获知消息的陈洪斌心情沉重,深感时光之无情。两人最后一次见面,是在2002年的美国盐湖城,"我们互赠纪念礼物,她说这是她最后一次参加冬奥会,不想竟是永别。"

亚冬会的那次交谈解开了陈洪斌的心结,切尔亚佐娃高兴地收下了陈洪斌赠送的礼物——一个亚冬会吉祥物"豆豆"。

❹ 一根木棍和一根针

在中国自由式滑雪空中技巧走向世界的过程中,那根一米长的木棍不能不提。

带领运动员参加世界杯的第一站,陈洪斌眼前一亮,法国阿尔贝维尔高雪维尔滑雪场里五个漂亮的空中技巧跳台,看上去那么熟悉,却又有点不同。

从担任教练员的第一个雪季开始,陈洪斌就和跳台打起了交道。那时陈洪斌手头只有一个地质勘探用的角度测量仪,军绿色,鞋油盒大小。冬训修建跳台时,按照资料的数据,用它量出跳台台顶坡面弧度最大仰角,一周台50度,两周台61度。至于坡面的修法,只是使它自然顺延至地面,接着让有经验的运动员找找滑行感觉,不舒服的地方再增减坡面弧度。从长白山到亚布力,国内的几个跳台,坡面都不是标准弧度。陈洪斌说:"运动员在国外比赛上标准台，无疑会因不习惯而影响成绩，第一次去法国比赛，我发现这个环节非常重要。"

问题是，各个跳台由不同队伍的教练员负责定型，每个跳台的数据在规定范围内都有微调。陈洪斌去问了，组委会不提供官方场地数据。"怎么把标准跳台角度搬回国内来，我琢磨着，从台头往下，第一米角度多少，第二米角度多少，一段一段数下来，跳台坡面的弧度不就出来了吗？"

回沈阳后的陈洪斌，找了一家木匠房进行"私人定制"。再出国比赛的时候，箱子里多了一根一米长平整光滑的木棍。找时间，从台头开始，陈洪斌拿着木棍，一米一米从上往下，先贴着坡面放好木棍，再把角度测量器放在木棍上面，记录坡面弧度的每一段角度数据。"一周台差不多5个数据，两周台可能要7个数据。"陈洪斌说，尽管还是粗略测量，但按照新数据重新校正过的国内跳台，与原来相比，精细了很多。

说自由式滑雪空中技巧是一项精细的运动项目，严格的场地尺寸、标准的跳台坡面弧度肯定要算一条原因。角度仪，是大赛时教练员背包里的标配。现在的国际大赛，组委会按照竞赛规程一般要修建4到5个跳台，分别是1个一周台、2个两周台和2个三周台。

对于各种场地数据，在国家队担任中方教练员的欧晓涛张嘴就来。场地总长200米，场地宽30米，助滑坡长80米，助滑坡宽30米，着陆坡长35米，着陆坡宽35米，着陆坡坡度37度。一周台修在距离着陆坡4米的位置上，高度是2.10米，台角54度到55度左右。两周台与着陆坡距离6.50米，台高度是3.50米到3.60米，台角65度到66度。三周台距离着陆坡8米，高度是4米到4.10米，台角70度到71度。

国际比赛时，国际雪联会把跳台的修整定型工作分别委派给不同的队伍。拥有修台资格的队伍，能力和经验必须得到认可，因为这不仅是为自己，也是为其他参赛队伍提供服务。开展项目晚、技术水平弱的队伍没有资格。特别是这项工作没有报酬，不过组委会会给修台团队一个免费吃住的名额。

从2005年开始，中国队在国际雪联举办的比赛中，负责一个三周台的定型工作。纪冬是中国队修台工作的主导者，带领整个团队，从角度测量，到坡面平整，自由式滑雪空中技巧的教练员必须亲力亲为，挥铲上阵。确定角度的工具早已更新换代，用电子角度尺，每60厘米确定一个角度，精确到±0.2度，不能超过更多，0.5度以上就会对坡面弧度造成影响，运动员起跳的时候就会存在安全隐患。

工作要做多久，取决于赛事组织方前期跳台搭建工作完成得怎样。如果前期工作到位，中国队教练团队两个小时就能结束战斗，如果"毛坯跳台"与标准出入很大，他们可能要在雪场工作一天。修整工作还要随着训练比赛随时进行，一旦出现问题就要快速进行修复。

2011年在哈萨克斯坦举行的第7届亚冬会，陈洪斌便与不规则的场地打了一场"遭遇战"。时任国家体育总局副局长段世杰和陈洪斌是老相识，1993年出征保加利亚技巧世界杯，段世杰是中国代表团团长，陈洪斌带队员取得开门红，拿了第一块金牌。这次又是段世杰带队，出发前的中国代表团领队和教练员会议上，段世杰问担任领队的冬管中心雪上部闫晓娟部长："比赛有什么困难吗？"然后用手一指，"没有的话，洪斌的任务是争取包揽男女两块金牌。"

飞往阿拉木图的航班在清晨抵达，闫晓娟、陈洪斌率领全队马不停蹄赶到比赛场地。陈洪斌一眼就发现，两周台矮了。经过测量，两周台与标准差了30厘米，三周台也很毛糙，全队忙到天黑，人困马乏。

辛苦的结果，换来中国队兵贵神速，第二天就能进行适应训练。日本队被打了一个措手不及，第三天一早匆忙进驻场地，只剩唯一一次赛前训练机会。日本队先采取观望态度，想等中国队员首先起跳，借鉴中国队员的出发位置和着陆位置，再确定滑行速度和起滑点。

这些环节，中国队在前一天的训练中都已掌握。陈洪斌回忆，当时情况很有戏剧性，"前一天下午气温升高，跳台坡面雪化了一层，夜间气温低，又结成了冰。在冰状台面上起跳，速度肯定会快，所以我也判断不好出发起滑位置，只让运动员多做台面滑行练习，以适应台面弧度和冰面速度感觉，不急于跳台练习。"

陈洪斌的这些安排，被日本队视为有意拖延、压缩对手跳台练习时间的手段。相持观望中，日本队终于忍耐不住，教练员示意一名男运动员出发，果然速度过快，三周空翻动作多翻出半周，运动员背部重重拍在着陆坡上，在救护人员搀扶下退出了场地。

起跳——中国自由式滑雪空中技巧发展史记

日本队临阵折将，中国队贾宗洋、刘忠庆分获男子冠亚军，比赛过程轻松了许多。两周台高度按标准增加之后，之前获得冬奥会第七名的那位哈萨克斯坦女选手一下失去了"地利"，对跳台高度和弧度的适应只能从零开始，而张鑫就像在"自己家"的跳台比赛一样，把技术优势发挥到极致，金牌拿得顺风顺水。

教练员，也是"跳台定型师"（陈洪斌/供图）

自由式滑雪空中技巧青年队跨项组于2017年成立，雪季之前陈洪斌带领他们去石家庄室内滑雪场训练。"等于抢出来一个雪季的时间，没想到这些孩子学得这么快，平地滑行非常熟练之后，我先给他们堆个雪包，又练了一段时间，跳跃雪包也完全没有问题。我寻思着，修个迷你一周台吧，没带角度仪，咋整？"

陈洪斌想了个办法，去街边文具店，花几块钱买了一根学生格尺，格尺中包含有一个半圆形的量角器，他在90度的位置拴了一根穿好线的针。于是，这根格尺发挥了和当年木棍一样的作用。"我用它调整到需要的角度，把迷你台修好，告诉孩子们，这和真正的一周台角度一样，滑吧。"

陈洪斌笑着展示格尺量角器和一根针做成的简易角度仪（黄岩/摄）

由于身体的原因，陈洪斌在2020年9月离开了队伍，彻底解甲归田。在那之前，他不止一次在接受采访时对这16个孩子水平提升速度之快给予赞叹和期待。"有训练手段的原因，更有孩子素质优秀的原因。现在水池训练更加科学，冬天能滑雪的地方更多。从前需要六年的培养时间，如今看四年就能达到同样水平。"

这些跨项组队员的身影，并没有出现在北京2022年冬奥会的赛场上。但成长为助推国家队的有生力量，成为国家队梯队的一员，正在变成现实。这些奔涌的"后浪"，是今后几届冬奥会中国自由式滑雪空中技巧的未来和希望。

张家口崇礼云顶滑雪场。冬训，是国家队教练组最忙碌的时候。每堂跳台课开始前，教练组人手一柄铁锹，平整场地。整理过的场地，教练员仔细再过一遍筛子，确定安全，才放心让队员们进场训练。

"这么多年已成习惯，这活儿就得我们自己来。"纪冬和欧晓涛走上教练员岗位之后，很长一段时间跟随陈洪斌工作，这种细致和认真，早已经成为他们每天下意识的反应。因为，哪怕只是一块小雪块出现在队员起跳的地方，都可能造成事故，保障工作必须提前做好。在欧晓涛看来，教练员的工作节奏天天如此，早晨修整，晚上修补。定型和修复跳台，是教练员的必备能力。

这可能就是自由式滑雪空中技巧这个项目的行规吧。还记得当年在国家队备战时，陈洪斌总是每天第一个来到雪场，平整跳台，把着陆坡的雪翻松，训练结束修补跳台，最后一个离开。长春莲花山滑雪场的工作人员说："我们都准备这么多修场地的人了，你们还带着'场地工人'来，国家队就是牛啊！"

⑤ 澳大利亚的遗憾

第一站法国世界杯，国外场地环境不熟悉，陈洪斌心里不托底，怕队员受伤。结果郭丹丹拿了第七名，徐囡囡第九名。好多外国教练员表示祝贺，陈洪斌心想，我们还有难度动作没用呢。

成绩来得有些"稀里糊涂"。徐囡囡说："刚开始出国比赛，需要学习的太多。我们连雪镜都没有，比赛时晃眼睛；雪板粘上厚厚的雪，大家不知道该怎么办。"欧晓涛也有同感："才知道，雪板还需要打蜡。"除了装备问题，欧洲的天气也让人感到困惑。"我们不是来滑雪的吗，冬天怎么能下雨呢？什么都不一样。"

那个时期走出国门的中国冰雪人，都会面对这种差异并产生思考。郭亦农记得他在欧洲雪场的切身感受，"海洋性气候，冬无严寒，人们在温暖的阳光下滑雪，不用穿厚重的滑雪服，舒服、惬意。高山滑雪和越野滑雪在欧洲普及程度极高，每到冬季，雪场仿佛中国农村的大集，人山人海。中国想在雪上基础大项实现赶超，就像外国人要超越中国乒乓球一样，很难。所以，中国冰雪运动在竞技体育层面寻求突破，首先选定技巧性项目。"

徐囡囡在一名外国运动员的帮助下学会了给雪板打蜡。"别看我们这个环节不行，但对我们的空中动作，国外运动员比较认可、欣赏。"

郭丹丹和徐囡囡收获了信心，但欧晓涛却看到了差距。"我都在亚冬会拿金牌了，国内比赛只要正常发挥，十有八九夺冠。但到世界杯上一看，差距太大，自我感觉已经发挥很好，结果前15名都难，那就是当时中国男运动员的水平。"

法国、意大利、加拿大、美国、日本、奥地利，世界杯比赛频率最高时一个星期一站，转机到比赛城市，租车，三四个小时后才能到达雪场，比赛之后再出发。欧晓涛觉得自己最开始出国一个月里，状态始终迷迷糊糊。

"男运动员上三周动作，难度大，需要训练周期更长。女运动员技术动作普遍通过两周台来完成，同样的训练时间，女运动员达到高水平相对周期较短。"在陈洪斌看来，中国竞技体育"阴盛阳衰"的情况，当时那个阶段，在自由式滑雪空中技巧项目上同样存在。

世界杯是最好的展示舞台，中国自由式滑雪队连续参加了1996—1997年度世界杯比赛11站中的6站比赛和世界锦标赛，获得了2枚银牌，3人闯进世界锦标赛前12名。国际雪联相关人士以及热情的欧美观众，都知道中国队的女选手水平不错。

有一站比赛徐囡囡拿了第二名，郭丹丹出现了失误。陈洪斌带她俩去餐厅吃饭，老板拿出签名簿，请中国运动员签字留念。郭丹丹在自己名字后面又加了四个字——"在此败北"。陈洪斌笑了，真是个孩子啊，"那张照片我还保存着，徐囡囡拿着鲜花，郭丹丹噘着嘴，我坐在中间，奖杯放在前面桌上。我和丹丹说，胜败乃兵家常事，你至于这样吗。不过上进心倒是值得表扬。"

还有一站比赛俩人成绩都不错，陈洪斌购买新雪板的申请得到领导批准。在当地一家雪具商店里，陈洪斌挑了几样装备，"一副板折合人民币三千多元，一双鞋四千多元，买东西花了四五万元，数目不小。"

"郭丹丹在此败北"，这张照片记录了年轻女孩的梦想（陈洪斌/供图）

雪具商店老板问："你们是哪里来的啊？哦，中国队啊。刚结束的比赛我看了，有一位'Dandan Guo'，还有一位'Nannan Xu'。"陈洪斌用手一指，这俩女孩就是。雪具商店老板二话不说，拎出四双雪鞋、三副雪板，外加一个大板套，"Free（免费）！"

陈洪斌乐坏了："真的啊，真 free（免费）啊！"

新雪板当时是稀缺资源，国内市场没有，想买只能找国家体委装备处，一副比赛用板450美元。国家体委经费也紧张，一次借日本比赛的机会，陈洪斌请示随队领导，说欧晓涛的雪板脱离器实在太简陋，希望能买副新的更换。

领导没同意。但在赛前检查装备时，组委会坚决不允许欧晓涛上场。"我那时用的是大众滑雪板的脱离器，老式塑料材质的，安全隐患太大。组委会担心滑行过程中松开导致雪板脱落。最后没办法，领导打车去买了新脱离器回来。"这件事情给欧晓涛留下了深刻印象。

印象更深刻的事情在后面发生。安装新脱离器时，陈洪斌发现，欧晓涛的旧雪板后半部裂开分层。这种修补工作陈洪斌常做，先用电钻钻两排小孔，然后用铁丝像缝衣一样穿孔勒紧。外国运动员和教练员惊愕不已，日本记者更觉得稀奇，纷纷围拢过来拍照，相机快门"咔嚓咔嚓"直响。陈洪斌说："我估计他们肯定在想，这样也能比赛？"

郭亦农负责沈阳体育学院竞技体校工作，深感雪上项目之"昂贵"。后来郭亦农在国外赛场发现，有的滑雪板厂商为推广产品，一副雪板以150美元的折扣价卖给运动员。"我们的队员要是比出了好成绩，还有机会获邀手扶品牌雪板照相，商家可以赠送一至两副比赛板。于是我把经费兑换成美元，让教练带到赛场购买比赛板，可以节省大笔开支。很多欧洲航空公司还有特殊政策，乘机托运滑雪器材超重不加收费用。这样我们珍惜每次出国比赛机会，想尽办法为运动员提供更好的比赛用板。"

即便如此，服装、器材依旧是老大难问题。1997年8月2日，17岁的郭丹丹穿着自己花150元买的滑雪服，站上了澳大利亚墨尔本布勒山滑雪场的起滑点。

1997—1998赛季自由式滑雪空中技巧世界杯第二站。25岁的科斯蒂夺冠呼声最高。主场作战，这位当时水平最高、成绩最好的澳大利亚女选手受到重点关注，从练习场地到食堂生活区，电视台全程跟踪拍摄。陈洪斌回忆："赛前训练，她俩就互相较劲，郭丹丹年轻，没有心理负担，动作更轻盈，体力优于科斯蒂。"

科斯蒂结束了第二跳，跳台挡住视线，站在起点处的郭丹丹看不见科斯蒂落地动作，但观众区发出的响亮喝彩声灌进耳朵，"真是锣鼓喧天啊，我想她一定是成功了。"

陈洪斌站在跳台下方，看得真切，科斯蒂着陆时背部靠雪，落地动作是有瑕疵的。

第一跳郭丹丹分数最高，第二跳她最后出发。飞行表演却在此时打乱了比赛节奏，六架飞机尾部喷出彩虹烟雾掠过赛场上空，整个过程持续了10分钟左右，陈洪斌的心紧绷着，一丝欣赏的感觉都体会不到。

"搁浅"在起滑点的郭丹丹，只能重新预热，重新调整状态。这有点像八冬会上郭丹丹的那一跳，第一个出发，完全没有参照，陈洪斌就怕速度不够，"让她加一点"，结果跳起来后郭丹丹知道速度快了。但是那么巧，正好赶上一阵顶风，被吹正的郭丹丹特别稳地落在着陆坡上。"那个动作我从来没做那么好过，当你努力到一定程度时，老天好像都在帮你。"每忆及此，郭丹丹感慨依旧。

飞行表演结束，比赛重新开始。裁判发出可以起滑的哨声，陈洪斌从远处看见，郭丹丹振臂一挥，下滑，过渡区准备，上跳台，起跳！身体高高抛向空中，横轴直体翻腾两周，纵轴旋转三周。bFdF，难度系数3.525，直体后空翻一周同时身体转体360度，接直体空翻一周同时身体转体720度。现在看来，这是一个女子自由式滑雪空中技巧两周台的主流动作，也是比赛常用动作。但在当时，属于顶尖难度。

郭丹丹的落地稍显不完美，左手稍微扶了雪坡。同样是全场欢腾，"我就傻傻地笑着，看着全场，这一切是真的吗？"多年之后，郭丹丹在进行"冰雪进校园"讲座时，一直用自己的例子提醒同学们要"学好英语"。

1997年8月2日，郭丹丹成为中国雪上项目第一个世界杯冠军（沈阳体育学院／供图）

"大屏幕上的英文全都看不懂，有一堆数字1，我没敢想自己是第一，因为还有其他可以解释，最后一跳，最后一个出场。直到其他选手围拢过来，拥抱我，欢呼着，又看到翻译从坡上急匆匆跑下来，抱着我说'丹丹，你是冠军'！那一瞬间，我感觉大脑迅速充血，什么也说不出来，张着嘴，就那么呆呆地看着屏幕，看了好长时间。"

实际上，郭丹丹的落地只得到1.8分，但是由于空中动作完成好，乘以难度系数，这一跳仍然获得了86.62分，再加上第一跳93.24分，总分179.86分，力压科斯蒂，中国队"以难制胜"的策略发挥了作用。

陈洪斌双手握拳举过头顶庆祝的动作被电视镜头记录下来，可左等右等，颁奖仪式还不开始。陈洪斌惦记郭丹丹只穿了一件比赛服，想滑下去给她送件衣服，

走向世界 | 091

结果左右脚两支雪板打架，摔了个大跟头。"后来《美国周刊》杂志发表文章，说中国滑雪队的教练不会滑雪，"陈洪斌笑着说，"那时候会滑了，但心情激动。"

郭丹丹也很纳闷，颁奖怎么这么慢。"后来听说，组委会根本没做中国运动员夺金的准备，忙乱中赶紧派人去中国大使馆借国旗。"在推迟了将近三个小时之后，颁奖仪式终于开始。

当天赛后晚宴，餐厅中的大屏幕反复播放比赛场面和颁奖仪式，澳大利亚电视台还把一盘录像带赠送给郭丹丹，当作她挑战难度动作成功的礼物。但郭丹丹却不愿回看，因为稍显混乱的颁奖现场，与她期待的"庄严肃穆"有些距离。郭丹丹略显委屈地接过奖杯，戴上奖牌，"这是一生的遗憾，没有办法弥补。"

不过，中国雪上项目第一个世界杯冠军的荣誉实打实地到来。中国的女运动员，在与世界前三名选手的抗衡中不落下风。从动作难度和质量看，她们具备了冲击1998年长野冬奥会奖牌的实力。赛后的国家集训队会议上，"老单处长"说："外国运动员没有什么可怕的，现在世界冠军就坐在你们中间，大家要把郭丹丹作为追赶目标，超过她就有可能成为新的世界冠军。"

「长野啊长野」

① 200.21 分

季晓鸥参加了 1997—1998 赛季自由式滑雪空中技巧世界杯的前两站。比赛中 4 跳两周动作，全都着陆失败。

按照赛后的分析，季晓鸥本来"雪底"很好，腿部力量也强，之所以两站比赛着陆成功率为零，不能仅从落地一个环节找原因。逆向循序，准备着陆动作、空中翻转、起跳出台、助滑乃至出发点的选择，环环相扣。"雪底"是否深厚、腿部力量大小、心理状态好坏、适应能力强弱等因素固然重要，但决定着陆成败的根本，还是整套技术动作的准确性。回来反复看录像观察总结，季晓鸥觉得，自己起跳角度和空中转体动作时机出了问题。

"我原来是高山滑雪运动员，所谓'雪底'好一些，但困境也在于此。"对于自身利弊，季晓鸥认识得非常清楚，自己没受过体操专项训练，空中转体动作是一道难题，对动作理解不到位，转体总感觉不过关，特别是出台后就加转体，这个瓶颈问题始终解决不了。

而徐囡囡和郭丹丹有体操和技巧运动员的功底，转体动作仿佛是她们天然具备的优势。bFdF 和 bdFF，这两个两周台的难度动作，徐囡囡和郭丹丹都已经攻克。

"我 1994 年参加挪威利勒哈默尔冬奥会，那时年龄还小，准备也不充分。"进入新周期，对 1998 年长野冬奥会的目标，季晓鸥在心里默默进行规划，"我做两周动作，和她俩比没有优势。"摆在季晓鸥面前的，只剩下一条路，想突破，必须上三周台，做三周动作。

其实徐囡囡也有类似的困惑，"两周动作做得再好，它的难度系数已经达到极限，现在回头看历届冬奥会的女子比赛，女孩不做三周动作，想拿冠军非常困难，总不能指望别人都摔倒了吧。"

包括徐囡囡自己，很多女运动员都不会轻易选择上三周台。徐囡囡说："相对来说，三周台对女运动员的身体素质和承受能力提出了更高要求，飞得高，落地力度大。我就是属于上不了三周台的运动员，力量太差了，那种高度落差和重力加速度的叠加，我的腿部力量根本承受不了。我是那种协调性还好的运动员，空中转体动作没什么问题，但力量是弱点，这两个方面，总是矛盾的。"

银刚找季晓鸥谈话，既然出台转体没有优势，那就出台后先做直体后空翻，在后两周加难度，这样的话，能弥补转体能力的缺陷。季晓鸥清醒地认识到："当时国际比赛的趋势是动作难度逐渐增加，我跳两周动作想脱颖而出相对困难。"

银刚教练的说法，季晓鸥完全同意，想当黑马，必须上难度。1997年夏天，季晓鸥在水池跳台训练中向三周动作发起冲击。

季晓鸥要攻克的三周动作有两个，第一个是难度系数3.500的bLTF，直体后空翻一周接团身一周再接直体一周同时360度转体；第二个是难度系数3.800的bLFF，直体后空翻一周接直体空翻一周同时360度转体再接直体空翻一周同时360度转体。

在沈阳体育学院为备战1998年长野冬奥会进行的科研攻关课题中，郝庆威专门研究过季晓鸥的bLFF动作。结果显示，季晓鸥的动作重心抛物线轨迹显得有些低缓，原因是她起跳出台瞬时膝关节未能蹬直，上体有些后仰，同时季晓鸥的转体动作采用的是右臂异侧下压、左臂顺势下压的挥摆技术，使得转体角速度有些小。

奔着问题去，瞄准症结改。加强起跳技术，改进空翻转体技术。一个夏天的水池跳台训练，季晓鸥感觉"三周动作练得挺到位的"。

国家体委目标明确，征战1998年长野冬奥会，中国自由式滑雪空中技巧女队要力争4人满额参赛。竞争在沈阳体育学院的徐囡囡和郭丹丹、黑龙江队的尹红、前卫体协队的季晓鸥和王凌之间展开，一道5进4的选择题。季晓鸥这两跳的难度系数，加起来达到7.300，一举超过了徐囡囡和郭丹丹。"难度储备有了，争进冬奥会名单，我的信心足了。"

对于自由式滑雪空中技巧运动员来说，上难度是一大关。徐囡囡开始就特别不适应,"不适应在哪儿,在于它没有任何保护措施。蹦床也好,技巧也罢,练难度时会有教练员在一旁保护,用保护带拽着,差不多这个动作能做出来了,然后保护带可以逐渐解开,但教练员始终在旁边,一旦发生危险,搂你一下,拽你一下。但空中技巧不行,完全靠自己体会感受。所以我们都是在夏天水池训练时开难度,毕竟空翻之后是落在水里,大不了就拍吐血了,还不至于受重伤。"

但是,新动作在水池跳台练得再好,总要经过雪上跳台的检验。论动作难度和水平,欧晓涛和纪冬是队里两大"高手"。在欧晓涛前面,已经没有能为他进行示范动作的运动员,但他却能起到"带着女队员训练"的作用。水池训练如此,女队员上新动作,都把男队员的动作当成参照;雪上训练也是一样,磨合跳台、示范动作,男队员冲锋陷阵。

1997年底的长白山冬训,季晓鸥终于迎来bLTF的雪上第一跳。纪冬问:"晓鸥,用不用我先跳一个给你看看。"

"不用了纪哥,你跳完也需要我自己经历一遍,还是我直接来吧。"季晓鸥回忆,当时她的两周动作雪上成功率不错,对三周动作的恐惧感大大减轻。在1998年1月出国参加世界杯之前,季晓鸥在长白山完成了5次bLTF动作,难度更大的bLFF动作做成功1次。

1998年1月9日,加拿大的第一站比赛在魁北克蒙特朗布朗滑雪场举行,法语含义是"令人战栗的山脉",华人则赋予其更具诗情画意的名称——翠湖山庄。

中国队住在一个公寓楼里。比赛前一天晚上,银刚教练和欧晓涛房间的壁炉突然爆裂。后半夜2点多钟,消防车鸣笛开到楼下。被吵醒的季晓鸥开门一看,消防员二话不说正在往隔壁屋里喷水,银刚和欧晓涛浑身沾满炉灰,脸熏得黢黑。季晓鸥心里合计:"哎呀,着火是不是寓意要发生好事呢,但愿有好运降临在我的身上吧。"挨到5点多起床,"老单处长"已经准备好早餐,吃了一个煎鸡蛋,季晓鸥扛起雪板上山。

当时的世界杯比赛分为A、B组,A组是世界杯积分排名前12名的运动员。季晓鸥所在的B组7点开始适应场地训练,8点半开赛;而A组运动员可以等到10点多,阳光、温度最好的时候再来雪场。

赛前训练好像有些不顺,做bLTF,季晓鸥竟然一跳也没站好,手都扶了着陆坡。bLFF也没完成,落地前收腿收得急了一些,总是差了一点点。正式比赛开始,季晓鸥给自己一个强烈的暗示，"我告诉自己，即使是脸卡在地上，也不能屈腿，坚决不收腿！"

天冷，台面很硬。"很适合我，我喜欢硬台，出台时走脚快，对接下来空翻有利。"季晓鸥的第一跳 bLTF，腾空很高，空中动作节奏分明，利落优美，落地瞬间，膝盖真是一点也没屈，"好像连缓冲都没有，就那么直腿像棍子一样扎在着陆坡上，我自己都非常惊讶。"

第二跳 bLFF，季晓鸥信心更足，也更加放松，起跳、腾空、转体、落地，一气呵成。胜利的喜悦突如其来，随队翻译杨占武高兴地冲下雪坡。"晓鸥，200.21 分，你知不知道，你是世界上第一个突破 200 分大关的女运动员，你创造了历史！"

季晓鸥站上世界杯最高领奖台（季晓鸥/供图）

更高兴的是银刚，他说："我用了七年时间把季晓鸥带上世界杯冠军领奖台，当时她只有 19 岁。在场地、器材各方面条件很差的年代拿到了世界女子最高分。可以说，我作为一名空中技巧教练员，走出了一条从选材，到基础训练，到高水平训练，到世界杯分站赛冠军的成

季晓鸥和教练员银刚庆祝胜利（季晓鸥/供图）

长野啊长野 | 097

功模式。空中技巧项目非常适合在中国发展，当时我们在日本学习、比赛时，国际雪联的官员就说，空中技巧是为中国设的项目。我很自豪为空中技巧项目在中国的发展作出了贡献，现在空中技巧训练比赛水平大大提升，但是两跳能达到200分以上的女子运动员仍不多见。"

夏天水池跳台刚"开"的动作，在冬天的第一场正式比赛使用就拿了世界杯冠军，季晓鸥也觉得有些不可思议。但银刚清楚，为了备战长野冬奥会，从夏季跳水训练开始给季晓鸥逐步上难度是正确的选择，她完成的这两跳，尤其是bLFF，是当时女子选手能做的世界最高难度动作。

银刚、季晓鸥、杨占武（从左至右），在世界杯加拿大蒙特朗布朗站比赛结束后合影（季晓鸥／供图）

长野冬奥会的门票"稳"了，但季晓鸥知道，她是属于"冲"的角色。

02 千里走单骑

从加拿大西部飞到东部，一个星期之后，自由式滑雪空中技巧世界杯迎来在加拿大的另一站比赛。惠斯勒山滑雪场，北美洲面积最大的滑雪胜地，位于温哥华以北约120公里处。后来的2010年温哥华冬奥会，它作为最重要的雪上项目比赛场地吸引了世人目光。加拿大观众对冬季运动展现出特有的激情，男男女女，老老少少，拖家带口跑到一百多公里以外的冰天雪地里观看比赛，那是一种真正的热爱。再加上温带海洋性气候的加持，雪场温度仅有零摄氏度左右，不免让人心生感慨，如果中国有一座"惠斯勒"该有多好！

还是既定的战术思路，季晓鸥告诉自己，落地时坚决不屈腿，要依靠自己的能力站住。但惠斯勒山滑雪场湿度较大，雪特别软。季晓鸥 bLFF 空翻动作结束，着陆落地的一瞬间，身体不由自主地在惯性作用下快速下蹲，砰！下颌与膝关节狠狠撞在一起。

季晓鸥处于一种发蒙的状态，也不知道自己伤得严不严重，但突然发现，一只眼睛看不见东西，嘴里发咸，忍不住吐一口唾沫，血水混合着唾液，还有一些碎渣——牙碎了。

翻译杨占武后来长期担任短道速滑国家队领队工作，出国比赛次数很多，但他依旧认为，1998 年 1 月在自由式滑雪空中技巧队的经历，是他多年随队出访最难的一次，先是在美国因暴雪被困一周，普莱西德湖站比赛被迫取消，之后赶赴温哥华，队员接连遭遇伤病。

看季晓鸥状态不对，杨占武赶紧呼叫现场救护人员。救护车把季晓鸥送到惠斯勒小镇的一家医院，检查发现，膝盖碰撞力度之大，导致季晓鸥下颌肌腱断裂。在此过程中，季晓鸥开始陷入昏迷状态。拍完 CT，惠斯勒小镇医院的医生对杨占武说，现在判断这个女孩有脑出血症状，建议快速转到温哥华市内的大医院抢救治疗。

这下轮到杨占武发蒙了，躺在救护车上的季晓鸥症状愈加危险，瞳孔放大，脉搏渐渐消失，血压的测量数据在一直下降。出人意料的是，当时一直昏迷不醒的季晓鸥后来却回忆说她知道当时发生了什么，救护车上护士的抢救也好，医生和翻译的交流也好，她都有所知觉，"只是感觉声音距离自己非常遥远，我一直想告诉他们，我太累了，别打扰我，让我睡一会儿就好了，当时就是这种心理状态。"

但抢救仪器的图像显示，季晓鸥的心跳甚至趋于一条直线，呼吸也几乎监测不到。"我那时的感觉是，累得连喘气的力气都没有了，有呼气，没进气，不是不能吸气，是觉得吸气太费力气，懒得去吸气。"那一时刻，季晓鸥正处在身体衰竭程度达到的极限。

整整两个半小时后，救护车终于开到温哥华医院。在一系列紧急抢救的过程中，季晓鸥依然觉得自己非常"清醒"。"真是没感觉怎么样，只想说你们快别忙活我了，让我安静睡一觉，睡好了，就起来了。"可是医生护士偏偏总在"打扰"季晓鸥，"一会儿过来碰碰我这儿，一会过来碰碰我那儿，周围的声音还是离得很远，所处的环境飘忽不定。我还是想说，你们别动我了，让我躺一会儿，想起来的时候，我就起来了。"

中国队这边，接下来在美国丹佛布雷肯里奇滑雪场举行的世界杯是1998年初北美系列比赛最后一站。伤兵满营，领队单兆鉴甚至不想参加。但领导不同意队伍直接回国，因为再找雪场训练太耽误时间，2月的日本长野冬奥会已经迫在眉睫。

翻译只有一名，需要跟随大部队行进。第二天一早，杨占武从医院直接去机场，领队、教练员、运动员从惠斯勒赶到机场会合。季晓鸥病情不稳，医生绝不放行，只能把她一个人留在异国他乡的医院。

没有生命危险的季晓鸥在医院睡了一天一夜，终于能起床下地。季晓鸥穿着带围巾兜、后背系带的病号服，在一位护士的带领下，走到医院楼下类似办事处的房间。一位华裔办事员递给季晓鸥几样东西，说这是你们那位管理人员离开时留下的。除一本护照和700美元之外，杨占武临走时还留下一把木梳和一台对讲机，季晓鸥一直没弄明白，这台对讲机有啥用处。

办事人员说，按照你目前的身体情况，后天可以出院，然后抛给季晓鸥的问题是，你的医疗账单怎么结算？

季晓鸥挠头想了想说，应该是中国滑雪协会结算吧？这才发现，头发都已经打了绺，木梳派上了用场。

那么联系谁呢？季晓鸥把她能想起来的联系人都写在了纸上，"老单处长的，冬管中心的，包括自己家的。"写字的时候，季晓鸥尽量保持头部挺直，她的感觉非常强烈，好像脑浆和脑壳是分开的，不能晃荡，否则两者就会产生激烈碰撞，发出"嘎嘣嘎嘣"的声响，并且带来剧烈的疼痛。

到了出院的日子，天还没亮，医院工作人员把季晓鸥从病房里领下楼，门口停着一辆出租车，司机一路无话，把季晓鸥送到了温哥华机场。出院前一天晚上，杨占武把电话打到了季晓鸥的病房，告诉她第二天有车送她到机场，航班也已经查好，买一张那个时间的机票。

手里拎着一个塑料袋，里面装着一台对讲机、一把木梳、一本护照和700美元。季晓鸥觉得自己像一名因伤掉队的红军战士，回到革命队伍的念头无比坚定，哪怕历经千难万险，也一定要找到组织。

季晓鸥在温哥华机场转悠了半个多小时，挨个柜台观察，终于发现某个柜台里坐着一张亚裔面孔。季晓鸥赶紧走过去，把自己的想法简单表述。真是难得，这位工作人员能听出来季晓鸥说的是中文，转身找来一位真正的华裔工作人员，专门陪同季晓鸥买好机票。

不想安检过关时又出问题，季晓鸥被请到一边接受仔细盘问，去美国的目的是什么，准备在丹佛逗留多长时间，然后什么时间离开。终于进了候机大厅，季晓鸥拿着登机牌找登机口，从比赛时摔倒算起，时间已经过去了四天，季晓鸥突然感觉到——自己饿了。她拿着买机票剩下的钱，花3美元买了一个面包和一瓶水，登机之前一口气吃掉。

从温哥华飞到丹佛，直线距离接近1800公里。3个多小时之后，见到季晓鸥平安归来，热泪盈眶的杨占武把她一把搂住："哎呀晓鸥，大部队往丹佛走，一出发我们就后悔了，万一你要找不过来可怎么办？"

"你都不知道你经历了什么，你也不知道我是一种什么心情，从惠斯勒山滑雪场坐着救护车送你去温哥华医院的时候，通报你呼吸、心跳都没有了，下了病危通知，我从来都不晕车，但那时我突然晕到感觉要吐。"去驻地的路上，杨占武说的这些让季晓鸥深受感动，并有一种恍如隔世的感觉。1998年1月，季晓鸥还没过19周岁的生日，在二十八九岁的杨占武看来，她们这几个经历了严重伤病的空中技巧运动员，本应该是受到呵护的孩子。

到了中国队驻地，"老单处长"眼泪在眼眶里打转，拉着季晓鸥的手念叨："这些天你在那边，我觉都睡不好，当时真是不应该把你一个人放在医院，我真是应该派一个人陪着你，你大难不死，必有后福。"

在季晓鸥的运动生涯里，那是她第一次完全脱离团队单打独斗，"虽然有一点胆怯，但还算冷静，一步一步该做什么，很清楚，也很顺利。"队友们看到季晓鸥后纷纷长出了一口气，"你都摔得不知道自己是谁了，还能从加拿大摸到美国来，你可真厉害啊。"

"老单处长"还是很担心，给每名运动员都配了一副护齿。季晓鸥觉得头不那么疼了，但下颌的肌腱半年多才算长好，用手一摸，好像有一道沟。距离长野冬奥会还剩不到一个月的时间，休息了三天，季晓鸥走上雪场，重新起跳。

季晓鸥知道，"以难制胜"是中国队出征长野的信条，也是在"敌强我弱"的局面下，想要有所作为，中国队必须亮出的态度。可以说，当时正是因为几位中国女孩的发挥，世界自由式滑雪空中技巧项目固有的实力格局才被打破，中国女孩的难度水平在国际上数一数二，世界杯前三名都拿过了，冬奥会比赛，只要站了，奖牌就有希望。

可是，恢复很难一蹴而就，伤后第一跳，季晓鸥翻过了，后背拍在着陆坡上，瞬间喘不上气，感觉五脏六腑都在翻腾。

直到现在，季晓鸥还常常在梦中惊醒——我都四十岁出头的年龄了，怎么还需要在水池训练开难度，还需要跳三周台参加比赛呢？

季晓鸥说："能在十几岁的青春岁月，为了成就理想奋斗拼搏，真是感觉人生更加精彩。"季晓鸥的故事，是很多新老空中技巧运动员的缩影。那些年训练和比赛的记忆如此刻骨铭心，仿佛是一个铸造灵魂的过程。每每想起，无法忘记，永远年轻，永远热泪盈眶。

03 宁为玉碎　不为瓦全

同样是在自由式滑雪空中技巧加拿大惠斯勒站，郭丹丹在赛前训练时也要向一个高难度动作发起挑战。bFTF，难度系数3.750，后空翻直体翻腾一周同时转体360度接团身后空翻接直体后空翻同时转体360度，也就是说，人在空中横轴进行三个空翻，纵轴转体720度。雪场霎时安静，各国教练员和运动员纷纷围拢过来，静待观望。

陈洪斌脱掉外套，一锹一锹松雪。全雪场的目光都向这座跳台聚焦，看向站在助滑坡起点的中国队运动员和在着陆坡忙个不停的中国队教练员。陈洪斌想，锹插得越深，雪越松，翻过面积越大，运动员落地越安全。只是十多分钟时间，已经汗水涔涔。

"老天爷眷顾我们，松完着陆坡，天气温暖无风，正是冲击难度的最佳时机。"顾不上喘匀一口气，陈洪斌两臂高高举起，两手相碰摆成一个"O"字。郭丹丹吼了一声，下滑，过渡区，上台起跳，身体高高抛向空中，一连串的翻转动作节奏清晰。

陈洪斌的心都快跳出嗓子眼，"马上冬奥会了，千万不能受伤，结果郭丹丹动作非常成功，只是着陆时后背稍微靠雪，雪场响起一片掌声。"

接着，徐囡囡准备起跳。动作是bFTT，直体后空翻一周同时转体360度接团身后空翻再接团身后空翻。徐囡囡力量稍弱，胜在身体协调，她是在两周台上做三周动作。

下滑指令发出后，陈洪斌就后悔了。他判断出来，徐囡囡起跳前的滑行速度明显不够。没办法，忙中出错，在着急给着陆坡松雪的紧张工作中，陈洪斌忽略了一点，即随着时间推移，天气温度发生了变化。"气温升高，台子上的雪肯定粘了，其实我只要看一眼台面，问题就能迎刃而解，或者用铲子刮一刮，或者让囡囡把起滑点往上移一些，都是因为急，忘了这码事。"

在此之前，陈洪斌曾经完美地避免类似错误的发生。那是一站奥地利世界杯，"那天漫天大雪，赛前练习时间有限，为了多跳几跳，囡囡早早等在起滑点上，可我看两周台的助滑坡厚厚一层积雪，盘算着滑行速度肯定会慢，可增加滑行距离，起点得上多高呢？各国女运动员在囡囡身后排队等候起跳，她们的教练员都注视着我和囡囡，等我给出发的信号，想看囡囡的起跳情况，借鉴起滑点位置。但那种天气情况下，慢了落在台前平地上肯定受伤，快了容易多翻半周头朝下落地，怎么办？我给囡囡一个手势，让开滑道，不跳了。宁可训练少跳，保证能参赛就行，比赛名次也可以差一点，安全第一。囡囡身后的一名美国女运动员在教练员示意下开始助滑，速度果然不够，重重落在平台上。晚饭时，我们看到她架着双拐在餐厅出现。"

这次在惠斯勒，陈洪斌偏偏棋差一着。"中国的雪花轻薄，积雪暄软，气候干燥寒冷，雪板和雪面摩擦系数不大，对滑行的速度影响小，比赛时找准下滑位置即可。欧美雪场气候温和，雪花含水量多，影响滑行速度。后来我对运动员的要求是，在这样的场地比赛，宁可快点。速度过了，空中动作可以找补，速度慢了，就于事无补。"

徐囡囡正是因为速度慢了，腾空高度不足，三周动作翻了两周半，人重重趴在雪面上，双臂肘关节同时脱臼。"其实囡囡还是落在正常着陆坡位置，说明速度并非慢到无可挽回的地步，如果感知更清楚一些，早转体360度早抱团，或者第一周团身结束后不等身体伸开直接抱团再翻一周,都能弥补横轴不足的缺憾,但速度慢毕竟有我的失误。"陈洪斌赶紧把双臂不能打弯的徐囡囡送到医院,医生用剪刀把衬衣衣袖剪开,给肿胀的双肘复位,打上石膏,徐囡囡咬着牙一声不吭。

"我盘算着距离长野冬奥会不到一个月,问医生,这伤能不能及时恢复?医生说,那怎么可能。"

Olympic Games(奥运会),这两个单词徐囡囡听懂了,再看医生摇头的动作和惋惜的表情。她哽咽着问:"陈老师你们在说什么?"陈洪斌只能如实回答:"医生说你的情况参加不了冬奥会了。"

顿时,徐囡囡控制不住大哭起来。陈洪斌躲到走廊,眼泪流个不停。"四年水上、雪上摸爬滚打,徐囡囡刻苦训练遭了那么多罪,怎么能换来这样痛心疾首的结果呢?我的心里真是特别难受。"护士过来安慰陈洪斌:"女孩骨头没事,韧带损伤能完全恢复,滑雪服已经用医院的洗衣机洗好,很快烘干。"

中国队的伤病阵容里,又增加了一个人。徐囡囡的生活起居,全由尹红照顾。两年多的世界杯参赛经历,徐囡囡结交了不少外国运动员好友。美国姑娘博兰德、挪威姑娘尤德、澳大利亚姑娘库珀拿着水果和礼物来中国队驻地看望徐囡囡。此前有次比赛,她们几个

后期带队训练时,陈洪斌(左)与王心迪一起翻松着陆坡(陈洪斌/供图)

就曾为徐囡囡打抱不平,那是"雨困意大利",雪场大雨,着陆坡的雪冻成了冰疙瘩。季晓鸥记得,"老单处长"带着陈老师和银刚教练,整整翻了两个小时场地,她们看到,三个人脸上都是冰碴,汗水蒸腾,浑身冒着白烟。领导、教练员把工作做到这个份上,运动员好意思不跳吗?但落地时如果蹭到场地,手上感觉刺啦刺啦"着火"。几个外国女孩围住陈洪斌说:"着陆坡都是冰块了,你作为教练员

为什么还让 Nannan Xu（徐囡囡）跳台？"

中国的竞技体育人，"苦"字当头，"拼"字当先，历来将吃苦、拼搏看作寻常事。但在有些国外教练员和运动员眼里，这些则显得"残酷"。陈洪斌记得，有一次一位外国教练员在面包车玻璃窗的雪上画出运动员落地"倒栽葱"的翻腾轨迹，旁边写上了"China（中国）"。

应该说，自由式滑雪空中技巧中国女队在世界杯分站赛上不断取得好成绩，冬奥会雪上项目奖牌不再高不可攀，对原来垄断该项目的欧美强队形成了威胁。陈洪斌说："郭丹丹、徐囡囡和季晓鸥的动作难度和动作技术质量不输外国选手，但动作的稳定性和成功率还不够，问题出在我们雪上训练年头短、动作掌握时间紧，还有世界比赛经验不足。"

长野冬奥会进入倒计时，中国队的备战有些不顺。队员个个有伤，世界杯丹佛站竟然无人上场。按照计划，美国站比赛结束后，全队回北京换领装备，准备兵发长野。杨占武与这支队伍的缘分告一段落，他是1998年初被临时安排去空中技巧队帮忙的，四周时间，他见证了这些运动员、教练员的汗水与泪水。

时隔23年，杨占武终于在2021年初为季晓鸥解开了关于对讲机的问号。"季晓鸥的回忆，使我从运动员的视角重新了解那段经历。她说不知道当年我为什么要留下一台对讲机。原因无他，只是希望她一个人从温哥华飞到丹佛后，能在机场第一时间联系上接机的我，这样我就能早点放心。晓鸥可能还不知道，自从随救护车从惠斯勒把她送到温哥华市区医院，我就在感觉晕车后开始头疼，一连几天不见好转，直到在丹佛机场接到她，开车回布雷肯里奇滑雪场的路上，头疼才终于得到缓解。"

季晓鸥清楚地记得大家行将分别时杨占武跟她说的那句话——"跟你们一个月，我得少活十年，我还没结婚呢，真是承受不了这种打击和刺激。"

杨占武1991年参加工作，1993年第一次随队出国是随单兆鉴参加世界大学生冬季运动会。他深知老领导的想法，从1980年到1994年，冰上项目已经为中国代表团贡献了4枚银牌和2枚铜牌，而雪上项目在冬奥会奖牌榜上仍是一片空白。"作为雪上项目的领军人，单老师一直憋着一股劲，选定空中技巧做突破口，想彻底扭转雪上项目长期落后的局面。"

起跳——中国自由式滑雪空中技巧发展史记

银刚（左）、季晓鸥（中）、单兆鉴（右）1998年1月在蒙特朗布朗赛后合影（季晓鸥/供图）

"宁为玉碎，不为瓦全。"单兆鉴提出的这句显得有些孤注一掷的口号，已经成为教练员、运动员对那个阶段共同的记忆。徐囡囡说："那意思就是，你别保守了，你就冲吧，就这一次了，冲了就出来了！"

"一个项目的发展，是摸索前行，跌倒爬起，再跌倒再爬起的不断认识过程。我们急，感觉不能再等了，自由式滑雪空中技巧项目想发展，我们想提高各方面的条件和待遇，成绩的取得是前提。国家把钱用在刀刃上也是正常的逻辑思维，冬奥会再不拿成绩，日子确实不好过。我们的压力很大，运动员也憋着一口气，"陈洪斌停了一下，"这句话的对与错，我现在也确定不了，反正当时就是拼了。"

1998年2月4日，陈洪斌永远记得这个日期。回京休整，距离重新出发还有两天时间，他突然心一转念，惦记几个月未见的老父亲，特意买了糕点特产，赶回沈阳探望。都知道陈洪斌是大孝子，那几年常年外训，照顾父亲的重担落在妻子肩上，为此他心里常存遗憾。郭亦农去桃仙机场接陈洪斌，看他手里拎着送给父亲的礼品，心里酸楚至极，可又不忍直接说明。回到家，陈洪斌看见老父亲的床铺空空荡荡，一种不祥的预感袭上心头，妻子哭着说出实情，父亲一个多月前突发脑出血去世。

"我家里只有兄妹二人，我不在家，父亲的后事全由学院、竞校领导和同事帮助处理，任海鹰和她的爱人徐强也为我分担了很多。"再谈到往事，陈洪斌想说的不仅是自己的悲伤，还有对单位、组织和同志们的感激之情。

陈洪斌一头扑在父亲床上痛哭一场，在沈阳停留不到24小时，返回北京。中国冬奥代表团成立，自由式滑雪空中技巧队在期待和忐忑中踏上未知征程。郭丹丹、徐囡囡、季晓鸥、尹红，女队满额参赛，但在伤病的侵袭和成绩的重压下，人人都能感觉到，队内有一种透不过气的压抑。

陈洪斌在衣服左臂上佩戴缅怀父亲的黑纱，"单兆鉴处长对我说，陈教练，拿下去吧，队伍太压抑了。"在极度的沉默中，陈洪斌把黑纱慢慢摘了下来。

04　根据地在长野

出征长野，中国自由式滑雪空中技巧队的男孩女孩们终于像其他国家队运动员一样，穿得"立整、漂亮"起来。成绩是最好的敲门砖，接二连三在世界杯上取得名次之后，从1997年下半年开始，中国队得到日本品牌菲尼克斯的服装赞助。新的滑雪服红黄白配色完美，为每个人量身定做，袖子腋下的设计特别考虑到空中技巧的专项特点，运动员起跳举臂一点不受影响。季晓鸥的话代表了大家的心声："第一次穿上这么合身、颜色搭配又好的国家队队服，感觉荣耀极了。"

长野冬奥会，中国队运动员与日本赞助商工作人员合影（季晓鸥/供图）

对长野，中国冰雪人并不陌生。1981年，国家体委竞赛五司雪上处处长单兆鉴目光长远，力主促成国家体委外联司和日本长野县日中友好协会签署一项互访协议。日方每年派代表团来中国进行访问交流，国家体委每年派一批中国雪上项目的教练员、运动员、管理者、科研人员去日本研修。这项活动持续了十余年，中国冰雪队伍只要兵发日本，多半要在长野县驻扎。长野，成为中国雪上项目的训练根据地。

离白马村水池跳台训练场地大约1公里，有一家能容纳十个人左右的小旅馆，陈洪斌每次带队到长野，都会住在这里。旅馆由夫妻二人经营，老板姓土桥，负责做饭，老板娘负责打扫房间。

陈洪斌发现，水池跳台训练场地附近有个"垃圾坑"，里面有很多日本运动员丢弃的训练器材，不少雪板、雪鞋虽然略旧，但比中国队正在用的还好。陈洪斌经常白天先去溜达一圈，发现有能用的雪鞋，记住样式、位置，等晚上训练场没人时，再去捡回来，洗刷干净。

老板娘好奇，捡这些干什么？"我说家里还有小运动员，他们训练能用上。后来老板娘也帮我刷洗雪鞋，每次回国，都能攒下十多双，整整装满一个编织袋背回来。"陈洪斌记得，"训练之余我常下厨帮忙，与土桥老板建立起良好关系。他们家里还有两个上学的女儿，但是从不和我们交流。不想等冬奥会到来，两个女儿和土桥老板夫妇一起，全家穿上节日盛装，挥舞着中国国旗在比赛现场为我们加油助威，让人感动。"

陈洪斌和土桥旅馆老板娘合影留念（陈洪斌／供图）

1998年，那是长野真正变得举世闻名的一年。在冬奥会筹备期间，时任长野县日中友好协会会长的崛内已次发起号召，从1994年开始，利用三年时间，全体3000名协会成员每天捐赠一小笔款项，最后汇集起来，用于在冬奥会期间邀请中国相关人士来长野现场观看比赛，近距离了解冰雪运动，促和平，增友谊。

每人每天 10 日元，好像不起眼，一人一年 3650 日元，似乎也不多，可三年就是一万日元出头，积少成多，聚沙成塔，3000 人的捐款总数超过 3000 万日元，折合 200 万人民币左右，在 1998 年的时候，可不算是小数目了。最后化整为零，长野冬奥会期间，协会利用这笔款项接待了来自各行各业的中国参观访问人员 200 人整。

王石安受长野县日中友好协会邀请，全程参与接待工作。"他们的安排十分详细周到，访问人员先在日中友好协会成员家里住两天，然后换到酒店。行程一丝不苟，每天满满当当。我担任翻译，一共忙了两个星期，主要负责接待冬季运动管理中心各个部门的中层领导，18 人分成两批，每批到访 7 天，我上午把前面那个团送上回国航班，在机场等到下午，下一个团乘坐的航班抵达，前后无缝衔接。"

在参观过程中，同车坐了几十位来自黑龙江省、吉林省、辽宁省、北京市、宁波市等地的同志。河北省是长野县的友好省份，辽、吉、黑三省是中国冰雪运动开展较好的地方，他们所在单位以政府部门为主，职位最高的是某省的一位副省长，还有外事部门和对外友好协会的工作人员、电视台和杂志社的媒体从业人员等。王石安带大家重点观看两个比赛项目：一个是短道速滑，另一个是自由式滑雪空中技巧。

"这些同志对冰雪项目基本没什么了解。我记得非常清楚，比如今天上午看完滑冰，下午去看滑雪，从长野市内坐车，到白马村山上，需要一个小时左右，那么在车里我得说上 60 分钟，我们要去看的项目是什么，这个比赛项目有什么看点，评判标准在哪里，中国在这个项目上是什么水平，国际上这个项目发展到何种状况……详细介绍，有问必答。"但有的提问让王石安哭笑不得，比如，冬奥会高山滑雪有向山上滑的比赛项目吗？滑冰比赛是否有倒滑的比赛项目？空中技巧运动员落下来，下面有网子吗？

更让王石安吃惊的是，一些冬季项目管理部门的同志，包括滑雪场的负责人、省市雪上中心的主任等，当时对冰雪运动项目的了解、对冰雪文化内涵的掌握，很多也是空白。王石安说："我最深的感受是，中国的冰雪运动，确实需要奋起直追。"

长野冬奥会共设有 14 个大项 68 个小项，创造了 7 项世界纪录，20 项奥运

起跳——中国自由式滑雪空中技巧发展史记

长野冬奥会开幕式前留影。左起为季晓鸥、郭丹丹、徐囡囡、尹红（季晓鸥/供图）

纪录。国际奥委会主席萨马兰奇用"有史以来办得最好的奥运会"来高度评价。王石安说，那时候他也曾畅想，将来中国会不会举办一届冬奥会呢？

时间飞跃到2021年，欧晓涛负责徐梦桃、贾宗洋、齐广璞三名绝对主力的技术训练，与整支中国自由式滑雪空中技巧队一起，进入北京冬奥会备战的"冲刺之年"。作为国家队中方教练员，担子不可谓不重。但回想1998年第一次踏上冬奥赛场的感觉，欧晓涛说他当时的心情竟然无比放松。"哎呀，进了奥运村，突然发现没人管我了。领导、教练员的精力都放在女孩身上，对我的成绩没有太高要求，我的训练、比赛任务相比之下轻松好多。加上那时自己正是爱玩的年龄，奥运村里吃得好，还有游戏厅，觉得这冬奥会太好了。"但欧晓涛对自己不是没有要求，"把自己的技术水平发挥出来，安全完赛，这是我的目标。"

两跳虽然难度不算很高，但都是三周动作，欧晓涛全部成功完成。第一次参加冬奥会，止步预赛，欧晓涛对自己的表现难说满意，"几年时间自己进步不小，但在难度上、成功率上与当时世界高水平运动员相比，差距仍很大。怎么办，练吧，一点一点，努力，积累，提高。"

饭纲滑雪场，女子预

中国队在长野。左起李福云（医生）、银刚（教练员）、欧晓涛、季晓鸥、尹红、郭丹丹、单兆鉴（领队）、徐囡囡、陈洪斌（教练员）（陈洪斌/供图）

赛。抽签非常不利，季晓鸥和尹红均分在B组，比赛时间很早，分在A组的徐囡囡和郭丹丹出场顺序又十分靠前。压力的副作用开始在赛场上显现，尹红两跳着陆都不好，最后以90.73分列第24位。季晓鸥再一次完成了难度系数为3.800的bLFF，但另一跳不是那么完美。郭丹丹的第二跳着陆出现问题，两人的预赛排名分别为第六位和第八位。倒是轻装上阵的徐囡囡显现出很好的竞技状态，空中动作舒展、优美，着陆稳健，两跳成绩相加182.01分，预赛第一。

1998年2月18日，自由式滑雪空中技巧女子决赛，中国队来了。后来，就在场地旁边，组委会立牌留念，记录下金、银、铜牌获得者的名字。王石安再去长野，或带队训练或陪同考察，每次都要前往参观。标志牌依旧矗立，他的心情复杂，想到当时惊心动魄的决赛场面，想到这个项目发展的历程，把握住了新兴项目进入冬奥会的契机仅仅是开始，雪上项目要发展，必须融入世界滑雪大家庭，必须经过长年不断积累，才能获得宝贵经验，没有一蹴而就的事情，中国的雪上项目，曙光一定会在前头。

长野冬奥会结束回国时，王石安与自由式滑雪空中技巧队恰好同乘一个航班。他的记忆没错，有两个女孩是坐着轮椅被推回来的。胸前挂上一枚宝贵银牌的徐囡囡，也是双肘缠紧绷带完成比赛。上了赛场，就忘了伤病，上了赛场，就感受到使命的召唤，这就是自由

王石安后来在长野自由式滑雪空中技巧场地留影（王石安/供图）

式滑雪空中技巧队的精神。王石安的感慨也没错，中国雪上项目"空中技巧时代"开启的那一天，他在冬奥会比赛现场和那些为中国队加油的人一起，喊哑了喉咙，泪湿了眼眶。

⑤ 拼——啦！这跳！

阴天，风大。离长野冬奥会自由式滑雪空中技巧女子决赛开始还有20分钟，运动员正在进行技术认证，当时规则如此，运动员必须在赛前将自己的难度动作完成一遍。

练习时，季晓鸥两个三周动作落地都稳稳站住，只需再完成两跳技术认证，便可在决赛中发起冲击。人算不如天算，bLTF动作做到一半，"空中来了一股风，转体的时候差90度不转了，我的姿势是大头朝下，横着身体。"季晓鸥集中精力保护头部，落地的一刹那，她的膝关节以极大的力量着地。

季晓鸥站起来，感觉右腿膝盖部位少了一点牵拉力量，屈膝后再伸直，关节接触了一下，好像又马上滑开。国际雪联赛事技术代表来到季晓鸥旁边，像拳击比赛裁判一样，伸出手指数数，检测运动员摔倒后的头部震荡情况，看季晓鸥意识清醒，技术代表说，可以继续进行第二跳技术认证。

队医李福云也在旁边。季晓鸥问："李大夫，我怎么感觉腿中间没有连接的东西了呢？"

"李医生赶紧检查，一看，我的右腿膝盖部位起了一个大青包。她说，晓鸥你别上了。我说怎么了？李大夫说，刚才摔的那下，韧带出了问题。"

季晓鸥当然不想放弃。"等了这么多年，等来冬奥会的决赛，我预赛排名第六，决赛这两跳，如果顺顺当当下来，哪怕着陆时后背靠雪，手扶一下，都有摸到奖牌的机会。"季晓鸥说，"李大夫您用绷带帮我把腿缠上，我上去再试一跳，第一难度还没做呢。"

第一难度动作bLFF赛前技术认证，正常滑行时还好，上台后腿部发力起跳那一瞬间，季晓鸥听到自己右膝关节咔嚓一下，小腿横向错开，整个人像面片儿一样，"我差点翻了四周，速度不受控制，手指关节好像要被撑开一样。"人摔在地上，季晓鸥左腿腿骨骨折，右腿不用说了，上一跳膝关节内侧韧带断裂，这次折的是交叉韧带。

场地救护人员马上呼叫直升机，季晓鸥哭着执意不走："我们是一个团队，让我把比赛看完吧，看我的队友成功着陆。"就在停止区的比赛围挡后面，"老单处长"找了把椅子，李医生把季晓鸥扶好坐稳。

赛场观众人海如潮，跳台两侧竖起高杆，长长的鲤鱼旗随风飘动，它的飘动方向和幅度，为教练员判断、调整运动员起滑位置提供了重要参考。裁判楼里人头攒动，不时传出呜呜的声响。长野冬奥会选定四只小猫头鹰作吉祥物，据说这种呜呜声便是模仿猫头鹰叫声，那是裁判给出的运动员可以开始比赛的信号。

在陈洪斌看来，赛前遭遇伤病反而让徐囡囡卸下包袱，心理状态轻松，竞技状态出色。而郭丹丹赛前跳台练习时着陆技术动作完成不理想，给人感觉压力较大，稍显紧张。

赛前练习和技术认证，郭丹丹浪费了太多体力，还剩最后一次试跳时，人感觉"筋疲力尽"。恰恰这次试跳出了问题，"出台没用上劲，没跳起来，做空中动作时，感觉眼前天和地连在了一起。"

对自由式滑雪空中技巧运动员来说，空中翻转过程中，"天和地连在了一起"，等同于失去了方向和参照，等待她们的只剩失误和受伤。从十多米高空，"砰"的一下，郭丹丹连人带板摔到雪面上。

落地那一刻，郭丹丹身体折叠着滚下着陆坡。她的第一反应，抬头看站在跳台下方平台处的教练员陈洪斌。

"丹丹，有事儿吗，能站起来不？"

郭丹丹咬住牙把眼泪咽下去："我没事儿。"

"受伤了吗？"

"没有。"

据郭丹丹回忆，对话过程中她特别淡定，她顾不上流眼泪，因为觉得自己腰部以下好像失去了知觉，便边说话边使劲掐自己，有点儿疼痛的感觉，心里稍稍放松，但双脚不听使唤。

"没受伤你快起来呀！"看郭丹丹动弹不了，陈洪斌有点急了。

郭丹丹被救护人员搀到场地外面。10分钟之内，李医生面对第二个重伤员，刚要查看伤势。"不要解开雪鞋！"郭丹丹几乎喊了出来，她知道，如果脱下雪鞋处理脚伤，一旦双脚充血，很难再穿进去，更何况，直观地看到受伤部位，也怕自己接受不了。

领导说："丹丹，不行选择退赛吧，四年之后，咱们还有机会上冬奥赛场，

起跳——中国自由式滑雪空中技巧发展史记

还是一条好汉。"

郭丹丹哭了:"相信我,我行!练了这么多年,付出了这么多,所有所有,不都是为了接下来这两跳吗?给我鞋扣紧一些,我还要上去。"

国际雪联赛事技术代表又跑下来一趟,问 Dandan Guo(郭丹丹)还能上吗。领导说正在处理和沟通。他说,如果可以的话,希望 Dandan Guo(郭丹丹)能参加这场比赛。

长野冬奥会自由式滑雪空中技巧女子决赛的开始时间,史无前例地推迟了15分钟。

雪鞋扣得更紧,眼泪含在眼眶,不是因为疼痛,"这时候我为什么要受伤,本来我是要向最高领奖台发起冲击,是要为中国冬奥会雪上项目'零'的突破而战啊。"郭丹丹心里,更多的是对自己的"恨"。

看过比赛的人都知道,郭丹丹状态没了。两跳下来,郭丹丹感觉,自己的双脚"当啷"了。

美国运动员尼基·斯通孤注一掷,她的三周动作技术并不完美,但落地非常成功,场上掌声雷动,大屏幕上显示,两跳193.00分,名次升至第一。瑞士姑娘布兰德第二跳完成了难度系数3.150的 bFF,以171.83分暂列第二。

徐囡囡空中姿态(视觉中国/供图)

身穿1号比赛服,徐囡囡最后出发。陈洪斌关注着鲤鱼旗的飘动方向,他抬臂用手碰了一下额头,意思是有顶风,让站在起滑点上的徐囡囡等一等。场地突然安静,硕大的鲤鱼旗风标垂直坠下,陈洪斌举手示意裁判可以发令,呜呜的猫头鹰叫声响起,陈洪斌手臂挥下,这可能是他当教练员以来最重要的一次下滑手势。

队友、队伍、教练、领导、项目、自己,成绩、荣誉、使命,蹬起雪板的一刻,徐囡囡喊了出来:"拼——啦!这跳!"

徐囡囡第二跳的动作是 bFdF,即直

体后空翻同时转体 360 度接直体后空翻同时转体 720 度，难度系数 3.525，空中动作干净利落，着陆环节完美无瑕，满分 106.50 分，徐囡囡得了 99.40 分，总分 186.97 分。当银牌挂在胸前时，徐囡囡好像置身一个不真实的世界，"这就是冬奥会第二的感觉吗？原先受的苦、受的累，好像都忘记了，太值得了吧。"

自己的运动员决赛前重伤，银刚惋惜不已。"季晓鸥具备获得奖牌的实力，面对冬奥会的决赛，每名运动员都不可能轻易放弃，季晓鸥坚决要求带伤参加决赛前的难度试跳。你想，一个无伤运动员完成三周台动作都比较难，何况是带伤的女运动员，跳下去只能加重伤情。一名运动员不是只为一次比赛，有健康才能走得更远。如果季晓鸥当时面对现实放弃决赛，养好伤病，那么四年甚至八年之后，她仍会是世界顶尖的空中技巧女子运动员。"

郭丹丹执意不肯被担架抬出场，"我是来为国争光的，不能让人看我躺着下去。"最后经过协调，郭丹丹坐着雪地摩托离开了赛场，然后她人生中第一次坐上直升机，目的地是长野市医院。

踝关节骨折，医生告知检查结果时，郭丹丹像 1997 年拿世界杯冠军时一样，头脑一片空白。然后请翻译向医生转述，自己刚刚完成了两跳高难度动作，怎么可能骨折？医生决定再做一次当时最先进的影

徐囡囡获得中国雪上项目冬奥会首枚奖牌（视觉中国／供图）

日本报纸赛后报道（陈洪斌／供图）

起跳——中国自由式滑雪空中技巧发展史记

像检测，两只脚同时扫描拍摄。三名日本医生对片子进行长时间讨论后，过来深深鞠了一躬。郭丹丹吓了一跳："什么情况，三鞠躬是要把我送走了吗？"日本医生说："我们非常敬佩你，中国女孩，骨折是确定的，还要抱歉地告诉你，另一只脚筋断了。"这是郭丹丹运动生涯中唯一一次冬奥会经历，第七名，其实名次已不重要，在青春飞扬的赛场上，热血之魂已熊熊燃烧。

看着徐囡囡从着陆坡成功滑下，季晓鸥心里欣慰极了。银刚教练的想法，季晓鸥也很理解，"可那一时刻，赛场就是没有硝烟的战场。怎么可能有那种念头，说'哎呀不行，我再等四年吧'。我的想法只有一个，即使去堵枪眼，也要试一试！"

这是中国自由式滑雪空中技巧的第一枚冬奥会奖牌，更是中国雪上项目的首枚冬奥会奖牌。"宁为玉碎，不为瓦全"，这句口号曾承载了太多质疑，我们的教练员、运动员，眼里好像只有金牌和成绩？当然不是。为梦想努力，向困难挑战，这几个女孩都记得走上奥运赛场时的心潮澎湃，那是一种去实现自身价值的拼搏与渴望。所谓奥林匹克精神，不正是青年人的奋斗底色？

陈洪斌说："这块银牌把我们空中技巧今后的路铺开了。现在看来，从战术上看，我们有点急；但从战略上看，这种拼还是值得的。攀高峰，就有一定的危险存在，越到顶尖，危险越大，也就越难。不爬，没有危险，但拼搏才是咱们竞技体育人的责任。"

陈洪斌、徐囡囡、单兆鉴赛后合影（陈洪斌／供图）

四个女孩的人生轨迹，在1998年长野冬奥会后开始有了不同的走向。郭丹丹2001年退役，经历了彷徨与摸索，如今在大众滑雪推广领域做得风生水起；徐囡囡的运动生涯一直坚持到都灵冬奥会，短暂担任一段时间教练员工作后，转回教师岗位；尹红在九冬会后退役，远渡重洋，定居国外；季晓鸥以单板平行大回转国家队领队兼教练员的身份出现在北京冬奥会的开幕式上，作为教练员代表宣誓，亲历荣耀一刻。四个女孩，好像都在有意无意地远离曾经为之燃尽青春的自由式滑雪空中技巧，不是恨之切，而因爱之深。

  当有一天，回首往事，那些奋斗的岁月，无疑是人生中最宝贵的精神财富。她们说，那时年龄虽小，不过，人真的好像一团火，心里真的装着两个字——祖国。

「负重飞翔」

01　不要望雪兴叹

单兆鉴退休前的最后一项工作，是执笔完成《中国自由式滑雪队参加第18届冬奥会总结》。在2021年初重温这13页的报告，单兆鉴仍觉惊心动魄，"备战长野冬奥会，是我人生中压力最大、最艰苦的阶段。"

从1995年八冬会开始，到长野冬奥会赛前，空中技巧队进入"三年大会战"。"那是至关重要的时间节点，中国滑雪再拼不上去，有的项目很可能被迫退出竞技领域。"单兆鉴说，自由式滑雪空中技巧担负了必须冲上去的使命。

回顾"冲"的历程，郭亦农很有感慨。八冬会时，沈阳体院的运动员虽然包揽了男、女项目金牌，但校内还是有人不时发出不和谐的声音："国内就三个队，我去了也能保证前三名。"这令空中技巧队师生压力很大。等到1996年第3届亚冬会，包揽男、女金牌的还是沈体运动员，校内杂音少了，公开场合都是祝贺。郭亦农说："1998年长野冬奥会徐囡囡摘得银牌，全校一片沸腾，对学校向冰雪项目转移的决策再无质疑。"

郭亦农说："宁为玉碎，不为瓦全。确实显得孤注一掷，出发点是一切为了冬奥会。冬奥会再不拿成绩，雪上项目的日子不好过。空中技巧拿了银牌，与短道速滑提到了几乎相同的地位，以后的事情就好办多了。"

关于中国滑雪的"著名"口号，可不只有这一个。单兆鉴回忆，那时中国滑雪人嘴边常提两句话，第一句是"为滑雪争生存、争阵地、争发展"，第二句是"向陆上要雪，向雪上要时间"。

什么含义呢？就是说，中国滑雪运动水平如此落后，我们是不甘心的，要为滑雪项目在中国、在世界上争得一席之地。但在守住阵地和取得发展之前，首先是求生存。当国家还没有达到一定发展程度的时期，有限的资金不可能更多地投给滑雪行业。单兆鉴说，落后的项目，只有找准突破口，拿成绩，才能生存下来。

中国竞技滑雪运动艰难地重新起步始于1980年。第13届冬奥会在美国普莱西德湖举行，中国雪上项目走出国门，分别有高山滑雪运动员男女各1人、越野滑雪运动员男女各1人和冬季两项男运动员5人参赛。虽然成绩几乎排在最后，但是见了世面，开了眼界，从此打开了和国际交往的渠道。

在那之前，受条件限制，中国滑雪界对国际发展迅速的现代滑雪运动几乎一无所知、无从学起。当时，中国雪上项目实际上处于世界水平的"末位"，甚至"圈外"。这种落后的状况，反映在人才素质、训练水平、运动技术、竞赛组织、场地设置、器材装备、理论信息、科学技术、滑雪人口等全部领域。

那之后，1984年，就在中国运动员在洛杉矶勇夺夏奥会15枚金牌的早些时候，第14届冬奥会在萨拉热窝举行，全部10个大项39个小项中，雪上运动占据7个大项25个小项，近千名运动员参赛，角逐75枚金牌，得雪上者得天下，此言不虚。中国代表团的19名雪上项目男、女选手，在高山滑雪、越野滑雪、冬季两项的12个单项比赛中，皆名落孙山。

单兆鉴记得他当处长时，那几年雪上项目国家队训练比赛费用一年80万元人民币。"一分钱掰成两半花。我们很多运动员第一次出国比赛时穿的是什么服装呢？是那种厚厚的绒裤，在东北叫秋裤。等比赛结束，外国运动员以惊奇的眼光打量我们——中国运动员穿成这样比赛，是不是一种有什么科技成分的秘密武器？"

"但我们的教练员和运动员心里明白，当他们回国后写总结报告向我叙述的时候，我听了非常心酸。作为国家体委滑雪项目的负责人，没能为运动员解决出国比赛的服装问题，感觉很遗憾。成绩落后是暂时的，在家里受点穷没关系，我们能吃苦，但是出国比赛的时候，一定要把运动员装备起来。"单兆鉴积极建议，联系对外联络部门，增加资源支持，和外商谈合作。从1983年起，奥地利十几家滑雪装备公司向中国队提供了一定价值的比赛器材，装备落后的燃眉之急，总算得到一定程度的缓解。

当然，解决也是有限的，"比如这一年队伍出国参加比赛了，运动员的装备像点样，回来以后要把他们的器材、服装收回来，第二年出国比赛的时候再发下去。"单兆鉴说，"省吃俭用"这根弦，永远都在中国冰雪人心里绷着。

特别是中国滑雪项目的开展，很长时间都是高山滑雪、越野滑雪和冬季两项"老三样"。直到1983年1月，中国第一次单独设立的全国少年滑雪竞赛在吉林市举行，增设跳台滑雪项目，中国雪上项目总算增加了新成员。1983年2月的第5届冬运会后，中国滑雪队伍开始扩大，前卫体协、松花江地区、哈尔滨市相继建队，"雪陆结合""赛练结合""长距离与短距离结合"等训练口号慢慢叫响。这些都推动了中国竞技滑雪运动水平的提高，但放到国际上，差距仍然巨大。

直到1986年3月在日本札幌举行的第1届亚洲冬季运动会上，4名女运动员唐玉琴、宋世纪、常德珍、卢凤梅在越野滑雪4×5公里接力项目中，同心协力，以3.3秒的微弱优势险胜日本队夺得冠军，五星红旗第一次在洲际赛场上升起。那届亚冬会共设12块雪上项目金牌，没有"拼"字当头，中国雪上项目"向亚洲冲击"的目标不可能实现。

单兆鉴说："那时中国滑雪项目的进步，是靠中国滑雪人吃苦耐劳和不甘落后的精神，克服重重困难，向前一步步发展取得的，某些时候甚至是在摸索着前进。"

越野滑雪女子项目，在1986年9月召开的雪上项目训练工作会议上，被确定为"两步走"的重点，首先"冲出亚洲，迎战第2届亚冬会"，进而"逐步走向世界"。但是，用高山滑雪、越野滑雪等雪上大项硬碰硬，与世界先进水平相比，我们的基础何其薄弱，开展面何其狭小，人员何其短缺。雪上基础大项，追赶非朝夕之功，中国越野滑雪和冬季两项在世界比赛中的名次最好也只能排在中游。因为对手的强大，不仅是实力的强大，也是冰雪运动文化底蕴的强大。找到一个立竿见影取得成绩的真正突破口，对中国雪上项目来说，已成当务之急。

1990年5月，全国冬季项目工作会议在长春召开。会议的背景更凸显了雪上项目的尴尬，卡尔加里冬奥会和第2届亚冬会两场外战，速度滑冰、短道速滑两个冰上项目借机蓬勃发展，重要地位正式确立。"冰"更强，"雪"更弱，新局面之下，雪上项目怎样破局？

那把即将脱颖而出的"锥子"彼时已经放入"口袋"，一批教练员、运动员、管理员开始投身自由式滑雪空中技巧。郭亦农是乒乓球运动员出身，毕业留校任教，从日本留学归来担任竞技体校负责人时，恰逢沈阳体育学院决定向冰雪项目转移。

"过去对雪上项目没什么认识，1991年沈体自由式滑雪空中技巧队成立，我既然担任重点项目的管理者，就必须进行研究，把握其特点、难点和制胜规律。空中技巧有技巧性项目的属性，又区别于一般的技巧项目，它是滑雪与技巧的结合，难度高，危险性大，受场地，气候，风力，风向，气温，雪温，雪的硬度、湿度等多种因素的影响和制约，因此比赛偶然性很大，进入决赛的运动员都有可能取得冠军，可以说不存在所谓的绝对实力。有时出发前好好的，出发后来了一股阵风，都能直接影响比赛结果。"经过几年的学习研究，郭亦农成为空中技巧的行家里手，甚至在队伍教练员更替的阶段还带队半年。八冬会时，媒体报道空中技巧比赛，把郭亦农介绍为编外裁判，实际情况也差不多，运动员完成动作后，郭亦农给的分数与最后公布的结果相比，差不了零点几分。

"自由式滑雪空中技巧项目的创业历程，说明努力、奋斗、坚持是可以创造奇迹的。"郭亦农有感而发。从中国雪上项目的发展脉络看，短短不到十年时间，空中技巧项目从零开始，大踏步地进入世界水平前列，不能不说是体育史上的一个奇迹。

退休后，单兆鉴与雪结缘的人生脚步没有停止。这位中国第一位滑雪冠军从竞技转向文化和推广，开启崇礼滑雪产业新篇章，成为第一个提出并确立"新疆阿勒泰地区是人类滑雪起源地"学说的研究专家。这些成就似乎让人有些遗忘，他曾以自由式滑雪空中技巧国家队领队的身份带领队伍笃行不息。现在，"滑雪老兵单兆鉴"是他的微信署名，这是一位耄耋之年还要将滑雪事业进行到底的"年轻人"。

时间再拨回1986年，中国越野滑雪女将在首届亚冬会取得突破的那一年。把视角放大一些，同年举行的第10届亚运会上，中国代表团以94金力压93金的东道主韩国，捍卫了亚洲霸主地位。但在亚冬会上，排名第二的中国，与排名第一的日本队金牌数相比，是惊人的4比29。

中国的雪上项目甚至是冰雪项目，与火热的夏季项目相比，就这样长时间缩在寒冷的角落。不甘落后的中国冰雪人夙兴夜寐，急起直追。单兆鉴记得他当年常说一句话:"中国滑雪健儿,不要望雪兴叹,要奋勇前进,我们总有一天,会踏进世界先进雪上运动之林,为中国,为世界冰雪运动作出贡献。"

❷ 好像是遇到了瓶颈

丁振平接替单兆鉴担任自由式滑雪空中技巧国家队领队,他回忆那段经历时不禁感怀,那时要有现在这样充足的经费,有现在这样的训练条件,该多好啊!

领队不是容易当的"官",丁振平接手队伍管理后的第一项"任务"便是向冬运中心领导"伸手要钱"。"有一种膝关节保护支架,只在美国能买到,当时经费确实短缺,还好经过争取,申请得到批准,我们利用参赛机会,在最短时间内为运动员配备上。"丁振平觉得,有了这些保护装备,在训练、比赛时,运动员心理负担能减轻一些。

毕竟,对自由式滑雪空中技巧运动员来说,受伤是家常便饭。丁振平还记得,一次出国比赛,徐囡囡、郭丹丹、季晓鸥三名主力全部受伤。徐囡囡的伤最重,在赛区,丁振平每天背着徐囡囡去餐厅吃饭,其他队伍的教练员和运动员还提出表扬:"中国队的官员对运动员照顾得挺好啊。""有人可能会觉得不好意思,我没有这种思维,真觉得运动员很不容易,比赛回来走出机场,我们运动员有坐轮椅的,有拄拐的,看上去挺悲壮。"丁振平的记忆由很多这样的片段组成,正因一代代教练员、运动员的奋斗积累,空中技巧才能从无到有,从弱到强,拾级而上,达到新的高度。

还有一次去加拿大参加世界杯,只有陈洪斌一位教练员带队出征。比赛结束,体委领导指示先不回国,原地继续训练一个月。陈洪斌请示经费使用要求,被告知汇款即刻就到。为了交流方便,陈洪斌挑了一家华人开的酒店,地上12层,配备温泉房和泳池,地下三层全是车库。刚到大堂,陈洪斌观察得很细,一个衣着简朴得体、穿着两只后跟外沿磨得偏旧的皮鞋的老者,热情地帮助他们拖拽行李。

陈洪斌与前台服务人员商量:"我们队伍七八个人住一个月,房价能否便宜点?特别是现在资金不足,只能开两个房间,一个房间能否住4个人?"

服务员说:"您问老板吧。"

"老板姓什么？在哪儿？"

服务员一指帮忙搬行李的老者："他就是，姓连。"

连老板后来和陈洪斌成了好朋友，对中国队遇到的困难表示理解，答应了陈洪斌的要求，只是额外提了一条："在加拿大，我也是外国人，必须遵守当地法律。两人间是不许放四张床或者住四个人的，实在要住，有两人必须睡在地上，白天把被褥搬到床上，以免检查被发现。"

住解决了，吃的问题还得掂量。为了省钱，队伍自己开伙。陈洪斌发现，新买的两袋大米都是漏的，顺嘴一问，掌握"财政大权"的郭丹丹实话实说："陈老师您不知道，米是一样的，袋子破了会便宜很多。"

过年了，连老板送来了慰问品："今天大年初一，我知道你们北方人春节有吃饺子的习俗，这是刚包好的，全家人拜托我给你们送来，祝大家春节快乐！"一锅饺子，让身在异国他乡的人内心无比慰藉。

训练中季晓鸥再次受伤，还是长野冬奥会时伤到的右腿。"晓鸥说看病太贵，坚持一下回国再治。"陈洪斌记得，那几天他因为操劳过度病倒，高烧不退，欧晓涛把两床被子给他盖上，还是冷得浑身打战。季晓鸥把做饭的工作承担下来，右腿伤了，用左腿跳着走，队伍训练回来，季晓鸥一跳一跳地把饭菜端到大家面前。这段回忆似乎与训练比赛无关，却深深刻在陈洪斌心里，"苦涩的创业路程，一直激励着我努力工作，才能报答这些孩子的爱。"

进入新周期，目标不变，依旧瞄准冬奥赛场。"夏训的时候，我们周一到周六连续进行跳台训练，甚至是上下午连跳，除非身体确实出现问题，才可以自行调整。"对欧晓涛来说，大运动量训练早已成为习惯，但多多少少开始感觉有些不对劲。"长野冬奥会后，参加世界杯比赛的机会更多了，事实上，我们每年都在进步，但到了一个高度，就好像遇到了瓶颈。现在看来，是在连续高强度的训练下，身体出现了神经性疲劳，晚上睡不着觉，白天训练时没有精神头，整个人的状态都不好。"

训练效率不高，训练效果不好，伤病随之露头。欧晓涛因为腰椎间盘突出前后差不多耽误了一年，"只要跳台，腰就疼，反反复复犯了几次。从1999年到2000年，一个冬天基本没怎么练。"

现在的欧晓涛，担任自由式滑雪空中技巧国家队中方教练员。对比二十多年来的变化，欧晓涛给出中肯分析："可以肯定地说，不是教练员的原因。那时咱们的训练体制就是如此。现在的训练模式要求跳三天必须休息一天，一个阶段之后还有调整。比如，以一个月为训练周期，那么这个月专项训练结束后，紧接着进行半个月的调整，根据每人不同情况，进行体能训练或者恢复性训练。如果做一年的训练计划，调整训练的比例，要占到20%左右。"

而在项目摸索阶段，大运动量被认为是取得成绩的必经之路。后成立的沈阳体育学院空中技巧二队，也在经历早上、中午、下午、晚上一天四练的负荷。郭心心记得："杨老师天天晚上把我们关在房间里讲技术录像，我们坐着谁也不吱声，不知道自己脑子里在想啥。陈老师带着徐囡囡和欧晓涛在楼外面，肩上扛着石头进行蛙跳练习，我们趴窗户看热闹。"郭心心叹了口气，"那时候教练的想法是，少练就吃亏。"

训练理念的转变，与对项目认知度的提升息息相关。刘大可担任沈阳体院竞校校长时，曾经去秦皇岛基地看望队伍。"几个孩子练完之后，开始做放松整理活动的时候，陈洪斌老师拿出来好几份计划，王心迪你今天做力量，那个谁你今天要跑3000米，还有谁你做哪个部位的力量练习。每人的训练内容都不相同，根据当天的训练情况调整。"刘大可很感慨，要说自由式滑雪空中技巧这个项目，教练员再好，为什么同时也带不了几个顶尖的运动员？因为多了根本带不过来。每堂课的内容，每个人的训练都不一样。像陈老师和杨老师那样，能同时把三四名运动员带出成绩，真是非常了不起。

欧晓涛所辨析的，也是训练状态和比赛状态的问题。后来在2002年盐湖城冬奥会的赛场上，他和韩晓鹏、邱森三名中国男选手在预赛中全军覆没，便是对他观点的佐证。"原来感觉练得越多可能越好，其实有时候不是这样，练得越多可能出现问题也越多。到最后，一个动作完成得不好，你都不知道是因为累了还是因为技术环节不达标。"欧晓涛叹口气说，"多方面的原因吧，从1998年到2002年，虽然我们的技术动作难度一直在上升，而且上升得还挺快，但是动作成功率其实是不高的。"

欧晓涛认为，自由式滑雪空中技巧项目，更重要的是比赛状态，看能不能在比赛中把竞技状态和心理状态调整至最佳。状态好了，专注度有了，哪怕有风的影响或者其他方面的干扰，动作质量和成功率也能不错；如果说状态不好，哪怕没有风，动作也会出现问题，成功率必然直线下降。谁在大赛中能把状态调整得更好，谁的获胜概率就会更高。

盐湖城冬奥会上，失去比赛状态的不仅是欧晓涛这些男运动员，徐囡囡也在赛场迷失了方向。欧晓涛非常了解队友身上背负着什么："长野冬奥会前，她双肘受伤，反而抛开了负担，但不是谁始终都能做到轻装上阵，盐湖城冬奥会前，她的心理压力更大，赛前状态调整也不够，赢得比赛是自己在各方面优于对手的结果，她那时并不具备，我是这么看的。"

说到2002年，在盐湖城冬奥会举行的2月，别说对奖牌触不可及的自由式滑雪空中技巧，就算是杨扬拼出来一个"零"的突破，又掀起了多少波澜呢？彼时，大批媒体记者正会聚在昆明海埂，在中国男足的冬训中期待世界杯的到来，为米卢的"快乐足球"理念鼓与呼，那里才是吸引眼球的地方。

男队3人参赛，女队满额参赛，新的奥运周期，自由式滑雪空中技巧在中国冰雪运动的阵营里牢牢站稳了脚跟。盐湖城冬奥会成绩不尽如人意，但更让人清楚地认识到，竞技体育是体能、技术、战术、心理诸多方面的综合抗衡，所有都要依靠人的因素来实现。没有常胜将军，即使遭遇困境，陷入低谷，面对失利，也要用积极的人生态度，去传递昂扬的体育精神。

③ 她是顶着压力去拿金牌的

杨尔绮刚见到李妮娜时，后者还是技巧队里偶尔忍受不住柔韧性练习的疼而哭鼻子的一名小队员。技巧队撤销，李妮娜有两个选择：蹦床队或者滑雪队。练蹦床需要连续翻腾，这项能力不是她的强项。而她下定决心练滑雪，是

从左至右为李妮娜、陈洪斌、王姣和郭丹丹（陈洪斌／供图）

负重飞翔 | 127

因为看到一队哥哥姐姐的跳台训练，觉得好"酷"。

沈阳体院自由式滑雪空中技巧的梯队建设，在八冬会后提上日程。"为了保持空中技巧队在国内的优势，在与教练员沟通的基础上，我们决定成立空中技巧二队和三队。"郭亦农的规划是，一队现有八冬会参赛队员，开始备战第3届亚冬会，教练员为陈洪斌；二队教练员由杨尔绮担任，给8个名额开始招生；三队教练员为吴志海，也给8个名额。

"二队运动员年龄要比一队小3~5岁，三队再比二队小3~5岁。一队与二队不存在输送关系，可以竞争。一队代表长春，二队与牡丹江联办，在后来的九冬会和十冬会上，两支队伍展开了激烈的比拼。"郭亦农说，正因为有了二队和三队的建设，才有后来韩晓鹏、李妮娜、郭心心等人的涌现。完整的梯队建设，是保证项目和队伍长盛不衰的坚实基础。

吴志海教练最早招入的队员是赵姗姗，那是在1996年。随后他去江苏沛县技巧队招生，选中李科、张鑫等队员。李科这位曾在第11届全运会上获得空中技巧男子金牌的小伙子，如今和吴志海一起，扎根沈阳体院梯队，继续为项目筑牢根基。

更早一些时候，杨尔绮在选材目标、方向上率先打破地域框架，1995年7月，她在江苏的招生工作收获很大，江苏省体校技巧队的邱森和沛县技巧队的韩晓鹏同一天入队。

郭心心所在的辽宁省技巧队当时面临解散。巧的是，教练员侯德民是侯永民的哥哥，听说体院组队选人的事情，侯德民对郭心心说："你也去试试吧，如果能行的话，即便拿不到更高的成绩，至少能把大学读下来。"

从20多个孩子里选拔8个人，最后一个名额在郭心心和另外一个年龄稍大的女孩中产生。"我小时候先学体操，后练技巧，空中翻腾感觉可能更好。杨老师说我年龄小，发展潜力更大。说来也巧，那个女孩训练时跳到蹦床外面受了伤，这样我就留了下来。"

韩晓鹏、邱森、苑瀛、周冉、刘丽丽、李妮娜、王姣、郭心心，4男4女共8名运动员在1995年夏天正式入队后，杨尔绮制订了第一份"多年训练计划"。这份用稿纸写成的计划，杨尔绮为每名运动员都标注清楚在2002年之前每年水池训练和雪上训练要实现的动作难度，以及最终目标——"培养参加世界比赛和奥运会的选手，在国内、国际赛场上争金夺牌"。

郭心心记得，到了1996年末，任海鹰老师来带了一段时间女运动员的训练，杨老师主要带男运动员。二队在长白山训练，备战长野冬奥会的国家队的哥哥姐姐们住进运动员宾馆，杜鹃山庄的住客换成了二队小队员。"

后排左起：刘丽丽、韩晓鹏、任海鹰、杨尔绮、邱森、周冉；
前排左起：李妮娜、王姣、苑瀛、郭心心（沈阳体育学院/供图）

我们天天早上滑下来，和一队一起坐车上山。她们每次跳完，我们跟住一个人，拍拍她身上的雪，老乐呵了，接过雪板，走，姐姐，扛到起滑点，就为帮她们节省些体力，能多跳几回。"

盐湖城冬奥周期，从教练员到运动员都有变化。1999年，银刚放弃国家队教练员职位回到长春，着手选拔、培养后备人才。"我挑选了10名8~10岁的小运动员，齐广璞、宁琴、李楠等人是那批孩子中的优秀代表。齐广璞的成长是我训练计划和指导思想的体现，李妮娜曾在空中技巧比赛解说中讲，齐广璞做的是教科书般的动作。"银刚认为，他回地方队招小队员这一战略计划，促使沈阳体育学院及后来黑龙江省队跟进组建更年轻的梯队，徐梦桃、贾宗洋、孔凡钰、徐思存成为后一时期储备培养出来的优秀运动员。

同样在1999年，郭丹丹和季晓鸥在九冬会分别上演了各自运动生涯中的最后篇章。

从长野冬奥会回国的第二天，季晓鸥被推进了手术室。手术时间从早上8点半持续到下午5点，接下来发烧一个半月，"找不出原因，各种抗生素用了个遍，也不退烧。"季晓鸥觉得，那不只是伤病作祟，更是整个人精神支撑的崩塌。之前的长时间重压，好像不是一个19岁女孩应该经历的事情。

休息了5个月，夏季训练开始时，季晓鸥回到国家队。手术结束后的11个月，重新站在赛场上的季晓鸥，腿里多了四只钢钉，"肌肉萎缩特别严重，训练时跳几次摔几次，感觉已经失去了落地站稳的能力。想不到在个人比赛时，两跳全都站住，还拿了第三名。"

这不仅是技术的胜利，更是精神的胜利。但走出困境的决心在接二连三的伤病打击面前，还是显得有些脆弱。"后期我随国家队备战到2001年，但每年膝盖都伤一次，总共做了四次手术，不但重回巅峰希望渺茫，甚至选择坚持都变得十分困难。"季晓鸥说，她右腿膝盖弯不到底的情况一直到现在也没改变。

九冬会获得冠军一度让郭丹丹重燃斗志，可是，继续向冬奥会金牌发起冲击的信心被伤病渐渐吞噬。2001年，在她退役后最迷茫的阶段，"老单处长"每天打电话开导她，最后让她试一试推广大众冰雪这条路。兜里揣了五百块钱，郭丹丹坐着大巴车来到张家口塞北滑雪场。

艰难的开始，更凸显坚持成功的意义。慢慢地，郭丹丹发现，让更多人喜欢滑雪，好像比站在领奖台上的成就感来得更加真实。现在郭丹丹特别感谢自己在困难时没有放弃，当然，她与空中技巧的联系并未中断，最近几届冬奥会她都会参与解说评论。甚至在退役好多年之后，郭丹丹还会梦到训练比赛，在梦中，她经常做不出动作来，一个跟头接一个跟头，摔得自己心惊胆战。

好多人对郭丹丹说："你们当运动员那时真苦啊！"郭丹丹的回答是："确实很苦，但回忆起来，苦中有乐。"现在条件好了，希望运动员和滑雪爱好者珍惜这样的美好时光，更有信心、更有热情地投身冰雪事业中。

在就业的选择上，季晓鸥则有意回避空中技巧，长春市体育局成立空中技巧队伍，几次动员季晓鸥来当教练员，皆被她婉言相拒。"毕竟自己受过重伤，想到要带年轻运动员重新经历一遍，心理压力太大。"季晓鸥2009年担任单板平行大回转教练员，在这个全新的竞速项目上，她又像从事空中技巧时一样，从远远落后于世界水平开始奋起直追。

季晓鸥说："走上教练员岗位，无论面对什么困难，我都没有退缩过，反而越挫越勇。运动员生涯那段执着追求的过程，造就了我坚强的心智，给我留下一笔难得的精神财富。我们是中国自由式滑雪空中技巧第一批运动员，我们现在依然延续着对这个项目的执着和热爱。"

再回到1999年的九冬会，郭心心、刘丽丽、王姣这些新手崭露头角，对她们来说，能在九冬会上拿出总难度 6.050 的 bLF 与 bFF，已是不小的成绩，这也是她们能在随后两年迅速填补国家队老队员退役后留下的空白进入 2002 年冬奥会备战名单的原因。

男队的情况更为乐观，当时 15 岁的邱森，如一颗新星冉冉升起。按照教练员的评价，邱森年纪虽小但上进心极强，不但训练一丝不苟，文化课学习也从不落后。在 1997 年两次骨折、几乎全年缺席陆上和水池训练的情况下，他落下的"功课"在雪季竟然迅速补回。1998 年 3 月的全国冠军赛，在

杨尔绮（右）带领邱森（左）第一次出国参赛就获得欧洲杯冠军（杨尔绮/供图）

欧晓涛缺席的情况下，邱森拿下规定动作第一名，规定动作和自选动作加起来一共六跳，邱森着陆成功率 100%。后来 2001 年邱森随杨尔绮第一次出国参赛，获得欧洲杯瑞士站冠军。真应了杨尔绮所说："从邱森 11 岁入队那天起，我就看出他是一个可塑之材。"

九冬会是邱森更上一层楼的起点，名次虽然是个人赛第二名，但他的两个动作，与徐囡囡长野冬奥会的银牌动作相同，而且又是 100% 的成功率。再加上跳出创新动作拿到铜牌的韩晓鹏，可以说，这批二队选手具备了超过年龄的水平，这也让他们的训练计划有了更明确的方向——继续抓好身体训练和基本技术训练，瞄准 2002 年盐湖城冬奥会，有计划、有步骤地上三周台动作。

郭心心对长野冬奥会的记忆留在亚布力滑雪场的一个小房间里，杨老师带她们挤在一起，观看了那场"姐姐们的决赛"。"中国队来了，鼓掌！"李妮娜记得队友们个个慷慨激昂，好像人人都有一种雄心壮志。事实上，那时的她们，对这个项目所承载的内容，并没有太深刻的理解。

她们也不会预料到，四年之后的 2002 年，这个房间里的邱森、韩晓鹏、李妮娜、郭心心、王姣、刘丽丽，这些还不到 20 岁的年轻人都将第一次踏进奥运村的大门。韩晓鹏发出感慨："能参加冬奥会，这辈子干体育就没有白干。"初出茅庐的他们，

将会切身体会到冬奥会对一名运动员的特殊意义。

更别提徐囡囡了，她是顶着压力去拿金牌的。

④ 你是怎么挺过来的

站在盐湖城鹿谷滑雪场起滑点上时，韩晓鹏觉得整个人快晕过去了。第一跳没找准速度，第二跳高度不够、翻转不足。尽管有紧张和伤病的原因，韩晓鹏内心感受到的依然是失望。

19岁的郭心心两跳都是三周台动作，bLTF和bLFF，她用两句话形容自己的发挥——跳得惨不忍睹，摔得稀里哗啦。

邱森被寄予厚望，可惜因为踝关节受伤，预赛前两天才恢复跳台训练，比赛失误皆因落地支持不住，失去了在决赛中用bdFFF和bFdFF冲击奖牌的机会。杨尔绮在赛后总结中写道："我对邱森的失败深感遗憾。"

两场预赛，中国队男女7人，5个遭到淘汰。带伤上阵，心理压力过大是运动员发挥不理想的主要原因。"尤其3位男选手，他们太紧张，太想赛出好成绩了，结果适得其反。"领队丁振平说，男队的结果在赛前有所预料，女队的艰难让他出了一身冷汗，徐囡囡预赛中两跳仅得160.64分，借助对手失误才勉强保住第12名，险些与决赛无缘。

徐囡囡出人意料的表现欠佳让丁振平心有余悸，在他看来，徐囡囡虽然心理压力不小，但冬奥会前两站世界杯成绩稳定，训练状态一直不错。可是到盐湖城后，赛前训练中的失误可能加重了她的心理负担，导致她在预赛中过于求稳，对下滑速度掌握得不好，动作质量下降，着陆稳定性也大受影响。

与之相比，外国选手却越到大赛越敢于发挥。26岁的瑞士选手伊芙琳拿出了两个被认为只有高水平男运动员才能完成的动作，而且全部成功，得到203.16分，季晓鸥在1998年蒙特利尔站世界杯上创造的该项最高得分纪录就此作古。之后的决赛中，伊芙琳继续使用两个全场最高难度的动作，可惜落地均告失败，但别忘了，四年之后的都灵冬奥会，正是她惊人一跳，打碎了中国女队看似即将实现的金牌梦。

1976年出生的伊芙琳在2010年温哥华冬奥会后宣布退役，运动生涯长达二十年。事实上，从1994年的利勒哈默尔到2022年的北京，八届冬奥会女子空中技巧金牌得主都是"老将"。1994年切尔亚佐娃26岁，1998年妮基·斯通27岁，2002年阿丽莎·坎普琳28岁，2006年伊芙琳30岁，2010年拉西拉28岁，2014年茨佩尔34岁，2018年胡斯科娃26岁，2022年徐梦桃32岁。将她们的年龄逐一罗列就会发现，所有运动员都在25岁之后才冲上巅峰。空中技巧虽有"体操""技巧"等空翻动作的外形，但究其项目规律和特点，应当属于一个"成年"项目。

　　盐湖城冬奥会季军得主加拿大选手迪特莉与徐囡囡的经历相似，在运动生涯早期就达到较高竞技状态，都在20岁左右的年纪获得冬奥会奖牌，出道即巅峰，以后却再未超越。

　　李妮娜在盐湖城能够正常发挥，心情平稳非常关键。李妮娜在赛场的等候区时，一直在观察别人，看那些选手们一个个紧张准备的状态，有的闭目养神，有的一直在深呼吸，还有的不断做模仿动作。李妮娜自言进入决赛就已完成任务，至少为中国队争取了一个名额，减少了一个对手。

　　决赛的表现，李妮娜自我评价是"依然稳定，但是不够绝对稳定"。第一跳，简单动作的着陆出现一点失误，所幸没有摔倒，成功挽救；第二跳，动作完成得非常好，自己都被吓了一跳。李妮娜的第五名是中国雪上项目在盐湖城冬奥会上的最好成绩，但赛后总结，因为伤病原因，她并没有完成预定难度计划。

　　从2001年在澳大利亚第一次参加世界杯比赛开始，李妮娜在国际赛场上一直奋斗到2014年。除了四届冬奥会收获两枚银牌、一个第四名和一个第五名之外，还在2005年到2009年三次问鼎世锦赛冠军，此外，2005年和2010年两次荣获世界杯积分总冠军。就三大赛总成绩而言，说李妮娜是她所在的那个时代世界上成绩最出色的自由式滑雪空中技巧女运动员并不为过，即便未获冬奥金牌的遗憾巨大，也不应把她定义为"悲剧人物"。

　　如果说非要探究李妮娜身上有什么"悲剧色彩"的话，可能是在她参加的四届冬奥会上，哪怕将水平稳定地发挥到了极致，却总挡不住有久经沙场的老将表现得更加完美。即使重新复出在索契冬奥会放手一搏的时候，前面还有那位很久未在世界大赛上有优异表现的白俄罗斯选手拦住去路。

　　我们的运动员为什么总被贴上"失之交臂"的标签？这里有伤病的干扰，肯定还有训练年限和管理体制的问题，甚至掺杂太多偶然因素。奋力追求胜利，但有时也必须接受失败与遗憾。失败自有其意义，不仅因为其中孕育着成功的因子，更因为有了失败的痛苦，胜利才会显得格外甘甜。

丁振平和其他队伍的领队进行过探讨，大家认为，不是不开会，而是要择机。在运动员很累很烦的时候唠叨，效果肯定不好。找运动员心情舒畅的时候，比如训练顺利结束大家高兴就餐的时候，有针对性地谈一些问题，她们不但会听，还能认真思考。丁振平说，他一直希望队员们有这样的心态：跟自己比赛，不要考虑结果，把平时的训练水平表现出来。再通俗点，不拿金牌，你家不过日子了吗？学校会把你们的学业取消了吗？所以，不要背这么沉重的包袱。

但有时候很奇怪，越说不要有压力，它的分量反而越重。更何况，2002年冬奥会的备战任务摆在眼前，怎么可能没有压力？有队里工作人员问运动员们，你们怕不怕丁部长？答案是：怕也不怕，管理很严格，平时很合拍。丁振平和郭心心之间还有特殊代号，"我管她叫老郭，她管我叫小丁。有一次在体院训练时被王揖涛院长听到，以为孩子不讲礼貌，急了，要严厉批评。我赶紧解释，说王院长这是我们的昵称，你可以认为是关心和爱护，其实更是放松和调节。"原来是这样，王揖涛朝"老郭"挥挥手，笑了。

决赛来了。徐囡囡依然没有找回感觉，两跳均出现不同程度的失误。第一跳滑行和出台速度过快，落地时失去重心；第二跳的调整有些矫枉过正，速度过慢造成腾空高度不够，落地依旧不稳。12名决赛选手，徐囡囡排名倒数第一。

丁振平知道，在冬奥会"残酷"的竞争下，每位运动员都面临最严峻的考验，甚至丁振平自己，也在忍受伤痛带给身体和心理的双重折磨。冬奥会前的加拿大惠斯勒世界杯比赛，

徐囡囡在2002年盐湖城冬奥会上，败给了自己（视觉中国／供图）

跳台还没修好时，丁振平带运动员进行滑行训练适应雪质。早在 1985 年，丁振平作为国家体委官员曾率中国高山滑雪教练团队去日本长野研修，他的滑雪技术是"科班出身"，水平很高。

偏偏那天出了问题，训练接近尾声，不知怎么拐上一条特别陡的冰状雪路。丁振平滑在最前面，回头提醒运动员："硬底啊，注意安全！"话音未落，丁振平突然滑脱摔倒，左腿"砰"的一声响，声音非常大。身后韩晓鹏、李妮娜、郭心心等运动员赶紧围拢过来，丁振平心里有不好的预感，这下伤得可能很重。"但我的想法是别影响运动员的心态。李妮娜递来毛巾，我擦擦眼镜，擦擦脸，说你们先回驻地，我没问题。"丁振平在雪地上坐了好长一会儿，掐着左腿把雪板穿上，右腿用劲滑了回来。

队医庞晓峰一看，说领队咱们去医院吧。丁振平心里清楚，不能去，去了就留下住院了。那是 2002 年 1 月 21 日，离盐湖城冬奥会开幕还剩半个多月。丁振平对队医说："听我的，你就看好运动员，保证他们健康就行。"

即便服用超量止痛药，丁振平晚上依旧疼得睡不着觉。靠坐在床头，疼痛令他似乎进入了半昏迷状态。在加拿大进行赛前最后 8 天训练时，受场地使用时间限制，为了保证训练条件，陈洪斌、杨尔绮提前 4 个小时上山除雪修台。丁振平让队医给自己左腿打上三层弹力绷带，随后咬牙上山。飞赴盐湖城，进驻奥运村之前，丁振平向队医和教练员提出要求，谁也不许讲我受伤的事情，这是一条纪律。

那一个多月，丁振平觉得肉里像扎了一根尖刺，每天钻心地痛，为什么要以最大的毅力忍耐坚持？"因为这是一个集体，自由式滑雪空中技巧是冬奥会冲金牌的队伍，我担任领队，不能因为风吹草动守不住阵地，乱了军心。"

一直挺到冬奥会结束，2 月底回北京，丁振平去北医三院检查，诊断结果为股骨撕脱性骨折、前交叉韧带撕裂，大腿骨和内侧副韧带的附着点拽掉了一分钱硬币大小两个骨头片。断裂的韧带萎缩得找不着，医生很生气，问怎么来得这么晚。

手术做了 4 个小时，主治专家曲绵域教授是新中国运动医学专业的奠基人之一，他对丁振平说："小丁啊，撕脱性骨折是最疼的，你怎么挺过来的，真是不能想象。"

丁振平说，其实大家都是一样，当时冬运中心外事处副处长纪俊峰作为随队翻译，下缆车时，雪板板刃把小腿肚割破，长长的伤口缝了 30 多针，同样重伤不下火线,一直在赛区坚持,为了什么?为了不影响工作,不影响队伍士气。

"2006年都灵冬奥会结束后,王揖涛那时担任冬运中心主任,他看到我说:'振平,成绩有你们铺垫的功劳啊。'"2021年丁振平在接受采访时说:"经历了那么多,也算是我人生中的财富吧。"

⑤ 别再让自己打败自己

1998年加拿大蒙特利尔站季晓鸥(左)获得冠军后与杰基·库珀合影(季晓鸥/供图)

2009年在日本福岛举行的自由式滑雪世锦赛,李妮娜夺得冠军,徐梦桃获亚军,杰基·库珀获得季军(沈阳体育学院/供图)

如果赛前问,2002年盐湖城冬奥会女子自由式滑雪空中技巧冠军的最大热门是谁,那一定非澳大利亚名将杰基·库珀莫属。陈洪斌的印象里,库珀年龄近30岁,连续十几站世界杯比赛中全部用三周动作,气势不凡,90%左右的冠军被她揽走。可惜天不遂人愿,冬奥会赛前练习时,库珀膝关节交叉韧带断裂,黯然退赛。

1.75米的杰基·库珀在女子空中技巧运动员里是高个子,1973年出生的她16岁才开始自由式滑雪训练,18岁时便当选澳大利亚年度最佳滑雪运动员。从1999年开始,库珀连续三年位居世界杯总积分排名榜首,她被公认为当时世界女子空中技巧头号选手。她的运动生命也相当长，可以用乒乓球项目里的瓦尔德内尔相比，一个人对抗了三代中国运动员。

丁振平记得，库珀受伤之后，中国队教练员和队员都过去看望。"大家既是对手，又是朋友。说实话，我们心里挺难过的，因为互相非常熟悉。平时比赛的时候，我们在驻地给运动员做好中餐，都会告诉徐囡囡，叫'架子'过来吃点饭，一块坐坐。"

因为名字发音的关系，"架子"是中国队里对杰基·库珀的爱称。丁振平号召中国运动员向"架子"学习，年龄最大，难度最高，只要她一站住，冠军八九不离十，其他人基本不用想了。空中技巧项目像一个大家庭，大家互相学习，取得发展。当时都认为盐湖城这枚金牌，库珀最有希望。

丁振平说："'架子'受伤，没准对徐囡囡也有影响。两个人是好朋友，看到她受重伤，心里难免有所触动，再可能感觉有机会了，想法就多了起来。"

可是，对站上奥运赛场的运动员来说，谁会没有金牌梦呢？徐囡囡为盐湖城冬奥会准备了三个动作，bFF、bFdF 和 bdFF，只要发挥出训练水平，有希望实现梦想。"你说我四年前拿了银牌，这次我不争金牌还等啥？大家的印象也是这样，好像我拿第三名都不应该，所以我自己给自己的压力很大。"

按照陈洪斌和徐囡囡制订的计划，盐湖城当地时间 2 月 14 日进行跳台训练，15 日做陆上训练调整一天，16 日参加预赛。结果 2 月 14 日天气突变，风大，又下雪。徐囡囡只跳了一次，觉得台子比平时硬，加上天气不好，怕受伤，提前结束训练，改为 14 日调整，15 日上雪做跳台训练。

没想到，徐囡囡 15 日训练情况特别不好，bFF 和 bdFF 这两个为预赛准备的动作，竟然一次都未成功。离比赛只剩一天，徐囡囡的思想负担瞬间加大。

在全队移师盐湖城之前，中国队在美国和加拿大参加了三站世界杯比赛，徐囡囡在后面两站连拿两次亚军。竞技状态好、情绪高涨、信心十足的徐囡囡进入冬奥会前的最后训练，当然期望把最佳状态保持住，可是她发现，世界杯比赛的那种感觉，突然找不到了。

徐囡囡安慰自己，别害怕，训练不好不意味比赛不好。可是说归说，心里却开始犯嘀咕：照这个样子明天能比好预赛吗？进不了决赛怎么办？这可是奥运会啊！徐囡囡知道自己的毛病，就怕赛前训练不好，赛前训练若没到位，心里就会

负重飞翔

特别紧张，往往比赛跟着受影响。

16日预赛，赛前训练时徐囡囡依旧进入不了状态，两个动作接连失败。徐囡囡心里感到焦急和紧张："这是我平时成功过多少次的动作啊！现在我怎么做不好了呢？"

比赛在徐囡囡忐忑不安的心情下进行。bFF 和 bdFF，两个动作难度系数相加达到 6.675，当时世界上只有六七个女运动员能达到这种水平。然而徐囡囡的完成情况可以说是"失常"，空中动作质量比平时差很多，第二跳还没站住，扣分不少，排在第 12 名，紧紧巴巴地进了决赛。

就在 2 月 16 日，杨扬在短道速滑赛场上为中国夺得了冬奥会历史上首枚金牌。冰上项目捅破了窗户纸，雪上项目能不能"出彩"，目光锁定 2 月 18 日的自由式滑雪空中技巧女子决赛。

徐囡囡的心一直静不下来："拿预赛成绩比较，伊芙琳不用说了，比我高 42 分；澳大利亚队的阿丽莎、白俄罗斯队的茨佩尔，还有队友李妮娜都是 180 多分。失误的镜头总在我的眼前闪现，想得越多，心理压力越大，决赛怎么办？"

代表团团部一直关注着徐囡囡的状况，17 日晚上，领导跟徐囡囡谈了很长时间，徐囡囡感觉轻松了许多，她表态："明天要放开，我是第一个起跳，不用跟别人去比分数，把自己的水平发挥出来。"

两跳定输赢。和徐囡囡一样使用 bFdF 和 bdFF 这两个动作的，决赛 12 人中还有其他两名运动员。对徐囡囡来说，如果能成功完成，冲击奖牌大有希望。

赛前训练，着陆情况还是不好，徐囡囡心里又开始发慌。徐囡囡强迫自己镇静下来，站在助滑坡顶上，尽量控制自己，只想动作要领。可是太难太难了，现场近两万名观众的呐喊声，赛场的广播声，一切一切，让徐囡囡精力难以集中，预赛的阴影驱之不散。

徐囡囡在这种复杂情绪的支配下第一个出发，过程和结果可想而知。第一跳 bFdF，正确动作要领没发挥出来，空中翻腾不好，着陆时身体平着下来，只得到 62.48 分。看到分数，徐囡囡心里一下子凉了。

第二跳时，徐囡囡的信心开始动摇，起滑时根本没来得及细想。"比得一塌糊涂，'一片空白'这个词，以前都听别人说，这次亲身体验，在那儿等分的时候，我脑袋里真的什么都没有。"第二个动作 bdFF 得了 73.48 分，两跳一共 135.96 分，徐囡囡与第一名相差 50 多分。

真刀真枪的阵仗见过不少，为什么还会如此紧张？徐囡囡说："1998 年长野冬奥会前，我两肘脱臼，一只还有骨折，大家都认为我打不了冬奥会了，险些提前送我回国，可我愣是挺了过来。当时大家对我没抱希望，所以我没有压力，赛成什么样是什么样，结果出人意料获得银牌。2002 年有些不同，名声有了，大家的期望值高了，自己也特别想比好，甚至觉得如果比不好，都对不起这几年吃的苦。"

陈洪斌觉得，原因之一是赛前状态没有调整好，徐囡囡最好的竞技状态在加拿大那两站世界杯提前出现，同时引起对手关注，使她压力加大。更主要的是，征战盐湖城冬奥会的国家队，处在老运动员减少、新运动员经验技术略显稚嫩、技术实力明显不足的时期，作为队伍的"大姐"，孤军奋战的徐囡囡，担子的重量从肩上慢慢压到心里。

后来，提到中国女子自由式滑雪空中技巧，从 1998 年到 2018 年，很多人会把五枚银牌的"魔咒"挂在嘴边。为什么会有银牌的"魔咒"，那是因为对金牌的渴求。2002 年的颗粒无收，也许可以称为"失败"，但对为中国雪上项目在冬奥会上实现突破的徐囡囡来说，一次"失败"并不代表是"失败者"，只是表明还需要继续努力以取得成功。实践已证明，每一次"成功"的获得，都是运动员战胜对手的结果，更是战胜自我的结果。

甚至，正因为有了这次"失败"，中国队开始正视压力。压垮人的不是压力，而是应对压力的办法。

早在沈阳体院自由式滑雪空中技巧队伍成立之初，已有请心理学教师帮助队员进行心理训练的尝试。郭亦农记得在八冬会前，运动员初次参加大赛，心理波动较大。心理学老师采取念动训练法或者叫表象训练法，让运动员出发前在心里模拟动作全过程，借以自我暗示、自我放松，有助于克服赛前出现的焦虑紧张心情。

后来从 2010 年温哥华冬奥会周期开始，心理干预更深层次地介入国家队的备战中。

在一篇论文中，张力为教授团队详细记录了自由式滑雪空中技巧队备战温哥华冬奥会的心理训练过程。文章最后写道："我们为运动员、教练员做了无数次

讲座和咨询，给他们以专业化的心理学建议，也从运动员、教练员、管理人员身上发现了那么多可叹可敬、可歌可泣的行为和品质。我们在付出，更有收获。体验过零下34摄氏度的彻骨风寒，亲历过运动员膝关节交叉韧带断裂、奥运梦想破碎那一刻的恸哭，倾听过运动员诉说成败的忧虑、伤病的困扰和对成家立业的憧憬。这群热血的运动员和教练员让我们逐步理解，什么是苦痛，什么是奉献，什么是担当，什么是梦想，什么是自我超越，什么是超越自我！"

「后浪推前浪」

01 没有女孩愿意上也要上

从盐湖城回来，在总结会上有人向女运动员的三周台动作猛烈"开火"。郭心心还记得只言片语：总说要上三周，你看三周行吗？女孩就得在两周台跳46、跳64，根本没必要上三周，有几个杰基·库珀？永远别再考虑中国女运动员能在三周上获胜！

中国最早向日本取经引进空中技巧项目时，用阿拉伯数字表示的动作代号一起"舶来"。"2"代表直体空翻一周；"4"代表直体空翻一周同时转体360度；"6"代表直体空翻一周同时转体720度，等等。因其简单明了，现在很多教练员和运动员还张口就来。

46和64，是指bFdF和bdFF。那也是盐湖城冬奥会冠军阿丽莎·坎普琳在决赛中使用的两个动作，这两个动作的难度系数同为3.525，组合起来，确实碾压一些难度较低的三周台动作组合。

盐湖城冬奥会空中技巧女子决赛的特殊性更在于，银牌和铜牌获得者也是两周台选手。三个人都使用了两周台主流动作bFdF，且得分都在100分左右，动作质量接近完美。按照空中技巧备战比赛的正常逻辑，"冲"看三周台，"保"靠两周台，既然两周台动作只要能高质量地完成，便能取得好名次，是否还有必要在三周台动作上大费周章？"冲"和"保"的天平被打翻了。

难怪，在盐湖城的空中技巧赛场，三周台选手少之又少，来自9个国家的23名女运动员中，只有伊芙琳、郭心心、俄罗斯队的科罗列娃和一位35岁的美国老将使用三周台动作，郭心心的bLTF和bLFF属于当时顶尖难度。"但平时没有成功率,硬跳。"郭心心说,她与顶尖高手尚有距离。

想成为顶尖高手,突出的难度和较好的稳定性缺一不可。

在总结报告中,杨尔绮写得非常清楚,"以难制胜"的方针是正确的,是冲击金牌的基础保障。杨尔绮甚至认为,女运动员上三周台一直存在误区,过去是两周台转体遇到瓶颈时不得已才上三周台。也就是说,技术更好、转体能力更强的运动员不用上三周台"冒险",这在当时几乎成为一种定式。

杨尔绮的总结中提出:"让转体能力强的运动员上三周台更容易获得成功。走出误区,教练员要从认识上入手,领导要有政策鼓励,才能让更多女运动员主动上难度。"

回顾二队成长,杨尔绮说自己一直有一种紧迫感。"李妮娜和王姣,我从1994年开始带她们俩,其他几个孩子1995年6月到7月正式入队,我们8月开始进行水池跳台训练。在那之前,我通过轮滑牵引等辅助训练,用一些有力措施,让运动员更快地掌握滑行能力,这些还没滑过雪的运动员,通过陆上训练便能进行水池跳台训练。"

那段时间在郭心心的记忆里,没有闲的时候。睁开眼睛杨老师就在旁边,5点半出操,然后赶紧洗漱,吃饭,上课;中午放下书包进体操馆,蹦弹网,练体操;大运动员来了,体操馆没地方了,就出来一组一组练摩托车牵引滑轮;等夏天能下水了,开始游泳,一队上午跳台训练,他们中午滑助滑,翻空翻。

杨尔绮年轻时在1975年和1976年两获高山滑雪回转全国冠军,深知脚下滑行能力的重要性,"1995年夏天的水池训练,虽说是最简单的动作,但为我们冬训跳台打下了很好的基础。我是搞滑雪出身,1995年冬天长白山的训练,滑行能力抓得更紧,脚下有根,对空中技巧着陆稳定性方面大有帮助。"

1995年,从零开始的雪上训练课(杨尔绮/供图)

起跳——中国自由式滑雪空中技巧发展史记

　　1996年1月的一场黑龙江省内比赛，二队运动员第一次亮相，有非空翻动作，还有后空翻一周直体，那时二队正式组队训练还不到一年时间。从1996年开始，自由式滑雪空中技巧的全国比赛开始增加规定动作项目。最简单的动作，要求高质量完成，目的是促进运动员打好基础。对二队这样刚刚建立的队伍来说，政策导向带来极大鼓舞。在1996年、1997年的全国比赛中，多名二队队员有规定动作的金牌入账。

　　训练难度渐渐增加，女孩面临新的选择。1999年的自由式滑雪空中技巧世锦赛令人大吃一惊，突然发现，世界范围内实力女子选手纷纷冒尖。尽早立足三周台发展难度，成为必须要面对的主攻方向。

1995年底，冬天的长白山，李妮娜从堆好的雪包上起跳。横大一字跳，二队的腾飞由此开始（杨尔绮/供图）

1997年杨尔绮带二队运动员参加全国锦标赛（杨尔绮/供图）

　　一队和二队加起来五个女孩，徐囡囡肯定排除在外，剩下谁攻三周台？"杨老师做了四张纸条，说你们四个抽签吧，杨老师让我们分别单独在她面前打开纸条，我那张上面一个字——上。"郭心心记得，她和李妮娜、王姣、刘丽丽一起，站在水池跳台的最高处面面相觑，脸上一个字——怕。

　　"没事，你们就下吧，大胆点儿。"郭心心好像听见很多人站在台下鼓励。跳最简单的bLTT，谁也不动，李妮娜说啥也不跳，王姣压根不敢。

　　实在挺不住了，刘丽丽在四个女孩中年龄最大，她说："我先来吧。"

144

郭心心硬着头皮第二个起跳。她笑着说，后来她们才知道，杨老师的四张纸条，写的都是"上"。

再回到2002年的总结会上。尽管两周台选手包揽了盐湖城冬奥会前三名，但世界女子空中技巧项目动作难度提升的趋势已经不可逆转，若想有所作为，必须有难度储备。

当然，多届世界杯及世锦赛的赛场上，稳定性更强的两周台选手往往成为冠军席位的常客。李妮娜2005年、2007年和2009年的"三连冠"，均以两周台动作摘取金牌。她说，每次情况各不相同：2005年赢第二名才零点几分，她认为有运气成分；2007年状态糟糕，甚至一度想放弃比赛，但最后坚持下来，没想到后面出场的几名选手全部摔倒，冠军馅饼"砸"到头上；2009年是比得最好的一届，那时有了新的难度储备，自信心也强，最后非常完美地拿到了冠军。

接下来，2011年世锦赛冠军程爽、2015年冠军澳大利亚选手皮尔也跳了两周台。不过三周台选手带来的冲击越来越明显，2013年的徐梦桃气势如虹；2017年美国选手考德威尔状态正佳；2019年决定名次的最后一跳，当其他选手均以两周台完成比赛后，白俄罗斯选手拉玛诺斯卡娅以一个bLFF收官，冠军直接收入囊中。

更不用说奥运赛场了，近五届空中技巧女子冠军均归属三周台选手。2018年平昌冬奥会的覆辙不远，徐梦桃一人独守三周台，当她在决赛第二轮动作出现问题后，中国队冲金形势瞬间陷入被动。哪怕胡斯科娃挑战难度系数3.800的bLFF落地出现瑕疵，张鑫将难度系数3.525的bFdF成功完成也未能实现反超，0.62分固然是惜败，却更多反映出国际雪联的一种导向。坦白而言，空中技巧的比赛，可谓"人人有机会，个个无把握"，但两周台选手在比赛中更像是等待机会降临，三周台选手则是主动把命运握在手中。

2006年都灵冬奥会女子决赛后，任洪国便谈到，照当时发展趋势看，只要三周台选手能成，两周台选手就没有金牌机会，因为三周台选手有难度系数的先天优势，未来中国自由式滑雪空中技巧肯定要继续发展难度，要有更多女队员去攻克三周台。

进入2022年北京冬奥会周期，自由式滑雪空中技巧规则发生变化，女子三周动作难度系数提升，上三周台，几乎变成一道单选题。2020年底的雪季，徐梦桃、孔凡钰、徐思存三名原有三周台选手力求巩固，邵琪、许诺两名新三周台选手谋求提高，眼前华山一条路，全部女选手都上三周。这次领导的态度得到了更多认同，原来中国队出战冬奥会有"冲"有"保"，届届都没"保"成，所以这次全都往上"冲"。

郭心心笑谈，她现在当基层教练员，从小就给女孩灌输三周台的理念，女孩想发展，必须上三周。"看见国家队的姐姐没，你们基础打好了，将来就能上三周，上三周，拿冠军就有希望。"

杨尔绮在盐湖城冬奥会的总结中，对刘丽丽和郭心心当时的水平评价中肯：对三周台有惧怕心理，从能力上、技术上、空中感觉上，还不具备完成高难度三周台动作的条件，上三周台有些勉强，更多是出自备战需要和参加冬奥会的迫切心愿。

"我和刘丽丽那时跳得确实不好。"郭心心承认，"能坚持下来，有赌气的心理，领导说三周台不行，我偏要跳出个样来！"

❷ 天时　地利　人和

备战 2003 年十冬会时，长期困扰哈尔滨队的场地问题再度被放大。那时潘立权已开始担任助理教练员，他说："1996 年松哈合并，我们继续使用原来松花江体委在尚志体校修的水池跳台，但助滑坡太短，滑行速度不够，只能跳一周和两周。"

"我们队的男队员孙洪奎在九冬会上完成了 bFFF，具备冲击 bFdFF 的能力，女队员已开始攻三周，所以我请示希望修建正规的水池跳台。"张永和的报告引来领导考察，在训练现场找专家测算，改造水池，预算为一百七八十万。

领导现场没表态，后续便没了下文。当时全国范围内正常使用的水池跳台只有沈阳和长春两处，沈阳体育学院的水池跳台 1997 年启用，长春的跳台 2001 年建成。张永和探听到领导口风——咱们的条件不如沈阳和长春，就不改造了吧。

十冬会结束，张永和接到"上面"通知，哈尔滨冰雪项目战略转移，空中技巧撤项。接下来，潘立权带小队员改项单板 U 型场地技巧，张永和转任滑雪队领队。

老队员改行的改行，转业的转业，中国最早的自由式滑雪空中技巧队伍在历史上定格。

潘立权感叹："其实啊，当时我们挺有信心把空中技巧干好。有了经验教训的积累，也招了好队员。但当时条件逼到那儿了，没法干了。要啥没啥，不仅是跳台，连器材都没有，光有想法儿没用。再说我这批运动员下来，领导看成绩一般，可能就不太想继续投入了。"

"领导来现场时，我说话有些激烈，我说要想发展这个项目，还没有训练条件的保障，那咱还留着干啥？不如把它'砍'了，推着干也没啥意思。这是我当时的原话。"张永和其实一腔热诚，最早组队的是他，结果中途被迫"掉队"的也是他。

哈尔滨当时的冰雪项目布局有两只重拳，冰上有短道速滑、男女冰球，雪上有高山滑雪和越野滑雪，国内战绩当仁不让。张永和说："空中技巧位置尴尬，可上可下，不像沈阳体育学院华山一条路。"

单兆鉴记得，从国家体委的角度考虑，开始鼓励多建队，别独此一家。"凡是有条件的单位,我们都积极支持,因为没有一定的阵容,项目就没有发展的动力,也没有竞争的动力。"松花江队1988年组建，前卫体协1990年建队，接下来沈阳体育学院组队，空中技巧三足鼎立。"当然各方的利益都要照顾，备战1998年长野冬奥会时，女队分三组训练，调动了相关单位训练的积极性，既互相竞争，又互相促进，防止了一军失误、全军受挫局面的发生。"

"教练员之间的矛盾，各队之间的矛盾，也是必然的。因为竞技体育离不开竞争，只要竞争是发生在体育精神范畴里，都被允许，都应该加以赞扬。不竞争的教练员是没有作为的教练员，不竞争的运动员是没有前途的运动员。"这是单兆鉴的理念——鼓励竞争，在竞争中促发展。"最后沈阳体育学院脱颖而出，是领导重视、科研力量雄厚、教学能力突出、训练条件相对好等多重因素作用的结果。长野冬奥会后，沈阳体育学院一跃成为中国空中技巧项目的核心队伍。"

回顾过去，郭亦农想到的不仅是空中技巧。"当时认为，既然沈阳体育学院向冰雪运动转移，绝非只是一个项目的一枝独秀。后来陆续上了越野滑雪、花样滑冰，最早成立的跳台滑雪队在一定时期内处于国内领先地位，国家队的日常训练也放在沈体。"

后浪推前浪 | 147

"关于跳台滑雪，当初国家体委认为与日本差距太大，故有放弃的想法。但当年很多人没有认识到的是，我们与日本的差距究竟是由什么原因造成的。"郭亦农担任沈阳体育学院竞技体校负责人时，主抓的第一个冰雪项目便是跳台滑雪。

　　"国内雪场气候恶劣，雪质干硬，能高质量训练的时间很少。因此，我校跳台滑雪队连续三年去奥地利，一年去俄罗斯进行雪上跳台训练，在国内比赛实现赶超，把八一队和吉林队甩在后面，成为国内整体水平领先的队伍。但和日本比还是不行，当年我们已经有一批运动员如朴雪峰、刘树明、徐兴旺等，体能与日本运动员相差无几，就落后在技术上，落后在训练条件上。日本建立了世界上最完善的跳台滑雪训练设施，可以全年训练。一年只能跳两个月技术的中国运动员，与一年跳12个月技术的日本运动员相比，无法抗衡。"

　　郭亦农很早就注意到日本的跳台滑雪夏季跳台。1993年，沈阳体育学院空中技巧脚手架跳台搭建成功，队伍训练进步一日千里。郭亦农更受启发，后来与国家体委雪上处主管跳台滑雪的王清华到吉林市北大壶滑雪场考察，想把冬季跳台改建成夏季跳台，请工程专家做预算，大约50万元。郭亦农提出国家体委、吉林市、长春市、沈体竞校均摊的方案，后来因故搁置。

　　跳台滑雪的夏季跳台，场地用类似草皮质材料铺设，利用机械浇水保持润滑，相对于冬季台，夏季台滑行速度较慢，运动员更容易掌控，有利于技术的提升。2020年的夏天，中国首个全天候四季跳台在吉林市北大壶滑雪场投入使用，中国跳台滑雪运动员全天候四季训练终于实现无缝衔接。

　　"可以设想，空中技巧如果不借助水池跳台，不会那么快达到世界水平；如果中国跳台滑雪能在20世纪90年代拥有夏季跳台，加上举国体制下的专业训练，赶超日本是可能的。"郭亦农叹道，"这个问题没办成，是我搞冰雪运动的憾事之一。"

　　另一件憾事也发生在1993年。那年夏天，郭亦农带国家跳台滑雪队到日本长野县白马村进行训练，休息时间考察长野县轻井泽滑冰中心，正碰上当地冰壶俱乐部训练。郭亦农大感兴趣，此后每逢休息就去做冰壶练习，很快进入角色，还带国家跳台滑雪队员与轻井泽冰壶俱乐部进行了一次正规较量。

　　"那可以说是第一次中日友好冰壶比赛。在比赛即将结束时，我弄错了滑行脚和助滑脚，摔了一跤，右眼眉间被镜框划破，缝了7针。"郭亦农至今记忆犹新，他从切身体会出发,感觉中国冰雪走向世界,冰壶项目必将扮演重要角色。他在日本收集了大量资料,回国后发表论文《我国开展冰壶运动的可行性研究》,并给国家体委打了报告。

论文中,郭亦农的想法与中国冰雪项目寻找突破口的思路一脉相承。"众所周知,亚洲人的身体素质与欧美相比有明显差距,在田径、游泳等项目上,欧美运动员一直处于领先地位。而在一些技巧性项目上,亚洲运动员则以其精巧灵敏而具有一定优势。冰壶运动近似于地掷球和台球运动,主要靠运动员快速的判断能力、灵敏的手上感觉以及清醒的战术意识,开展这项运动,恰恰能发挥我国运动员的长处。"

那时冰壶已经确定为1998年长野冬奥会的正式比赛项目,但在亚洲,冰壶运动只有日本开展。郭亦农意识到,冬奥会正式列项,很快会波及亚洲冬运会的设项问题,先下手为强是科学明智的选择。如果抓住机遇,从速组建冰壶队,重点扶持,严格训练,会很快缩小与世界强队的差距,很有可能为中国冰雪项目在冬奥会上实现突破。

"当年体院有一座人防工程,在足球场的地下,冬暖夏凉,冬天零下7摄氏度左右,夏天8摄氏度左右。我从哈尔滨请来制作冰场的专家,认为那里具有很好的场地条件,可以建成四条冰壶赛道,预算30万元。"

进入操作阶段,国家体委领导考察后也认为沈体可以试行。"但在校内遭遇了阻力,最后没有干成。后来哈尔滨体育学院1996年开展冰壶项目,最终形成专业特色。"郭亦农再叹道,这也是他的遗憾之一。

王石安也有类似的感叹。2010年,担任单板国家队总教练的王石安通过各种信息渠道了解到,自由式滑雪U型场地技巧比赛进入冬奥会的可能性极大,国家体育总局冬运中心即将立项。

新项目开展,王石安想"肥水不流外人田"。因为沈阳体育学院条件得天独厚:一是有场地,白清寨滑雪场的超级U型槽2007年投入使用,国家队经常在此集训;二是有技术,"单U"和"双U"很多动作名称相近,可以触类旁通;三是有人,沈体当时单板运动员近40人,可抽调十几人改项,教练员学习培训后可重新上岗。

转眼2018年平昌冬奥会,仅训练四年的黑龙江15岁小将张可欣杀入自由式滑雪U型场地技巧女子个人决赛,成为比赛黑马。2022年谷爱凌横空出世,张可欣再度闯入决赛。王石安说："如果2010年沈阳体育学院当机立断开展项目，可以肯定地说，一定能为国家队输送更多人才。"

郭亦农的遗憾也在于此："如果当年我们建起了跳台滑雪夏训跳台，历史将是另外一个写法。如果我们上马冰壶项目，沈阳体育学院向冰雪运动转移将实现更大的跨越，在国内乃至世界都会有更大的影响力。"

越这样说，越让人体会到，在世界范围内扮演追赶者角色的中国冰雪运动，在项目设置上有前瞻性的思维、找对发展步点是多么重要。自由式滑雪空中技巧能有今天的成就，离不开天时、地利，但决定性的因素是后面的两个字——人和。

❸ 咱俩在一条船上

徐梦桃2002年8月13日第一次走进沈阳体育学院竞技体校，这个12岁的小姑娘，刚刚在辽宁省第9届运动会的体操比赛中一人独得跳马、平衡木、自由操三枚金牌，是当时沈阳市体校成绩最好的运动员。

可是，这并不意味着徐梦桃这名体操新星会冉冉升起，恰恰相反，徐梦桃的父亲徐学君意识到，女儿从4岁半开始的体操生涯已经走到尽头。12岁的徐梦桃身高接近1.60米。徐学君认为，在中国，女子体操运动员身高如果超过1.55米，就等于失去了上升空间。

说来也巧，徐梦桃的体操教练与沈阳体育学院的一位老师相识，两人谈话被徐梦桃无意间听到，说沈阳体院正从体操、技巧、蹦床等运动队中物色1990年左右出生的孩子，去练一个什么滑雪项目。

回家和爸爸一说，徐梦桃就这样被带到了陈洪斌面前。当时的大背景，陈洪斌有自己的考虑："2002年盐湖城冬奥会成绩下滑，等于给我一个提醒，后备运动员的培养问题摆在面前。"

"我看这孩子动作灵敏，四肢协调，踝关节细，跟腱长，小腿肌肉上提，练体操的成绩已经显示出她的天赋。"陈洪斌一眼看中了徐梦桃，"尤其是她的眼神，特别有神、机灵，我觉得她肯定能练好。"

千里马遇到了伯乐。陈洪斌给徐梦桃放录像："看看，带你练这个项目行不？"

徐梦桃惊讶地伸出舌头："运动员飞那么高，怎么还摔了呢，我就练这个吗？太吓人了吧。"但说归说，她心里那种渴望却显露无遗。

像她的前辈哥哥姐姐们一样，徐梦桃在老校区的生活，每天四点一线——宿舍、教室、食堂、训练场。运动员们忙碌的一天从早操开始，这是老规矩。

"体院竞校半天学习半天训练，与专业队相比，等于训练时间减少一半。为了解决训练时长的问题，我们把早操作为正式的训练课，同时周六全天训练，来弥补训练时间的不足。"郭亦农回忆，"开始时效果不好，没办法只好采取强制手段进行强化管理。我担任竞校校长时，八年如一日，每天早上5点半站在竞校楼前，早操铃声响过，要求15秒内宿舍灯亮起，3分钟内运动员全部下楼，教练员带领队员出操。教练员比我晚到按照迟到处理。于是，迟到的教练员很不好意思，不起来的运动员被教练员从被窝里拉起来。久而久之，习惯变自然，早间训练强化体能，巩固技术，生龙活虎，热闹非凡，给本科生们做出了榜样。"

徐梦桃记得，宿舍起床铃响起，她睁开眼睛赶紧拍手叫大家起床，然后火急火燎出操，内容有6000米跑、跳台阶、做腰腹、冲百米，或者跳蹦床。"从小我就能'挺'，和队友跑步我基本都在第九道，从不喊累。"徐梦桃笑了，"现在说实话，真挺累啊。"

紧接着，飞速吃过早饭，梳洗干净，文化课周一到周五上午8点到11点半。下午的训练从1点开始，徐梦桃中午放学到食堂吃饭从不吃鱼，因为吃鱼需要挑刺，太浪费时间。每周还有两次晚自习，"虽然陈老师不让吃零食，可晚自习之前，我总忍不住去综合楼一楼小卖部买点零食嘎巴嘎巴嘴，呵呵。"

班里运动员40多人，来自各队，竞校每隔一段时间组织活动，什么小楷评比、查字典比赛、朗诵比赛，都少不了班长徐梦桃的身影。上课的日子是徐梦桃幸福快乐的时光，每年冬训结束都会抓紧时间把落下的课补上，初三期末考试，徐梦桃5科成绩均在90分以上，大红喜报挂在一楼大厅。竞校特等奖奖品是一床夏凉被。"现在我还留着呢。"她说。

郭亦农介绍："竞技体校办学方针是亦读亦训、科学训练；培养目标从成立初始的培养奥运会的后备力量演变为培养奥运会参赛人员，从原来的省体校水平提高到省专业队水平。对我们学生运动员来讲，又要学习又要出国际一流成绩，难度很大。同时，对体育教师出身的教练员也是很大挑战，竞技体校与南湖大院相比，训练条件有很大差距，最大的劣势是氛围和时间。我们在体育学院以教学为主的环境中，习惯了按教学规律来搞训练，整齐划一，方法多样，好看但不实用。教练员则要把握训练规律，训练场上要有魔鬼般的铁石心肠，生活中要有父母般的关心和爱护，这样才能使运动员承受常人无法承受的痛苦，超越极限，创造优异成绩。应该说，陈洪斌、杨忠杰等教练员实现了这种转变。"

徐梦桃光荣地被陈洪斌任命为训练队长，每天负责记录训练笔记。"在二龙山的时候，每天索道关闭之前，我一定要把贾宗洋、杨雨、全慧临、朱云、朱月她们几个拉上去，在半山腰来5组180度跳转，每组20个，回到驻地一看，每个人的小脸都吹成了高原红。"

徐梦桃当队长当得十分认真。有一次看到其他队伍在走廊练体能，她就集合起队伍，从走廊一端蛙跳过去，从另一端爬倒立回来。她说："来来回回整了10趟才觉得没吃亏，训练后每个人下楼腿都是软的，恨死我了，哈哈。"

陈洪斌和徐梦桃（右）在一次比赛中合影（陈洪斌/供图）

2002年底到2003年初的那个雪季，徐梦桃真切感受到了雪上项目的魅力。5点钟训练开始，大雪满山，太阳刚刚升起，群山落在脚下，显得空旷高远，徐梦桃明白了，自己在做真正喜欢的事。

"回到竞校夏训，周日陈老师如果不能带我们去北陵公园跑步，我们便可以睡每周唯一一个懒觉啦。睡醒后伸着懒腰，一边洗漱一边放一首潘玮柏的《我更想懂你》。美好的一天从逛街开始，那条充满人情味的早市，锅贴饼和手抓饼是我的最爱。北行的文具店，乐购的大头贴，小北的手机市场，好利来的冰粥，学校门口的小茶楼，浩森网吧，麻辣烫、荷叶炒饭和大西瓜，小卖店的冻果冻、冻巧克力奶、小丸子和公用电话，每个场景都那么美好。"徐梦桃的回忆充满感情，她说，如果说空中技巧成就了她的人生，那么沈阳体育学院竞技体校就是她扬帆启航、追梦逐梦的起点。

绕不开的水池训练，从学习游泳开始。徐梦桃穿上救生衣，腰上系一根绳子，陈洪斌在岸边拽住。徐梦桃形容"喝了一池子水"，终于学会了游泳。

雪板还是稀缺资源。徐梦桃和她的前辈一样，从库里挑拣旧板，选好之后把雪板后段锯掉，保留1.5米左右的长度，如果谁能挑到原长1.6米的"小贺"雪板，绝对如获至宝。

2005年在白清寨滑雪场，徐梦桃拿到运动员生涯中的第一个成年组冠军赛冠军。徐梦桃夺得冠军后想到的第一件事，是可以吃竞校25元标准的伙食了，真是令人高兴。

陈洪斌说："徐梦桃、贾宗洋、杨雨是第三梯队中的优秀运动员，后来她们都获得过世界杯冠军，经过几年训练，这批小运动员已见雏形。"

正是从2005年开始，徐梦桃的成绩突飞猛进，成为空中技巧项目最受关注的新人。"在白清寨滑雪场宿舍还没盖好的时候，学校每天用车接送我们去滑雪，日子过得格外充实，心里特

小时候的贾宗洋、徐梦桃、杨雨及队友（陈洪斌/供图）

别兴奋，我们自己家也有滑雪场了。后来宿舍竣工，6个女孩一个房间，都灵冬奥会的那个雪季，我住上铺，每天休息的时候疯狂背单词。"

2007年3月，徐梦桃第一次出国参加比赛，内心充盈着"自己动作难度大，站了就是金牌"的信念。只是17岁的她还没意识到，这句话对很多中国空中技巧选手来说，竟然是一句要在大赛中反复咀嚼的"谶语"。在瑞士举行的世青赛上，跃向空中的徐梦桃化身为一颗闪亮的新星，第一次感受到国歌因自己而奏响的激动，但她硬是没掉眼泪，"当时我心里想，这才哪儿到哪儿，以后到冬奥会得冠军时再哭。"

国际雪联官员向陈洪斌竖起了大拇指："陈，新队员，干得漂亮。"陈洪斌履行自己的承诺，带徐梦桃去买了一副高级雪板，"年轻运动员摸着了成绩，情绪调动

起跳——中国自由式滑雪空中技巧发展史记

徐梦桃（左）和陈洪斌（陈洪斌/供图）

上来，就会敢于吃苦，肯于吃苦，教练的工作也就好做了。我让徐梦桃出一半费用，不是我不给她拿那份钱，就为让她学会珍惜。"从那时开始，徐梦桃每年都惦记着陈老师的生日，陈洪斌身份证出生日期用的是阴历，有一年徐梦桃送一张老报纸作为礼物，细心地选定九月初四。陈洪斌感叹："我自己姑娘都做不到这样。"

在徐梦桃看来，正是有了这位"责任心极强，非常简朴，像父亲一样的"陈老师，她才拿到了更好的成绩，站上了更高的舞台，同时心底点燃了梦想的火花。

陈洪斌对徐梦桃说："我也快退休了，还有一个愿望没有实现，就是自己培养的运动员夺得冬奥会金牌。咱俩在一条船上，我也使劲划，你也使劲划，好好配合，争取2010年在加拿大温哥华冬奥会上，咱们实现目标，为国家、为这个项目争得荣誉。"

04 一定要赢国家队

翻开关于2003年十冬会的调研报告和比赛述评，均提到"牡丹江队"的长足进步——人员整齐，实力平均，训练刻苦，在国内比赛中对"长春队"构成威胁。两队的教练员、队员都出自沈阳体育学院，但到了赛场上，两支队伍打起两套旗号，各不相让。

十冬会自由式滑雪空中技巧项目，团体、规定、自选，男女总共设6枚金牌。因盐湖城冬奥会女子预赛23名选手中12人采用bLF和bFF，十冬会女子规定动作沿用这两个动作，男子规定动作为bFdF和bdFF，设立依据从实战出发。

李妮娜阴沟翻船，仅排名第六。原因来自非常难掌握的变量——滑行速度。由于两跳有时间间隔，气温、雪温不同，雪板摩擦力发生变化，加上风速，滑行速度太快或者不够，都会导致空中动作失控。运动员的失误，永远一环紧扣一环。

走上教练员岗位的纪冬，开始以全新视角审视与思考。几秒钟完成的动作，稍微有一点差错，就会前功尽弃。这要求教练员、运动员在平时的训练中，每一个细小环节都不能忽视。

徐囡囡走出了冬奥会失利的阴影，以舒展优美的空中姿态，稳如磐石的着陆，赢得女子规定动作、自选动作和团体赛3枚金牌。客串电视台记者的郭丹丹出现在徐囡囡面前，相拥时刻，流下两行热泪。两年前，两人还同住一间寝室，并肩作战，如今徐囡囡三金在手，郭丹丹则开始在全新领域打拼。

在真刀真枪的碰撞中，牡丹江、长春两家主管部门关于金牌"平均分配"的传言不攻自破。

郭心心记得她们在团体赛中"6跳站了5跳"却失去冠军的懊恼，欧晓涛则为未能包揽三金而耿耿于怀，"那时候还是年轻，反正特别生气。"男子规定动作比赛竞争非常激烈，邱森以1.6分的优势赢得冠军，欧晓涛屈居亚军，第三名是韩晓鹏。

进入新周期，欧晓涛驶入状态、水平提升的快车道。展望2006年的都灵，欧晓涛憋了一股劲，绝不让盐湖城的折戟沉沙再次发生。即便队友上升势头强劲，男选手中欧晓涛的头把交椅位置也难以被撼动。竞技场上，没有人是孤立的一环，他们在相互竞争中彼此成就，沈阳体育学院空中技巧的整体实力从"强"走向"更强"。

比赛结束了，郭丹丹跑上前去，向陈洪斌深深鞠了一躬。"回想当初，陈老师真是太辛苦了，为了我们付出了太多太多。"

彼时的陈洪斌，确实"辛苦"。先是头疼贾宗洋的调皮，在还不会跳台的时候，贾宗洋和一个队友从助滑坡往三周台上滑，比谁滑得高，结果那个孩子争强好胜，速度快了刹不住，一下冲出4米多高的台头，跌落到平台区疼得直打滚。陈洪斌在山底吓得赶紧往上爬，抱起来一看，还好没有大碍，贾宗洋吓得不敢吭气。

那是2003年的冬训。还是一夜的火车，目的地是黑龙江省牡丹江市，再搭长途小客车，半天路程，下午才到解放军雪上训练基地双峰滑雪场，此地后来以"雪乡"闻名。

上山乘坐把手式拖牵索道，贾宗洋一会儿把拖牵把手放在后背，一会儿放在后膝窝，偏不垫在屁股底下，弄得和他一起坐索道的队友很不舒服，你一嘴我一嘴地吵架。刚在山顶练了几个滑跳，贾宗洋的一支雪板又不知道飞丢到哪里了。一名队员总共才两副板，一副练习一副备用，最宝贵不过，气得陈洪斌狠狠批评了贾宗洋一顿："去山顶找，找不着别回来！"

太阳落山时，训练课结束，陈洪斌远远望见，山顶朦朦胧胧一个小黑点左右移动。上去一看，贾宗洋正在雪地里摸索，哭得鼻涕一把眼泪一把。陈洪斌心里暗笑，合计雪板飞落肯定会留下板印，果然发现踪迹，伸手向雪里一摸，碰到一个硬物，拽出来，贾宗洋瞬间欢呼起来。

"调皮归调皮，训练可是个宝贝。"陈洪斌还记得这拨孩子的雪上第一跳，"哪怕是一周台，但想想，飞起来翻个跟头落到雪坡上，也非常令人恐惧，谁先来？"

"我来跳！"

陈洪斌心头一热："好样的！好，老贾跳！"贾宗洋带头，全队顺利完成训练。从那天开始，这支队伍有了新的"欧晓涛"。每天最危险、最困难，摸索跳台角度、滑行速度的第一跳，由贾宗洋完成。11岁的小男孩，有了"老贾"的绰号，一直喊到今天。

更让陈洪斌觉得辛苦的，是应对质疑。随着时间推移，空中技巧开展国家减少。中国队最早的师傅日本队，因伤病问题队伍萎缩，好几年不见参赛运动员身影；意大利、法国等国家也撤销了队伍；世界杯从 AB 组赛制缩减为一个组；挪威女运动员尤德、瑞士女运动员布兰德等昔日名将，因膝关节伤病难以痊愈相继退役。

中国队同样面临困境。"成绩下降加上伤病增加，领导对我的执教水平产生怀疑，来自加拿大的达斯汀受聘担任国家队主教练，我们配合得不好。"陈洪斌直言，"在美国盐湖城进行水池训练时，外教让我负责全队训练录像和做饭工作，我说年轻教练员不会做饭，我做可以，但我也有队员需要指导，为什么单独让我录像，如果不缺教练员我回国。心里纠结，多少次想离开，但是苦于回原单位也无法向领导交代，只能暗暗提醒自己少说话多干活，坚持和克制。后期一线队一次出国训练比赛，我留在长春莲花山负责二线运动员训练工作。国家队比赛结束，我却被要求离开，杜绝我与国家队运动员见面，我的心被这个决定深深刺痛，那种孤独寂寞此前从未经历过。都灵冬奥会金牌让空中技巧发展之路更为宽广，徐囡囡、欧晓涛退役令我为之惋惜，但徐梦桃、贾宗洋的成长又让我感到欣慰，目标瞄准温哥华冬奥会的他俩，已露锋芒。"

转眼进入 2007 年冬训阶段，陈洪斌制订好计划，徐梦桃目标是温哥华争牌，雪上开三周动作势在必行。但突然下发的指令出乎意料：不许徐梦桃在陈洪斌的带领下跳三周动作。"与负责场地的一位老师几经交涉无果，但我心意已决——跳。这时体院竞校领导也来电话询问。"陈洪斌说，"我明白，徐梦桃要伤了，我就得卷铺盖回家，但跳与不跳的利弊必须要讲清楚，这是教练员的职责，风险必须由我承担。今年不开三周，晚一年将失去多少大赛机会？明年再上，时间太紧，后果是动作不稳定、不熟练、成功率低。今年的雪上训练，对空中和着陆感知能力的提高至关重要。你要是认为我是一名合格教练员的话，你应该支持我。"

对方回答说："这样，陈老师，那就跳，跳完马上给我打电话。"

陈洪斌一宿没睡踏实，早早起床，天刚蒙蒙亮就开始校准三周台角度，把着陆坡的雪全部翻软。一直忙活到 8 点多钟，工作人员和运动员陆续抵达场地，万事俱备。

想不到，起风了。一名男队员本来计划跳三周，陈洪斌原想以他为参照为徐梦桃调整速度，结果他迟迟未跳，一问，说"天气不好不跳了"。陈洪斌心里咯噔一下：怎么办？

"各级领导的指示在我脑海里浮现，我也害怕，也有压力。"陈洪斌和徐梦桃商量，要不今天不跳了，明天再说？"可桃桃说：'为了今天，这个星期我都睡不安稳，实在熬不下去了，别人都不跳，没事，我不怕，陈老师，我跳！'"

"何止她熬不下去，我的心也天天吊着。好，计划不变，跳！"陈洪斌为徐梦桃找准起滑点，动作是相对简单的 bLTT，后空翻直体一周接团身两周，但徐梦桃却要顶住压力第一次在雪上完成。全场运动员、教练员鸦雀无声，默默注视。起跳，空中翻腾动作准确，两跳着陆都是背部靠雪，不算成功，但总算安全结束。

陈洪斌长出一口气，徐梦桃走过来说："陈老师，我空中感觉非常清楚，让我再来一跳！"在满满的自信中，徐梦桃收获了完美的成功。

训练渐渐步入正轨，备战温哥华冬奥会进入冲刺阶段。陈洪斌笑谈："对外教的不满使我滋生了不正确的心理，就想在比赛中赢外教负责的国家队。"

2009 年 12 月 20 日，2009—2010 赛季国际雪联空中技巧世界杯长春站第二站，以 207.68 分成功加冕冠军的徐梦桃非常激动，这是她重伤之后复出的雪季，在她之前，膝盖韧带断裂的中国运动员，没人能达到这样的高度。

接着，男子比赛陷入胶着。韩晓鹏两跳结束暂列第一，接下来白俄罗斯名将安东·库什尼尔发挥更好，空中动作高飘完美，着陆稍有瑕疵，排名升至第一。

轮到齐广璞出场，"他的技术可以说是教科书版本，只要着陆成功，成绩不会差，我看了一下风标纹丝不动，发出下滑手势。"陈洪斌说，"齐广璞升到第一，贾宗洋最后一个起跳，赛后他对我说，陈老师我看齐广璞打了125分，不拼不行了。"

知贾宗洋者莫如陈洪斌，"他的特点是空中概念清楚，要赢就必须发挥优势。出发点上提，速度稍快，我向空中大喊，伸！伸！"贾宗洋两臂上举，增加身体半径，降低横轴的翻转速度，惊心动魄的旋转恰到好处，着陆稳稳成功，两跳253.77分，他赢得了自己的第一个世界杯冠军。

莲花山秣马厉兵。徐梦桃、贾宗洋、齐广璞，三位不到20岁的年轻人，即将和李妮娜、韩晓鹏、郭心心、刘忠庆一起出征，去见识冬奥赛场的变幻莫测。

05　别了，温哥华

从2006年到2010年，备战温哥华冬奥会的四年时间里，李妮娜目标明确，彻底拿下3.900难度系数的bdFdF动作。

说来容易做来难。2006年夏天，李妮娜在疼痛的煎熬中度过整个水池训练季。腰伤严重的她，每次入水之后，连上岸都需鼓足勇气，只能咬牙硬挺。

到了2007—2008赛季，这个3.900的难度动作，李妮娜在雪上做起来也是惊险连连。至少有两次，转一半不转了，人在半空中，面朝下掉了下去。李妮娜做好防冲击姿势强行着陆，所幸没受大伤，爬起来拍拍雪，第二天继续。

据国家队统计数据，李妮娜在那个雪季bdFdF动作跳了5次，成功2次。

但和对手甚至队友相比，李妮娜动作组合的难度系数没有优势。郭心心两个动作难度系数达到7.850，成功率在50%左右。澳大利亚老将杰基·库珀在两站中国世界杯比赛中，动作与郭心心相同，bFFF和bLFF成功率高达100%，无人能及。所以，当时的国家队备战策略，除了冲击难度动作、提高动作质量和成功率等"老生常谈"外，又加上重要一条——想保是保不住的，必须去攻、去冲、去拼。

那段时间，李妮娜常常通过博客记录一些训练动态和心路历程，回看已成珍贵资料。"2008年8月，国家队在美国夏训，第二天还有训练，北京奥运会开幕式未能看全，但震撼和自豪留在心底。"当时的李妮娜可能不会想到，在中国向体育强国迈进的路上，自由式滑雪空中技巧教练员、运动员和所有中国冰雪人一起，在中国体育新的历史坐标中开始拥有更重要的位置。她为之赞叹的鸟巢体育场，见证了2008年的奥运荣光后，还将在多年以后，迎来一场世界奥林匹克冰雪盛宴的开幕。

一年后的夏训，全队转赴加拿大魁北克。水池世界杯赛制独特，决赛中依据排序，两两对战淘汰，想拿冠军，除了预赛的两跳之外，还要在决赛中拿出4跳高难度动作，相当考验能力。

男子比赛令人惊喜，中国队老兵小将齐上阵，挤掉全部对手，开始"内战"。冠军争夺战在贾宗洋和吴超之间展开，在体能消耗极大的情况下，两人选择同样的动作，打算以质量决胜负。裁判似乎很难抉择，最终决定，再决一跳。

比赛掀起高潮，吴超选择拿手动作，贾宗洋则要跳一个从未做过的新难度动作。最后的排名是贾宗洋、吴超、李科、刘忠庆、齐广璞。陈洪斌很欣慰："贾宗洋成功完成了最高技术难度动作bdFFdF，直体后空翻转体720度接直体后空翻转体360度接直体后空翻转体720度，成为中国男选手第一人。"

女子比赛前几名被三周台选手包揽：徐梦桃、赵姗姗、代爽飞、郭心心。国家队中资历最浅的徐梦桃，以一跳直体后空翻接直体后空翻转体720度接直体后空翻转体360度收获冠军，那是女选手当时的最高难度动作bLdFF。陈洪斌记得，国家队按摩师忙不过来，不管多晚，徐梦桃每天训练后50分钟的放松按摩都由他来做。一次跳水训练，落水时雪板脱落，水池深达4米，徐梦桃潜不下去。9月气候渐凉，陈洪斌脱下外套，跳入水中，"多年不游泳，年龄又大，被冷水一激，有点喘不过气。"

就这样，经历了与伤病的对抗、与自己的战斗、与队友的竞争之后，中国自由式滑雪空中技巧运动员又一次踏上冬奥赛场。在冬奥会来临时，李妮娜迎来了身心状态的全面复苏，在最后的备战中，她用肌肉护住了腰椎，用难度武装了自己，用稳定赢得了自信。

温哥华冬奥会继续沿用两跳得分相加赛制，预赛取前12名进入决赛。

即便久经沙场，站在预赛起滑点上，紧张感还是难以避免地袭来。因为练习重点都放在3.900的bdFdF和3.525的bdFF，预赛要做另一个难度系数3.525的

起跳——中国自由式滑雪空中技巧发展史记

bFdF。平时练得很少，这让李妮娜异常忐忑，甚至紧张到出现干呕症状，努力压抑也控制不了，李妮娜赶紧向担任起点教练员的体能教练牛雪松求助，要水喝下去。结果，她 bFdF 比 bdFF 跳得还好，李妮娜和郭心心、徐梦桃、程爽一起，全员进入决赛。

决赛在夜晚浓重的雾气中进行，两跳动作，以总得分排名。李妮娜又出现干呕症状，好在早有经验，提前偷偷备好一瓶水。"事后跟纪冬教练说起这段，他说我把大家都骗了，看起来全场我最淡定。"

这是因为，决赛当天李妮娜状态非常好，从训练到比赛没有失误，全部成功。第一跳 bdFF 无懈可击，得到 99.40 分。"第一跳比完，我信心爆棚，真想立刻上去把 bdFdF 做了。但是看队友的发挥和对手的情况，教练组安排战术，决定我最后是否使用'3.90'。"

第二跳就要开始，教练组还未告知决定。李妮娜有点着急，不断用对讲机询问。"纪冬教练终于让我到他身边，跟我说，如果在我前面出发的两个中国队女孩都成功了，我就做 bdFdF，有一个不成功，我就降难度，保一枚奖牌。"

对当时的李妮娜来说，温哥华就是最后一战。"我没想过 2014 年还会站在冬奥赛场上，所以不希望留下遗憾。"李妮娜的想法是"把所有的能耐都使出来，做 bdFdF"！

李妮娜和纪冬讨价还价，"我说我的状态非常好，让我做一定能成功。"纪冬报以赞许目光，然后说："那这样，她俩有一个成功了，你就做。"

决赛第二轮按照第一轮成绩逆序出发，排在李妮娜前面的是程爽和郭心心，后面是徐梦桃，李妮娜默默为队友祝福。郭心心以空中姿态优美、落地纹丝不动的一跳结束了冬奥征程，bLFF 动作得到 106.40 分，但她第一跳动作 bFFF

铜牌同样是对郭心心顽强拼搏最好的奖赏
（视觉中国／供图）

落地稍有失误，得到 98.82 分。四年前都灵冬奥会上，郭心心在距离冠军最近的地方跌倒，笑着说自己还会再来。四年后，她把铜牌挂在胸前时笑中带泪："希望温哥华能记住郭心心的名字。"

轮到李妮娜出场了。"我在心里告诉自己，李妮娜，今天就算翻不过来，也不能向后倒，一定要顶住，拼了！"然后，就有了那么完美的一跳，连续的 720 度转体，李妮娜头脑清晰，准确判断落地时机，"打开起落架"，摆正方位，平稳着陆。

李妮娜说："那一刻真的很享受，落地的一刹那，突然头脑中像过电影一样开始回放。从最初到现在，从弱小到强大。我的眼泪开始止不住地流，我觉得一身轻松，无愧于心，无憾于己。"

澳大利亚选手拉西拉斜刺里杀出。第一跳拿出 bLdFF，106.25 分；第二跳降低难度，bLFF 完成得相当出色，空中动作分数极高。她的总成绩 214.74 分，力压李妮娜的 207.23 分。

中国队还有机会，第一跳用 bFFF 收获 108.74 分的徐梦桃第二跳最后一个出场，难度系数 4.175 的 bLdFF 动作，站住了就是金牌。结果在一片惊叹声中，她落地失误，仅得到 82.87 分。陈洪斌事后回忆："这个动作徐梦桃从开始练习到比赛使用还不到一年时间，还不成熟，稳定性不高，当然成功与失败都无可厚非，用与不用这个动作的决定权在外教手里。事后分析，如果不用这个难度动作，而成功使用

李妮娜（左）、拉西拉（中）、郭心心（右）（视觉中国／供图）

后浪推前浪 | 161

bLFF 的话，获得奖牌应该没有问题，如果完成得无可挑剔，甚至有可能获得金牌，事实是徐梦桃获得了第六名。"

男子赛场同样泪水与汗水交织。自由式滑雪空中技巧冬奥会无卫冕冠军，这句"魔咒"在预赛时便提前应验。预赛中，韩晓鹏第一跳使用了难度系数为 4.425 的 bFdFF，落地稍有瑕疵，得到 111.95 分。第二跳的动作是 4.175 的 bLdFF 动作，结果落地时摔倒，仅得到 80.57 分，这样他的总成绩为 192.52 分，排在第 21 位，无缘决赛。韩晓鹏泪洒混合采访区，并非全为失利而懊恼，更像一场深情道别，泪水浓缩了他 15 年运动生涯的酸甜苦辣。

刘忠庆获得温哥华冬奥会自由式滑雪空中技巧男子项目铜牌（视觉中国/供图）

决赛中，我们记住了刘忠庆成功后的振臂高呼；在他之前，还有贾宗洋的功亏一篑。"贾宗洋预赛第一，决赛时决定由外教指挥，我说外教知道贾宗洋动作的滑行速度吗？被告知，多少速度告诉外教，你不用管了。"电视转播镜头里，能看到陈洪斌站在拦网外的非指挥区里，表情严肃，"决赛第一跳 4.425 的 bFdFF，贾宗洋得到 119.47 分；第二跳顶风加大，我了解贾宗洋技术特点，空中感觉好，不怕高和快，就怕速度不够。我着急提醒，head wind（顶风）！head wind！起滑点应该往上，但是外教未予理会。"

贾宗洋起跳前的滑行时速 67.29 公里，"按我的要求，慢了两公里，最后着陆动作不完整，难度系数 4.525 的 bdFFF 得到 118.10 分，获得第六名。"陈洪斌说，"温哥华冬奥会是我国家队教练员生涯的终点，奥运金牌是竞技体育人永远的追求，也是我的遗憾！"

徐威从 2002 年 9 月开始担任沈阳体院竞技体校校长，任期横跨都灵、温哥华两届冬奥会。"2010年，女队的实力更上一层楼，动作最好，配置最到位，郭心心、徐梦桃两个人冲，李妮娜一个人保，非常平衡，结果没拿着，哎呀……"徐威长叹一声，"我自己感觉，还是输在了细节上。"

不过，8名选手7人闯入决赛，中国自由式滑雪空中技巧集团优势明显，可空中技巧的特殊性却在于，参加决赛的人数再多，终归也是运动员自己和自己的较量。

回到女子决赛那天，李妮娜、郭心心、程爽、徐梦桃结束检查回到驻地，已是凌晨2点多钟，任洪国等在公寓门口，"姑娘们，你们尽力了，都是好样的，四年之后再来。"

一句话让大家的眼泪瞬间决堤。郭心心说，她和李妮娜的泪水最多，四年之后，我们会在哪里呢？

是啊，人生的四年似乎很短，空中技巧运动员的四年，却因艰苦的训练和无情的伤病，显得无比漫长。

「迈步从头越」

01 好像有预感一样

参加 2005 年 9 月澳大利亚站世界杯的欧晓涛"特立独行",他是唯一一个从两周台起跳的男选手。重伤一年之后,欧晓涛重回赛场,在 30 多名男选手当中,成绩倒数第一。

之前夏季水池练习,欧晓涛的恢复更为艰难。先从一周台起步,不加转体,最简单的直体空翻。腿伸不直,关节粘连疼痛难忍,在巨大的心理阴影下,从一周台慢慢过渡到两周台。在此过程中,欧晓涛好像把自己十几年自由式滑雪空中技巧的训练经历重新体验了一遍,开始内心害怕、动作生疏,然后为身体、技术、心理取得的点滴进步而欣喜,完全像个初学者。

一年前,欧晓涛是站在什平德莱鲁夫姆林滑雪场最高领奖台上的那个人,那是具有历史意义的夺冠,中国第一块空中技巧世界杯男子金牌,挂在欧晓涛胸前。"我拿世界杯冠军是在 2004 年 3 月的捷克站。那时只要是世界杯比赛,我两跳成功基本锁定前三名,状态非常稳定,个人目标瞄准 2006 年都灵冬奥会。"

意外比明天来得更快。2004 年 8 月,长春举行的一次水池跳台比赛,欧晓涛在滑行过程中遭遇不测。

欧晓涛回忆,长春水池跳台的下滑材料太脆,以他的滑行习惯,两腿分得稍宽,从两周台助滑坡到过渡区,就要上台起跳时,右脚雪板突然插进出现断裂的下滑材料,可能是角度的原因,脱离器没开,高速滑行中的欧晓涛以极大惯性向前冲去,他的左腿狠狠撞上跳台。

去北医三院检查,医生对欧晓涛说,别想冬奥会了。核磁共振的结果出来,欧晓涛没想到腿伤如此严重——左膝内、外副韧带,前交叉韧带全部折断,关节囊、半月板也有问题,外加两处撕裂性骨折,一个左膝共有七处伤。做完手术,医生又说,伤太重了,内外侧副韧带都乱套了,以后能正常走路、不影响正常生活就算好了,冬奥会就别想了。

　　手术成功了,欧晓涛却从状态的高峰跌落。2004年的冬天,欧晓涛在白清寨滑雪场从零开始,"那时也没有康复教练,走路还一瘸一拐呢,为了保持体能,一个人开始滑雪、慢跑。"欧晓涛满脑子想的都是一件事——冬奥会不能放弃。

　　在那个时间段,受伤的运动员不只欧晓涛自己。整个2004年,12名国家队员中,有6人在训练中严重受伤,其中5人住院手术治疗,都灵冬奥会的备战工作被笼罩上一层伤病阴影。吴志海教练在他的一篇《空中技巧安全问题研究》中,对18名当时中国现役优秀男女运动员进行了全面调查,从结果看,因严重受伤影响正常训练达半年以上者高达11人,膝伤发生率竟然是100%。

　　说来无奈,高危险性是自由式滑雪空中技巧与生俱来的标签。冲击冬奥会金牌,不断加大训练强度与比赛频度在当时是必然选择,对运动员来说,自然意味着要承受极高的受伤危险。

　　距离出征冬奥会还有一个多月,以赛代练,美国盐湖城站世界杯。比赛那天风特别大,风向来回变化,比赛顺延到男子项目时已经是晚上6点多。俄罗斯最优秀的运动员、获得过世锦赛冠军的迪米特里起跳后被突来的阵风弄得失去控制,空翻很高,落得很远,摔成骨折,直接被直升机送去医院。轮到欧晓涛跳时,起滑时明明还好,滑行过程中一阵顶风。完了,速度太慢,欧晓涛使劲转体,结果落下时直接趴在着陆坡上。回过神来,一看大屏幕才50多分。所有人都说,不能再比了,太危险。

　　重上赛场获得足够冬奥会积分之前的经历,欧晓涛一言以蔽之:"腿疼,水肿,练的过程中挺遭罪。"2006年1月,队伍进入最后备战阶段,在长春莲花山训练中,欧晓涛落地一个寸劲,左腿膝关节下面胫骨位置,腿里固定的钢钉支了出来。医生说,重做手术,恐怕赶不上冬奥会。欧晓涛二话没说,忍住钢钉在皮下刺扎皮肉的疼,挺着去了都灵。

　　"受伤之后,我似乎被宣判了死刑。甚至国家队聘请的体能教练辛迪也说,你冬奥会希望不大。我的想法很简单,参赛就是胜利。想不到,冬奥会前几站世界杯，我比得挺好，结果心态产生变化，总是感觉，自己正常发挥的话，应该能获得好成绩吧。到了都灵之后，心思变得更重。更关键的是，种种原因，没让陈老师跟队，少了一个听我倾诉和开导我的人。"欧晓涛叹息说，"预赛开始前，我已经感到了疲劳，整个人状态不好，预赛时出现严重失误，其实和技术没有太大关系。"

欧晓涛的个人经历在某种程度上佐证了心理专家的看法，空中技巧运动员的赛时表现与技术发挥受外部因素影响很大，运动员所承受的心理压力尤其值得关注，特别是顶尖运动员，他们的技术早已过硬，但高手之间对决，拼的就是细节。

欧晓涛说，空中技巧项目，技术大于体能，最后又落到对心理的把控，看谁的心理状态把控得好，谁在比赛中控制能力更强。"比如跑步，如果你拥有绝对实力，心理素质再不好，只要按照技术动作要求执行，名次也不会出现太大问题。空中技巧不一样，你训练得再好，在比赛中心理负担过重，可能第一轮就会失误出局。所以说，进入决赛的运动员都有可能拿第一名，这句话不信不行。"

都灵冬奥会上，欧晓涛便可惜地成为"第一轮失误出局"的那个。多年之后，熟悉、了解当年那支空中技巧队伍的沈阳体育学院老师，都会提上一句："其实当时最有希望冲击冬奥会金牌的，应该是欧晓涛。"

2006年的都灵冬奥会，在男子预赛中惨遭淘汰的高手不止欧晓涛一人。预赛排在第15至第17位三名美国选手，个个身手不凡：乔·帕克是2002年盐湖城冬奥会银牌得主；莱恩·圣翁奇在美国选拔赛上获得过240.93分的高分；长野冬奥会冠军埃里克·伯格斯特还曾拿下1999年世锦赛冠军和2002年世界杯总积分冠军；被淘汰的还有加拿大选手杰夫·比恩，他是2002年盐湖城冬奥会第四名和2005年世锦赛亚军。更别忘了卫冕冠军阿莱斯·瓦伦塔，这位第一个成功做出五周转体动作的捷克名将，在着陆环节折戟沉沙。

女子预赛共有23名选手，出现着陆失败的多达11人，具有冲金实力的澳大利亚选手莉迪亚·拉西拉不仅落地彻底失败，还摔断了膝盖韧带。

还有1974年出生的阿丽莎·坎普琳，在盐湖城冬奥会上，一直练习体操、19岁才开始空中技巧训练的她，成为澳大利亚历史上第一个夺得冬奥会金牌的女运动员。但在2006年都灵冬奥会之前的16个月中，阿丽莎·坎普琳经历了两次前交叉韧带断裂，如此压力之下，依旧赢得一枚铜牌。还有一事不得不提，

2011年，阿丽莎·坎普琳刚出生十天的儿子因先天性心脏病夭折，她在赛场之外遭遇的打击，比伤病的侵袭有过之无不及。

"我一直打心底相信，无论你身处何处，总会有更好的生活在另一边等你。"走出艰难，现在的阿丽莎·坎普琳已是两个孩子的妈妈，经营着自己的公司，还在澳大利亚体育基金会中担任要职，她的话应该会在空中技巧运动员中产生共鸣，"我并不期盼生活会一帆风顺，人生中总有各种跌宕起伏，我把挑战视为学习和成长的方式。"

是啊，没人能一直胜利，挑战自我的勇气无可匹敌。别忘了盖蒂，全场难度最低却落地失败、两支雪板都摔飞的男选手，收获最热烈的掌声。站在都灵赛场的盖蒂，已经44岁"高龄"，1994年空中技巧成为冬奥会正式比赛项目时，已过巅峰期的盖蒂，在美国队中很难找到位置。为了冬奥会的梦想，盖蒂加入阿根廷籍。都灵冬奥会的口号是"激情在这里燃烧"，站在赛场上的盖蒂，激情正燃。

李妮娜、徐囡囡、郭心心、王姣、欧晓涛、韩晓鹏、邱森，他们的身上，同样潜藏着与他们的年龄不相称的忍耐与决心。他们和其他自由式滑雪空中技巧运动员展现出来的拼搏精神、优秀意志品质和坚定信念，是冬奥会留下的宝贵财富。

运动员从跳台跃起，到着陆坡落地，只有几秒；而十几年辛苦训练，成也几秒，败也只几秒。"唉，那次受伤对我打击最大，可以说完全改变了我的运动生涯。"现在回想决定自己命运的那个瞬间，欧晓涛依旧有不真切的感觉，"其实那年夏天我在沈阳体育学院水池跳水练得特别好，通知说要去长春比赛，我说干吗呀，咱们练得好好的，一去一回，适应场地得耽误好多天时间。特别是备战2002年冬奥会那个周期，有一名男运动员就在那块场地摔伤致残，影响特别不好。我心里挺排斥，特别不愿意去，但是没有办法，结果到了长春，我第一跳就直接摔在了台上。"

欧晓涛一声叹息，自己的那次受伤，感觉好像有预感似的。

❷ 昏迷八十八天

"那是2001年7月的事情，当时他也是国家集训队的队员。备战2002年冬奥会，领导压力大，我们教练员的压力也大，还有队员，同样感受着压力。长春的那个场地啊，真是说来话长。"谈到这个话题，杨尔绮的语气明显沉重起来。

2001年7月18日到20日，一场夏季水池邀请赛在长春师范学院的水池跳台举行。这是全国性的空中技巧水池跳台比赛第一次在长春举行，国内各支队伍悉数参加，张永和教练带领哈尔滨队也在现场，目睹了事故的发生。

在张永和的印象中，那名运动员从三周台出发下滑，经过过渡区上台起跳之前，最后的动作有点儿下蹲，腿没支撑住，等于坐着飞了出去，结果直上直下落下来，后脑部位磕到台头，脸朝下拍在水里。实际上，那是因为助滑坡和跳台之间的过渡区过急，那名运动员在滑行过程中重心偏移，结果先撞上跳台，后脑扫上跳台内沿，弹起来落入水中。

"我那时和队员在水池这边，沈阳体育学院的教练员和运动员在水池那边，那名运动员落到水里的位置贴近他们。纪冬还有谁，第一时间跳下去营救，我在这边一个劲儿地喊，把他脸先翻过来，把他脸先翻过来！"张永和说，现场所有人的心都提到了嗓子眼，杨尔绮教练在水池边急得连连跺脚。

其实在比赛前，杨尔绮从沈阳去长春检查场地时，已经和其他教练员发现问题并提出质疑。除了场地认证环节，还感觉下滑材料太硬。教练员的意见是，认为不适合举行比赛。但落成典礼等情况赶到了一起，比赛变成箭在弦上不得不发。

"哎呀，好多因素在里面，反正场地必须要启用。"杨尔绮连连慨叹，"还有动作使用上，为了备战2002年冬奥会，那次比赛的规定动作难度定得挺高，基本上是当时最高难度了，464、264什么的。场地是第一次启用，又用那么高的难度动作，运动员心理负担很重。"杨尔绮说的464、264，是指男子三周台主流动作，难度系数4.425的bFdFF和难度系数4.175的bLdFF，韩晓鹏2006年都灵冬奥会夺冠，用的就是这两跳动作。

去长春适应场地，杨尔绮放心不下，早上5点多钟起来，找了一根长绳，一头系在跳台最顶端的栏杆上，另一头绑在自己腰上。"我担心队员受伤，顺着三周台场地，从顶上向下撤着走，我去捡那上面遗留的钉子，总共捡出来一捧啊！"

甚至在比赛的那天早晨，一个队员还找到杨尔绮，"杨老师啊，这场地能比赛吗？咱们跟领导说一说吧，别比了吧。"但比赛已经敲定，即使运动员、教练员心里面都有顾虑。

时隔多年，这件事情仍然被杨尔绮放在心里。"还有，运动员的保护措施当时也不到位，有的孩子用的雪板，还是长雪板锯短的呢，雪板弹性各个方面都不好。另外还有头盔的问题，如果那名运动员的头盔特别好的话，也不至于受那么重的伤。真应该认真总结，好好吸取教训，因为自由式滑雪空中技巧是重点项目，今后还要大力发展，绝对不能再发生这种事情，所以有必要说一说。"

说起来，长春修建的这座水池跳台，尽管年份稍晚，但仍以沈阳体育学院水池跳台的图纸为蓝本，并没有根本性的改进。甚至，沈阳体育学院1997年竣工的那座正规水池跳台，因为不够标准，也有迫不得已"返工"的经历。

沈阳体育学院的水池跳台，问题出在水池不够大。刚开始训练时陈洪斌便发现，运动员两周动作入水的位置有些靠近池边。"不行，这样跳三周的话，抛物线更高，入水点与池边的距离肯定更近。"陈洪斌记得，为了这个问题，付出了欧晓涛耽误一年三周台训练时间的代价，后来没有办法，领导决定把水池底边砸开延长了几米，经过扩建之后，男运动员才得以向高难动作冲击，但不改造的话，真的容易出事。

吴志海在一篇论文中专门论述过中国夏季水池跳台场地的安全问题。通过调查发现，运动员认为在助滑过程中，起跳之前最不好控制的地方，就是助滑道与跳台的过渡区。无论是沈阳跳台还是长春跳台，在这个地方，运动员都会感觉很急，甚至还有晃动。但美国、加拿大水池跳台的设计，助滑道是凹下去的，滑行快到过渡区时，随着坡度的减小，反而会感觉相对稳定。还有长春水池跳台三周台助滑道两侧没有护栏，运动员会感觉没有安全感。相反，美国、加拿大的水池跳台场地，每条滑道都是单独的，且两侧都有护栏。再有，他们的场地大多顺着山坡修建，从上向下望去，不会感觉落差很大，水池还是椭圆形的，不像我们水池一边深，而是中间深边缘浅，从几何学的角度讲，这样的设计更科学更安全。但我们的场地是平地建起的高楼，人站在高处，心理压力无疑会陡然而生。

文章中重点提到，美国和加拿大的跳台做工精细、过渡圆滑，运动员滑行过程非常稳。

我们的跳台让人感觉表面很粗糙，有的地方甚至有高低不平的感觉，从运动员的感受出发，高速滑行中哪怕有一点点颠簸，都就会让人惴惴不安。

甚至，水质也是安全隐患，我们水池里的水浑浊不清，每年都有运动员因此得中耳炎。我们的队员在这样的条件下训练，能在世界大赛上摘金夺银，可以说克服了常人难以想象的困难。

困难可以克服，生命却必须珍视。当时国家队领队丁振平是事件的亲历者，他回忆："我原本身体非常好，可那名运动员受伤那天，我感觉自己的心脏有些承受不住，晚上不吃药都不行。队里的运动员随时可能死亡，那是一种什么心情？"

当时运动员的父母正从抚顺赶往长春，丁振平在医院拍板："救命是第一位的，这个字我来签！"抢救持续了一天一宿，过程中丁振平把运动员的父母请到旁边，对他们说："医生讲的是可能死亡，这样的病例以前没有救过来的，但医生说的是普通人的情况，你们的儿子是训练有素的运动员，身体素质非常好，奇迹有可能出现，希望你们坚强，你们这个时候要倒了，将来孩子醒过来，谁来照顾他？"

比赛结束，丁振平在长春待了一段时间，会同国家体育总局人事司负责运动员保险的工作人员进行赔付。丁振平讲："回北京之后，我每天都打电话询问情况，后来带队伍去澳大利亚参加世界杯比赛，终于来了消息，孩子醒了，我那时特别激动，孩子的生命终于保住了啊！"

屈指一算，那名运动员昏迷了整整两个月零28天。

自由式滑雪空中技巧的技术特点，"难度"当头。这么有难度的项目，不出现伤病确实不太可能，更何况冬奥会的前一年，正是突击难度的时候。后来2007年第6届亚冬会，张贵敏院长去吉林督战，在空中技巧赛场，一位沈阳女记者跟随张贵敏采访，一边看比赛，张贵敏一边介绍情况，说到伤病，说到运动员腿里的固定钢钉，眼前就是现场，看着运动员们起跳、空翻、落地，女记者哭了。

张贵敏回忆，2005年左右，国家体育总局，黑龙江、吉林有关方面，以及沈阳体育学院与运动员家长就赔偿达成了一致。张贵敏说："从学校角度，确实想真心实意解决问题，孩子练这个项目出了事故，其他运动员无疑会产生很大的心理压力，如果解决不好，岂不是让人心寒？"

丁振平讲，那名运动员的受伤对项目发展是有一定冲击的，"当时有家长要把孩子带回去，说这么危险，不敢练了，产生了恐惧感。我们做工作，做家长的工作，做运动员的工作，然后出台一些措施，参赛方面、训练方面、安全防护方面，慢慢地一步一步走出阴影。咱们自己家也有孩子，和这些运动员朝夕相处，发生这样的事情，真是心痛。更重要的是，今后不能让这样的心痛再次发生。"

直到现在，这件事情依旧被定义为国内自由式滑雪空中技巧最严重的受伤事故。丁振平说："前事不忘，后事之师。后来我一直关注空中技巧项目的各方面报道，但好像没有人提起这段，这是不应该的。"

其实了解自由式滑雪空中技巧的人，都知道"那名运动员"的名字，但这里还是将其隐去。据知道他近况的人说，其生活已经能够自理。往者已矣，来者可追，祝愿他未来一切都好。

03 选择了危险并爱上了它

从电视转播里，能清楚地听见纪冬在大喊："快加！快加！收腿！"

2014年2月14日，索契，自由式滑雪空中技巧女子决赛。李妮娜的最后一跳，难度系数3.900的bdFdF进入第二周，李妮娜发现速度不够，转得有些吃力，尽管已经及时向上调整，仍无法扭转局面。那一幕大家都看在眼里，李妮娜重重摔在着陆坡上，至少半分钟无法动弹，教练员、队医赶紧冲上去，帮她解开滑雪板，又缓了一会儿，她才慢慢起身。

这个两周台极限动作，李妮娜在索契冬奥会之前一共跳了6次，在国内跳了4次成功1次，赛前训练时试跳过两次成功1次。决赛轮的这一跳，可以说并无把握。中国队教练员纪冬赛后复盘，李妮娜如果降低难度，肯定会稳一些，结果可能获得第二名或第三名，但这种成绩对她已无太多意义。决赛中的四名选手，茨佩尔、徐梦桃、拉西拉、李妮娜，她们都不需要用银牌和铜牌来证明自己，她们要去挑战竞技生涯的最高峰。

其实，2枚冬奥会银牌，3枚世锦赛金牌，早已成为李妮娜作为世界顶尖自由式滑雪空中技巧女子选手的最好注释。更何况，她原本不应该出现在2014年的冬奥赛场上。温哥华冬奥会后退役，李妮娜在北京体育大学的课堂里度过了两年时光，直到 2012 年，空中技巧的冬奥会决赛赛制做出重大改变，从两跳得分相加，变成三轮递进，每轮一跳定乾坤，等于对选手的稳定性要求更高，这让以"发挥稳定"著称的李妮娜似乎有了更多夺金的可能。

复出，并不简单。2012 年 5 月，重新归队的李妮娜开始恢复训练。力量练习令久疏战阵的李妮娜浑身酸痛，早上起床都需要挣扎思考。在随后的一次检测中，除了平衡性过关，力量和体能都不及格。李妮娜说："那时真的体会到了，什么叫心有余力不足。"

接着，她从水池跳台训练逐渐找回感觉，冬训时去了内蒙古的阿尔山。"对我来说，已经错过了两年备战期，想赶快把所有的能力都恢复、都拿出来，心里才有底。心里急，在身体还没有具备这种能力的时候，去做了难度动作。"李妮娜说的是 2013 年 2 月 3 日，天气不好，各方面条件都不允许上难度动作，但李妮娜还是做了。"bdFdF，落地时没翻转过来。后来在索契好歹还翻过去了，那次没翻过去。"李妮娜说，落地的时候，听见自己腿"砰"的一声。

趴在着陆坡上，李妮娜在心里一直安慰自己，没事没事，应该没事。

诊断结果是李妮娜右腿前交叉韧带断裂。像此前受伤时一样，李妮娜淡然处之，既然如此，就去治疗、康复，开解自己。2013 年 2 月 7 日，春节的前两天，李妮娜在北京做了韧带重建手术，她没有告诉家人关于受伤的任何事情，因为想让他们过个好年。此时，距离索契冬奥会还有一年时间。

李妮娜后来说："我们这个项目，虽然没有对抗性，但危险性较强，空中动作和落地的时机掌握，都要靠运动员自己，纯粹看个人能力。怎么说呢，练这个项目的，都知道自己可能会有那一天，像士兵要上战场，避免不了受伤。"

交叉韧带断裂这种伤，普通人可以把恢复时间放长。但李妮娜的目标不同，做完手术，再去康复，恢复动作，重返赛场，必须在一年时间里完成。李妮娜回忆，开始康复的时候，右腿勾不上来，必须拖着走，她在人生中第一次知道，原来走路还是要用力的。

"冬奥会前还能不能恢复，能不能继续扛起责任，其实对我来说，那时都已经是未知数。只能先康复再说，别的再慢慢去想。"话是如此，李妮娜不但在 6 个月之后回到训练场，更是站到了索契冬奥会赛场上，等待最后一跳。有的人用成绩创造历史，有的人站上赛场就是历史。

冠军属于 34 岁的白俄罗斯选手茨佩尔，难度系数 4.050 的 bFFF 动作，她之前的成功记录只有一次，茨佩尔把最高质量的一跳放在了最关键的时刻。温哥华冬奥会后，茨佩尔退役结婚生子，索契是她的第五届冬奥会比赛，98.01 分，她攀上竞技生涯巅峰。

拉西拉早已决定，只要进入决赛最后一轮，就一定要用 4.425 的 bFdFF。空中姿态已经做到最好，落地出现较大失误。空中技巧冬奥会无卫冕冠军这句"谶语"，在拉西拉身上再次应验。但是，一个失败的女子最高难度动作，同样能体现出赛场上"超越"两个字的真谛，超越对手，更要超越自我。

还有使用难度系数 4.175 动作的徐梦桃。当大屏幕依次显示四名选手的动作难度时，现场发出一阵惊呼，四个人都无所畏惧地使出看家本领。同样值得注意的是，决赛名单中，只有李妮娜一位两周台选手。

李妮娜说："我从小到大练的都是两周台，三周台完全是另一个领域。就像你一直开的是小汽车，然后突然让你去开公交车，可能根本不知道该怎么转弯。后来好多人说，你最后就应该拼一下，就应该上三周，实际上根本没有可能。"

这种不同周数跳台的重新适应，非常不易，后来孔凡钰深有体会。平昌冬奥会的备战周期，一次落地失控，孔凡钰左腿膝关节后交叉韧带断裂，内侧副韧带撕裂，软骨二度损伤。不想错过大赛，孔凡钰选择保守治疗，但再跳三周台已无可能。虽然两周台比三周台难度低一些，但在技术动作运用时差别很大，相当于要在距离平昌冬奥会不到一年的时间里开始新的动作训练。孔凡钰的感慨是，虽然很难，但无论多难绝不放弃。

索契的气温一直保持在 3 摄氏度到 7 摄氏度之间，跳台难以定型，赛道上雪温时时变化，从训练到比赛，寻找准确速度成为不小的挑战。决赛开始前的热身，李妮娜也遇到了麻烦：第一个动作落地时头盔摔坏。李妮娜戴上队友的头盔，但是尺码不合适，凑合戴着跳了一个热身动作，落地时挡住视线，很危险，赶紧换回自己的头盔，找教练员用胶布把坏掉的地方粘住。

决赛阶段的前两跳，李妮娜认为那是她整个冬天发挥最好的两跳。bFdF，90.24 分，排在第四位进入前八；bdFF，89.53 分，排在第三位进入前四。分数略低，但只要进入决赛就有希望再进一步。这时，天气发生了变化，风停了，经过沟通李妮娜调整了起滑位置。下滑时好像一切正常，可是一上台，李妮娜知道不妙，速度不够，脚下没用上力。

在空中，李妮娜听到纪冬教练提示快转快转，但是高度差得太多，腿已经拧得夹不住，空间不够，还是摔了。落地的一刹那，一阵酸痛从双腿袭来，李妮娜根本不敢动，只能举手向教练员示意。被队医搀扶站起，李妮娜觉得还可以自己走。于是有了那一幕，李妮娜挥手致意，微笑融化了冬奥雪场，那是奥林匹克精神中很容易被忽视的一面——乐观、热爱与追求。

李妮娜在索契冬奥会的最后一摔，右腿韧带伤情复发。坐着轮椅回国，住进了上次那间病房，面对同一个主刀医生，李妮娜在一年前做手术的北医三院"故地重游"。手术进行得很顺利，整个过程只有一个半小时，李妮娜甚至觉得，修复之后的右腿，甚至没有上次那么疼。主治医生崔国庆教授为李妮娜解开了疑惑，他在手术中发现，这次李妮娜的韧带并未全部断裂，不用进行整体修复，将撕裂部分缝合就好。

术后的李妮娜遇到了好多熟人，队友张鑫进行双腿髌骨、软骨和半月板的修复，手术后的张鑫双腿都打上了护具，行动不便。两人病房相邻，李妮娜经常挂着双拐来张鑫这边"串门"。除了自由式滑雪空中技巧运动员，北医三院还会聚了很多冬奥选手，手术部位从手臂到腰、腿、脚踝，好像身体各个关节都有"维修"需要。之前训练任务繁重、比赛任务艰巨，运动员常年积累的旧伤，只能修修补补"常规保养"。大赛结束，运动员终于有时间"大保养"，集中进行手术治疗和康复，已成惯例。

2014年时，李妮娜31岁，康复训练结束，到了该正式退役的时候。那也是李妮娜运动生涯中的最后一次手术，本来是高兴的事情，可不知为什么竟然有些惆怅。

冠军只有一个，有些经历却值得回忆一生。46.02分的得分，是李妮娜在赛场的最后成绩，随着她摘下面罩，告别自己运动生涯时的微笑定格。李妮娜还留下了如此具有哲理的话："我在选择这个项目的同时，也选择了它的危险、意外和寂寞，我已经习惯并爱上了它。"

④ 消失的四年

丁振平记得他担任自由式滑雪空中技巧国家队领队的时候,每个赛季结束,会让队医统计运动员当年出现伤病的情况。丁振平用一项数据举例说明,所有的运动员,全部摔出过脑震荡,一名运动员一个赛季最多出现过四次脑震荡的情况,一次、两次的运动员更多,其他肌肉扭伤、韧带拉伤更是家常便饭,甚至骨折,在运动员身上也时有发生。

关于"骨折",贾宗洋至今保持着中国自由式滑雪空中技巧队的一个"纪录"。2018年平昌冬奥会时,李妮娜在微博上发出一张照片,那是贾宗洋左小腿手术后的样子。两块长长的钢板上,22颗钢钉"密密麻麻"。李妮娜的配文是"没有人能随随便便成功",一图一文,为贾宗洋的银牌镀了层金色。

冬奥会四年一个轮回。贾宗洋刚刚将名次从2010年温哥华冬奥会的第六名提升到2014年索契冬奥会的季军,正是提升难度再攀高峰之时,2015年训练中一次意外突如其来,他的胫骨粉碎性骨折,腓骨断裂,内侧踝关节断裂。三处重伤让他从高峰跌入低谷。

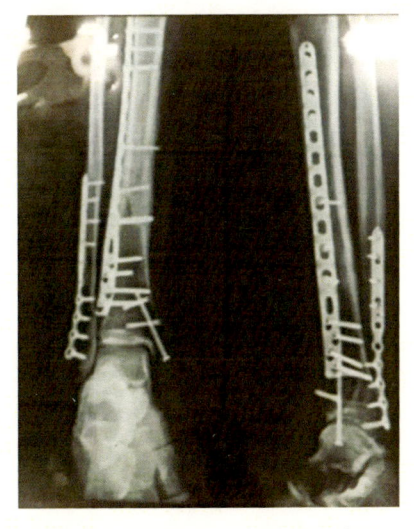

贾宗洋伤腿的X光片(沈阳体育学院／供图)

胫骨和腓骨位置接近,先做腓骨的话,缝合会有障碍。贾宗洋的手术分成三次,先做胫骨,隔一星期,再做腓骨和内踝。8个月之后,再做手术时,腿伤给医生出了一个难题,钢板位置不好下,为了避开以后穿雪鞋用力的部位,一个打在了侧面,一个打在了胫骨肌肉的内侧。手术中贾宗洋经历的痛苦、艰辛和煎熬可想而知。

最后取出来21颗钢钉,医生告诉贾宗洋还剩一个,因为当初拧得太紧,螺丝口花了。当然还可以取出来,但需要把骨头扩开,贾宗洋不想再费周折了,决

迈步从头越

定留到腿里当个纪念。

腿伤已经足够痛苦，接下来的康复阶段更是难熬。简单的动作，天天做，重复做，上强度做，枯燥感非常强烈。不抛弃，不放弃，说来容易做来难。

整个康复过程，对贾宗洋来说，就像体育馆那幅标语——"拼自己"
（沈阳体育学院 / 供图）

2016年8月，贾宗洋刚刚恢复水池跳台训练不久，又出现新的问题。小腿骨上方出现裂缝，医生警告他，必须立即停止高强度训练，不然可能就此结束运动生涯。面对伤病有不同的办法，做不了的动作不硬来，学会和伤病妥协也是一种战术和技巧。重新康复之后，那年冬天的雪上训练，贾宗洋享受到了练一天休息一天的"特权"。

直到2017年冬天，贾宗洋的雪上训练才重新步入正轨。当贾宗洋在河北崇礼进行的2017—2018赛季国际雪联自由式滑雪空中技巧世界杯上一举拿下3枚金牌时，距离上一次夺得国际比赛奖牌，他已经在国际赛场整整消失了四年。

所以，平昌冬奥会的银牌，与冠军微弱的差距看似遗憾巨大，但对贾宗洋来说，0.46分更像一种战胜自己的褒奖。他的话发自肺腑："没有中国队这么团结的队伍，没有每个人付出的心血，我不可能站上奥运赛场。感谢团队，没有他们就没有现在的我。"

"贾宗洋那次重伤手术后不久就到我办公室来了，自己走上来的，你可得知道，他那胫骨折了两段，腿里大铁板这么长。"刘大可一边比量一边讲，"刀口还红着呢，没拆线呢，一条腿刷白，另一条腿通红，红的腿就是受伤的腿。"贾宗洋说："牛老师让我练，我就练呗。"

刘大可接着讲，贾宗洋回医院复查，自己打车去的，医院大夫一看，问："你干啥来了？""复查啊。"大夫说："那你还复查啥，你自己走上楼来的？伤筋动骨一百天，别人都是打着石膏，坐着轮椅来的。回去吧，没见过你这样的。"

牛雪松，就是刘大可口中的"牛老师"。备战北京冬奥会，已经是牛雪松作为空中技巧国家队体能教练的第四个冬奥周期，他说："为受伤的运动员搭建起通往健康和成功的阶梯，通过我的专业能力和全力以赴，帮助他们康复并实现梦想，是我人生价值的体现。"刘大可说："科研保障非常重要，结合项目训练规律，牛雪松对专项康复研究透彻，运动员对他特别信任。"

国家队出征平昌冬奥会之前，最后的备战训练在沈阳体育学院白清寨滑雪场进行。"学校非常关注，临出征之前，先发奖金鼓励，包括代表长春的齐广璞、代表黑龙江的刘忠庆，人人有份。他们从小在体院训练，从体院本科毕业，和自己孩子一样，我们不拿他们当国内比赛的竞争对手。"刘大可记得，那个冬天的备战，沈阳体院把白清寨的一个雪具大厅改造成了体能馆，现买的设备，下了大力气。

那个雪季的训练，刘大可全都看在眼里。黑龙江队显得有些着急，周航和贾宗洋、齐广璞三人水平相当，是黑龙江队主力，结果受伤了，女队员孔凡钰也受伤了。刘大可说："没有不想上冬奥会的运动员，全额参加是4男4女，想进名单，要和队友竞争，和自己竞争，更要和伤病竞争。"

孔凡钰的伤挺重，左腿膝关节后交叉韧带断裂、内侧副韧带撕裂让她只能退而求其次采用两周台动作。又过了四年，孔凡钰在北京冬奥会上重回三周台。遭

起跳——中国自由式滑雪空中技巧发展史记

带伤出战的张鑫获得一枚银牌（视觉中国/供图）

遇伤病，战胜伤病，周而复始，运动员对这样的转换似乎习以为常。

空中技巧的运动员，几乎个个带伤。贾宗洋、徐梦桃自不必提。平昌冬奥会的自由式滑雪空中技巧决赛，刘大可就在现场，比赛无比惊险，张鑫适应训练时没飞出去，一下磕在台子边上了。"当时我想，这可坏了，还能比吗？张鑫参加冬奥会之前，每天以康复为主，平时训练，开始前做一个多小时的准备活动，结束后再做一个多小时的整理活动，跳台动作也非常简单，就为了保护双腿。"刘大可为张鑫感到高兴，她在平昌拿银牌的那个动作，平时都没跳过，训练都没用过，上去就这一下，成功了。

男子决赛更加跌宕起伏。在三轮令人窒息的对决中，29岁的乌克兰选手阿布拉门科笑到了最后。在他的职业生涯中，这竟然是第二次获得世界冠军，此前唯一一次冠军经历，还停留在2015年的世界杯白俄罗斯分站赛。

贾宗洋与阿布拉门科的交集从2010年开始。但贾宗洋年少成名，以温哥华冬奥会预赛第一的身份冲入决赛，一时为人瞩目。阿布拉门科则在空中技巧男子赛场上名不见经传，2002年开始练习空中技巧项目，从2005年开始参加世界比赛，始终被不理想的成绩困扰。2006年的都灵冬奥会，他在预赛中仰面朝天摔在着陆坡上，第27名；2010年的温哥华冬奥会，失误动作和四年前如出一辙，第24名；2014年的索契冬奥会，阿布拉门科才破天荒进了冬奥会决赛，拿到第6名。

在受伤的时间线上，阿布拉门科遭遇重伤是在2016年，他的膝盖半月板断裂、膝关节交叉韧带以及小腿横韧带撕裂。他的回归之路也不平坦，每一分世界杯积分都拿得十分艰难。直到2018年1月19日，自由式滑雪空中技巧世界杯美国站比赛，一个关键的亚军，阿布拉门科才把平昌冬奥会入场券攥在手中，这时距离冬奥会开幕只剩20天，可谓生死时速。

甚至在平昌冬奥会赛场，阿布拉门科同样一波三折，资格赛跳满两次，第二轮才跻身决赛。但，进了决赛的阿布拉门科判若两人，三跳成绩稳定，无一失误。12 进 9 的环节中，齐广璞、刘忠庆、贾宗洋分列第 1、8、9 位；在 9 进 6 的过程中，齐广璞、刘忠庆被淘汰。

决赛的最后一跳，阿布拉门科和贾宗洋动作都是 4.525 的 bFFdF。贾宗洋最后落地下蹲程度略深，去掉无效分之后，贾宗洋空中动作高出 0.1 分，着陆动作输了 0.2 分，最后得分 28.3，乘以难度系数，128.05 分。

胜固欣然，败亦欢喜。能站上冬奥赛场，已是最大成就。

贾宗洋着陆成功后挥拳庆祝（视觉中国／供图）

与金牌擦肩而过，让贾宗洋更能细细回味自己的顽强归来，还有对手阿布拉门科的执着坚守。贾宗洋说，比赛就是这样，没有什么公平和不公平。是啊，走出伤病，走上赛场，已经是他们争取来的最大的公平。

四年一次的比赛，和一年一次的比赛绝对不同。从心理上，从观念上，都能清晰地感受到紧张和压迫。听到"冬奥会"三个字，使命感便会油然而生。贾宗洋说，那种使命感催人奋进。

还有不甘、热爱、抗争……每一位选择与伤病战斗的运动员都有自己为之付出的理由。不确定是否还会摔倒，但确定的是，下一次腾空，要比上一次更接近完美。四年时间的准备，只为那空中几秒钟的跳跃。

05 这件事翻篇儿

2010 年温哥华冬奥会后，郭心心正式提出退役申请。好多人劝她说，这么好的状态，心理、年龄、技术，仍在巅峰，再坚持一届，冠军仍有希望。

郭心心对这样的建议一概予以拒绝。不练了，不是待遇的问题。站上冬奥会领奖台的梦想已经实现，在没有任何伤病、光鲜的时候转身，多好。

沈阳体育学院的领导找郭心心谈话，她态度依旧坚决。郭心心说，不是获得奖牌之后"拿一把"，她向领导详细分析原因："第一，我是三周台选手，始终都在扮演'冲'的角色，并非不可或缺；第二，徐梦桃上来了，比我小10岁，从技术上看，徐梦桃现在可能不如我，四年之后，也许用不了四年，两年之后，徐梦桃会超过我们所有人；第三，在身体状况和体能方面，我继续发展难度的潜能已不具备，发展不了难度，意味着与奖牌距离越来越远。"

郭心心打开天窗说亮话："如果真问能不能干，其实我还能再干一届。我也知道自己那时正在巅峰，但我不想压制别人，更想换种生活方式。"

后来到了2013年，郭心心的工作关系才在沈阳体育学院正式落户，"之前领导还觉得我能归队参加2014年冬奥会。"退役没多久的郭心心，已经进入新角色。担任竞技体校副校长的孟春媛打电话："心心，你干吗呢？"

"我说，挺好的，没事儿啊。孟校长说，那你来带队啊。我问，带哪个队？孟校长说，自由式滑雪空中技巧队啊。"

郭心心一声惊呼："我的天啊！"

接手沈阳体育学院竞技体校自由式滑雪空中技巧青年队，说好以临时帮忙的形式，结果郭心心上任之后第一件事，便开始精简队伍。腿部力量太差的、动作太僵硬的、空中感觉不到位的，都在离队之列。郭心心大刀阔斧，只剩下五六名队员，"砍"得领导有些受不了，"这都是我们好不容易招来的学生啊。"

郭心心跟领导说："让我带队，就请相信我，别等将来练不出来，耽误了这些孩子。"

经过后续招生，那支队伍里走出了邵琪、杨龙啸、李伯颜、杨仁龙，成长为在国家队中能站住脚的运动员。刘大可深有感触，一拨运动员之后，下一拨"接不上捻儿"，这是竞技体育项目中常有的事。沈阳体育学院空中技巧新老交替做得好，一直走到今天，梯队建设不仅是成功的人才培养模式，更是宝贵的精神传承。

欧晓涛在国家队教练员的岗位上，对此很有体会："与空中技巧项目起步时的艰苦相比，现在各方面条件得到巨大改善，但我觉得，艰苦奋斗的精神仍然不可或缺。我从运动员成长为国家队教练员，始终受陈老师的敬业、奉献、吃苦耐劳的精神感染，这种传承，对我个人成长，对项目发展，意义重大。"

当上了教练员，郭心心还保持着运动员时的那股"狠劲"。据说连竞校夏季项目的运动员都知道，雪上项目的郭老师最厉害。不仅训练狠，生活管理上也狠。郭心心说，纪律搞好了，队员们思想统一，做好训练，水到渠成。

孟春媛分析，现在的运动员"上得快"，与现在教练员多为高水平运动员退役后转型有关。能用自己亲身经历言传身教，节省了运动员的摸索时间。孟春媛的感受，是作为旁观者渐渐体会到的。"还记得徐囡囡担任教练那段时间，一次水池跳台训练时，囡囡指导全慧临，动作失败后，囡囡有点生气，问你看到板尖没？全慧临摇头。囡囡说，看不到板尖转什么转，上一个动作还没转到位置，做下一个动作干吗？重新把技术要领讲清楚，全慧临的第二跳完成得很漂亮。"

郭心心带三线队，最苦恼的事情是"运动员不好招"。郭心心说她挑选运动员，除了看身高、手掌、跟腱、身材比例，更要看孩子的眼睛。眼是心中之苗，这个项目说到底拼的是头脑。地方教练员送来"苗子"，郭心心要保证，留下便不能退回，这是对孩子的承诺，对家长的承诺，更是对基层教练员的承诺。

刘大可也说，这个项目风险太大，要求选材必须少而精，保证成材率。得益于国家的投入保障，空中技巧人才储备大幅增长。刘大可前两年去看水池赛，感到形势和以前完全不同，队伍多了，基础厚了，能跳水的运动员有八九十人，水平提高很快。刘大可感叹，刚刚训练两三年的小孩，能完成过去四五年都完成不了的动作，现在很多训练单位都打破了固有人才培养模式。

从当教练员那天起，郭心心给自己提了一个要求。运动员为什么要练，怎么练，练完之后能得到什么，必须讲清楚，让运动员有激情，有奋斗的目标。郭心心的队员，大的18岁，小的10岁。郭心心说："项目有危险性，不允许教练员有丝毫放松；项目有危险性，更不允许运动员使蛮劲练，必须讲究方式方法。想上学，有上学的练法；想成为奥运冠军，有成为奥运冠军的练法。不是千篇一律，但有一点相同，想成为一名优秀运动员，一定要有超强的抗压能力！"

后来有一次带队去秦皇岛训练基地夏训，纪冬对郭心心的到来热情欢迎。"哎呀，心心当教练啦！"

"是啊，现在我也可以像你一样，大喊大叫批评运动员了。"

"哈哈哈，对对对！"

其实在当运动员的时候，郭心心在训练中不用和纪冬教练过多交流。郭心心最重视的是细节,一套动作下来,教练员拍拍后背安慰一下,或者整理整理雪板,扑扑身上的雪,会让运动员心里特别平静。

但这次,郭心心一直在想 2006 年都灵冬奥会上的最后一跳,如鲠在喉,不吐不快。能看明白动作的人都知道,那不就是慢了嘛,都问为啥不上一步。找一起吃饭的机会,郭心心终于鼓起勇气,"教练,有一层窗户纸,咱们今天必须捅破,这件事情在我心里放了很多年,对我来说非常重要。如果我不挑破,你不挑破,永远是一个疙瘩。"

"在那个节骨眼上,我问你需不需要上一步的时候,你为什么没同意?"

"呃,我怕你起跳'甩'了。"纪冬的回答让郭心心当时好不激动,"我跳 bFFF 这么多年,什么时候'甩'过?""甩了"在自由式滑雪空中技巧教练员和运动员的言语体系里,意思是起跳失控。

代爽飞在旁边拦住郭心心:"你说话注意点,这是教练。""教练怎么了,你知道这个事情憋了我多少年?"回忆那天的情况,郭心心记得,"经过了短时间的沉默之后,我教练说,心心,教练当时错了。"

郭心心得到了自己需要的答案,这事翻篇儿了:"来,咱们喝一杯。"不甘、热爱、抗争,一代一代空中技巧教练员和运动员,就这样在成长的过程中,成为更坚强的自己。

这是竞技体育的残酷之处,同样也是它充满魅力的原因。参加冬奥会的心路历程有时会在运动员的人生中长久地发挥效力。

张鑫的记忆中,当她还是一名"小将"时,2004 年却因为伤病遗憾错过了年轻队员应该参加的世青赛。一转眼,等到她第一次站上冬奥赛场,已经年近三十,好像刚出道就被称为"老将"。2014 年的索契冬奥会,大家记住了徐梦桃,不舍李妮娜,张鑫也不应被人遗忘。屈膝、起跳、疼痛难忍,冰袋是她的另一个朋友。甚至四年后也是一样,33 岁的张鑫吃着止痛片完赛,成为体能教练牛雪松口中那个"国内膝关节软骨和半月板重度损伤后唯一能重返赛场并取得优异成绩的运动员"。2018 年的平昌冬奥会,和徐梦桃一样,张鑫也在赛后流下热泪,有失望和遗憾,更有结束奥运征程后的不舍。2022 年 2 月 2 日,大年初一,张鑫在社交平台上写道:"四年前的今天,以运动员的身份在平昌收获一枚冬奥会银牌;四年后的今天,以国内技术官员的身份参与北京冬奥会。新年的第一天预祝中国队圆梦北京。"再过十几天,她的祝愿变成了现实。

还记得北京冬奥会倒计时1000天,在冰雪项目国家集训队誓师大会上,纪冬代表获得"雪上先锋"称号的自由式滑雪空中技巧国家队表态时,说出了肺腑之言:"我作为运动员没参加过冬奥会,2006年以教练员的身份第一次参加冬奥会,北京冬奥会将是我参加的第五届冬奥会,回顾过去的四届冬奥会,百感交集。"

一如纪冬所说,中国自由式滑雪空中技巧人经常自嘲,"与金牌失之交臂""与金牌擦肩而过",类似的描述很多。但这些经历,对空中技巧人更是一种鞭策。2022年,空中技巧在中国开展的第33个年头,夺金,我们有这样的底气,有这样的力量。

「新的征程」

01 自己和自己对话

有一种说法，自由式滑雪空中技巧运动员，好像都去过北京大学第三医院，甚至有人几进几出，这份病历的主人公便是如此。

徐梦桃，女，自由式滑雪空中技巧国家队运动员。2007 年 12 月 12 日，在内蒙古阿尔山全国锦标赛比赛着陆时，因空中动作失误，导致右膝关节外翻扭伤，当时自述右膝内侧疼痛。右膝屈 30 度外翻试验开口感明显，前抽屉试验（+），拉赫曼试验（+），肢体远端血运正常，运动神经正常。即刻做加压包扎、冰敷、抬高患肢等处理。次日到北医三院做了 MRI 检查，并由田得祥教授诊治，诊断结果为（1）右膝 ACL 断裂，（2）MCL 不完全断裂。给予屈膝 30 度固定 4 周，待 MCL 修复。2008 年 1 月 10 日行关节镜下自体股薄肌、半腱肌肌腱 ACL 重建术。

所谓前抽屉试验、拉赫曼试验，都用于检查患者胫骨向前是否有过度活动，"阳性"说明患者的膝关节前交叉韧带或者后交叉韧带一定出现损伤。MRI，即磁共振成像。ACL，前交叉韧带；MCL，膝关节内侧副韧带。后面加上"断裂"二字，结果可想而知。这些普通人眼中陌生的运动医学专业词汇，在徐梦桃眼中却有久病成医的熟悉感。

2008 年，18 岁的徐梦桃一个人咽下辛酸。做完手术，一个人挂着拐慢慢蹭着走，一个小时才能到食堂，吃完饭再用一个小时蹭回病房。

战胜伤病，是一名优秀运动员的必修课程。奥运圣火在"鸟巢"点燃后的第三天，伴随着关节积液带来的疼痛，徐梦桃的夏季跳台专项训练艰难重启，目标瞄准2010年温哥华冬奥会。事实上，这次恢复期长达7个月的伤病，在徐梦桃的运动生涯中，只是一个"见面礼"。对一名十年经历4次大手术，每次都要逼迫自己重回竞技状态高峰的运动员来说，心理建设远比身体恢复要来得艰难。

徐梦桃温哥华的最后一跳在遗憾中结束，新闻中播出对空中技巧队领队丁振平的采访："徐梦桃真的很不容易，这么快就能康复回到赛场，腿里还有两颗钉子……"电视机前的徐梦桃父母一时不知所措，万万没想到，竟以这种方式，第一次知道女儿受伤的消息。

在温哥华塞普里斯山滑雪场的那场决赛中，20岁的徐梦桃跳三周台还不到两年，bLdFF在雪上跳的次数不超过10次。第一跳后排名首位，第二跳最后登场。金牌似乎很近，却又那么遥远。

四年之后，相似的一幕再次上演。2014年2月14日，预赛在北京时间晚上9点45开始，鞍山市铁东区的"老徐肉串"店里灯火通明，十几平方米的地方，人挤得满满的。"我出去透口气"，徐梦桃第一跳失误，徐学君赶紧起身离开。路灯下，老徐的神情紧张而牵挂。

事实上，2014年索契冬奥会前突如其来的颈椎间盘突出，为徐梦桃的状态蒙上阴影，她在床上躺了近一周，然后断续歇了一个月，依然没见好。受伤之前，她参加世界杯从没下过领奖台；受伤之后，她必须重新树立信心，调整状态，靠着过硬的技术和咬牙的精神，才一路磕磕绊绊到了决赛。

索契和北京相差5个小时，决赛来了，远在6000公里之外的鞍山已是凌晨。徐学君和妻子王凤丽紧张地注视着电视机屏幕，女儿的最后一个动作与四年前相同，直体后空翻一周接后空翻一周同时转体两周接后空翻一周同时转体一周。徐梦桃在夜空中高高跃起，身体敏捷地完成了旋转，雪板着陆的一刹那，重心稍稍偏离，整个人就要向后倒去。

就在几分钟前，李妮娜在做两周台最高难度动作时失误，重重摔在着陆坡上。拉西拉挑战难度系数为4.425的动作，也没有成功落地。

"站住，站住啊！哎呀！"在小店里人们的呐喊声中，徐梦桃没有像四年前一样摔倒，但是为了平衡身体，她的左手向后扶了雪面，这个动作折损了不少落地分。电视屏幕上，徐梦桃紧绷着面孔，等待分数的公布。小店在沉寂片刻后，传出了欢笑声。

看到自己超过了拉西拉，却没追上茨佩尔，徐梦桃和李妮娜紧紧拥抱在一起。在泪水中，24 岁的徐梦桃又成长了。

最后一次重伤，发生在 2016 年 1 月，新疆，第 13 届全国冬运会的自由式滑雪空中技巧女子决赛。沈阳体育学院竞校校长刘大可和竞训科科长潘瑜华一起站在雪坡上观看比赛，眼见徐梦桃狠狠摔了出去。凡事往好的方面想，潘瑜华说："我看好像没什么问题，徐梦桃是先落地，然后才摔倒。"

潘瑜华分析："因为徐梦桃的预赛轮也是落地不稳，所以决赛轮她对落地要得太狠了，她要是能站住，冠军肯定跑不了。"最后徐梦桃只获得第五名，几位前来观摩比赛的沈阳体育学院老师连连感叹："这比赛看得真是揪心。"

虽然嘴上说"没什么问题"，但等张鑫稳稳落地，冠军到手后，潘瑜华马上拿出手机询问徐梦桃的伤情。稍晚一些消息传来——"核磁共振的诊断结果不太好，显示韧带受伤。"

冠军丢了，腿也伤了，但徐梦桃还"有心"发了一条朋友圈：

> 打开手机，竟有 300 多条微信，谢谢大家的关心。我现在正搭着 120 顺风车去医院检查，除了腿有点儿疼，其他并无大碍……最后恭喜张鑫收获一枚珍贵的金牌！

没有无缘无故的受伤。据徐梦桃回忆，其实从 2015 年 8 月开始，她已经感觉不好。那段时间她的最大问题是精神状态跌入谷底，以前搭建的信心逐渐消失，然后只能一直挣扎。在徐梦桃的职业生涯中，从未遭遇那么长时间的心理疲劳期。以前遇到低谷状态，通过调整，或用比赛刺激，两个月就能突破。可这次，徐梦桃用上十八般武艺，跟教练员聊，跟心理医生聊，自己上网查，每次努力之后的结果都是失望，只能非常痛苦地选择坚持。

四年一次的冬运会也许是破壁良机。第一轮，徐梦桃倒数第二位出场，她使用 bLTF，滑行和腾空都不错，不过第二周的姿态不够好，着陆失败，凭借 3.500 的难度系数拿到 65.45 分，排名第四，涉险晋级。第二轮的动作难度加大，难度系数 3.800 的 bLFF，很可惜，空中高度不够，转体非常仓促，着陆后直接摔倒。

按照徐梦桃的计划，在冬运会结束后本来也要进行调整，只是没有想到以这种方式进行——左膝前交叉韧带撕裂、内侧副韧带扭伤、内侧半月板后角变性、多发骨挫伤、关节积液，左腿半月板被切除了一大部分，腿里又留下了两根钢钉。术后 3 个月，徐梦桃再度归零。"我问自己，你还练不练？不练，等做完手术康复就退役；练，就要做好面对伤病、恢复心理状态的困难准备。"

秦皇岛训练基地田径场下面的健身房内，徐梦桃跟随体能教练牛雪松一天两练。早上 8 点半开始，12 点结束；下午 2 点半开始，6 点半结束。卧室、训练馆、食堂、理疗，生活四点一线。徐梦桃每天准备四件上衣，因为不一会儿就会湿透。接受理疗，她觉得像一只实验室里的小白鼠。队里开玩笑，如果谁能承受住电极片最高强度，这台八万块钱的设备就送谁了，徐梦桃是第一个承受强度达到 999 的女队员。

2016 年 8 月底，专项训练开始恢复。腿伤不允许徐梦桃每天都跳，跳两天，歇一天，膝盖特别疼。每一天的难度都在提高，这是心理和能力的双重考验。

"10 月 7 日队内测试赛，我准备第一跳时紧张得牙齿打战。我只能大声跟自己说：'徐梦桃，你行的！'动作完成后，简直要激动落泪。不论以前取得过什么样的成绩，我现在只是一个从零开始的新人。"

左膝手术后的 9 个月零 10 天，徐梦桃在阿尔山重启雪上跳台训练。2016 年 12 月中旬，徐梦桃在北大壶世界杯上实现复出后首秀，预赛排名第二，决赛第一轮排名第三，最终她顶住压力，以稳定的发挥获得赛季首金。

徐梦桃说，当害怕或不敢跳时，内心往往有两个声音，一个说你不行，一个说你很强大，然后看谁战胜谁。最好的解决方法就是与自己对话："这个动作你一定行，因为之前用这个动作拿了无数的冠军，你很擅长，加油！"

信心的瓦解可能在瞬间发生，但重建的过程一定很长，而且方法只有一个——自己解救自己。

转眼又是四年，当徐梦桃带着腿里的两颗钢钉摔倒、流泪的时候，她的父母就坐在平昌冬奥会空中技巧赛场的看台上，夫妻俩在寒风中焦急地拿起手机，哽咽着询问徐梦桃的具体位置，心愿只有一个，希望能赶快给她一个拥抱。

哪怕冲金的希望刚刚在平昌凤凰雪上公园的冰天雪地里破碎，但只要还没放弃,梦想便会依旧完整。一个四年接着一个四年。2018年的徐梦桃说:"先做手术,把腿里的钉子取出来,做完手术康复再说。"2022年的徐梦桃说:"感谢自己没有放弃,选择了梦想和热爱,走出低谷,继续前行,为了梦想而坚持和努力,是一件非常幸福的事。"

是啊,世上所有的坚持,不都是因为热爱么?

02 三十而"励"

32岁的徐梦桃,最好的年龄,最好的状态。起跳、腾空、转体、落地,动作干净利落,一气呵成。108.61分!"在家门口,我终于赢了!"夺冠后声嘶力竭的呐喊,情不自禁流下的热泪,成为北京冬奥会上最让人难忘的瞬间。

从2018年到2022年,这样的场景,徐梦桃曾经想象过上百次、上千次甚至无数次。在想象变成现实前,四年里的每一天,徐梦桃都在"比赛"。

2018年2月16日,平昌,自由式滑雪空中技巧女子决赛。徐梦桃第二轮被淘汰后泣不成声。面对镜头,话语断断续续:"我都说了,这届不要眼泪……全力去拼了,但是太慢了,太慢了……"

徐梦桃的泪水还在流淌,平昌的终极较量已经开始。两位白俄罗斯选手,茨佩尔的bFFF未能成功,胡斯科娃使用难度系数3.800的bLFF,手略撑地,得到96.14分。张鑫则完美演绎两周台的主流难度动作bFdF,难度系数3.525,稳稳落地,拿到95.52分。

银牌与金牌,只有0.62分之差。四年时光,不管熬过了多少痛苦,获得过多少荣耀,都抵不过奥运金牌的触不可及。这么说,绝不是我们的运动员只有"金牌意识",恰恰相反,勇夺第一,是竞技体育精神的魅力所在。胸前印有"中国"两个大字,运动员燃起金牌梦想,正是"拼搏"的应有之义。

梦想虽然再次遗落,但她们必定还会追寻。

平昌摔了,徐梦桃反而放松下来。之前徐梦桃一句"拿不了金牌就退役",把自己逼上绝路。心情平复后,徐梦桃对退役说"不"。

每个人都应该有梦想,它是一种不可思议的力量。不甘心,不服输,退役为时尚早，再等四年，从伤病手中争夺机会。徐梦桃说："参加冬奥会，我一直是那个'拼'金牌的姑娘，为祖国拼金牌，是使命也是荣誉！付出再多汗水、泪水都值得，没有放豪言，只有再出征的决心！"

这是一个很艰难的决定。新的奥运周期，伤病、恢复、训练、比赛，周而复始，徐梦桃必须面对年龄增长、竞技状态可能下滑，以及术后康复等不确定因素，更必须做好最充分的心理建设。

徐梦桃和自己又聊了一遍，你要不要回来，如果选择继续练，就没有退路。受伤之前那种状态的低谷依然会有，要面对的困难只多不少，你要坚持吗？最后，徐梦桃的内心给出答案——走下去，坚持。

2018年3月14日，手术。左腿内侧60%的半月板被切除后，徐梦桃重新投入漫长的伤病恢复期。在徐梦桃的运动生涯里，时间给她带来伤病与年龄增长的同时，也赋予她更平稳的心态和更坚定的决心。梦想、信念、自律，这是徐梦桃眼中的三大冠军要素，在北京冬奥会周期，它们集于一身。

手术后不到4个月，徐梦桃回到秦皇岛，艰苦的夏训开始。空中技巧队11月从秦皇岛转场至阿尔山进行雪上训练，一个月后徐梦桃成功回到两周台，完成了难度系数达到3.525的bFdF。其实平昌的灰色记忆并未远去，但在徐梦桃看来，正是那次"真正意义上的重大失败"，让她变得洒脱，"冬奥会我摔个第九，我还怕啥？"

回到队伍，从两周台动作开始恢复，调整期的2019年竟然迎来好状态。世界杯分站赛个人冠军达到25次，第五次捧起世界杯年度总冠军奖杯；赛季末的世锦赛上，不仅再获一枚单项铜牌，还摘得混合团体赛银牌，徐梦桃的军功章又多了几枚。2019—2020赛季，徐梦桃重上三周台，虽然没能再度捧得总冠军奖杯"水晶球"，但随着三周台成功率的复苏，她的内心也在磨砺中更加强大，竞技实力和状态在坚持中渐渐提升。

体能训练，咬牙去顶；水池训练，接近实战；雪上训练，巩固动作。空中技巧的训练周期极有规律，每年从4月到6月中旬，运动员进行陆上基础辅助练习和体能训练，在冬季训练和赛季到来之前，水池训练无疑是提升难度的关键阶段。该较劲的时候必须较劲，2020年10月，在秦皇岛训练基地，一场实战演练的水池挑战赛，徐梦桃在比赛中高质量完成bFdFF这个女子最高难度动作，按照最新规则计算，难度系数达到了 4.690，她的信心彻底归来。

日历翻到 2021 年的 12 月，距离北京冬奥会开幕仅有两个月，芬兰鲁卡，自由式滑雪空中技巧世界杯。阔别国际赛场许久，不少外国队员纷纷打起招呼："桃桃！"两年没比国际赛事，昔日对手相见，依旧惺惺相惜。

比赛好像还是平昌的感觉，在最渴望的时候摔了跟头。资格赛排名第一、决赛首轮名列第二的徐梦桃落地失败，最终排名第六。摔了也是好事，之后轻装上阵。北京冬奥会前六站世界杯，徐梦桃单项 2 金 1 银 1 铜，打破了澳大利亚名将库珀的纪录，凭借 27 个世界杯冠军，成为历史第一人，获得了前所未有的成就。有人问徐梦桃："你有没有觉得自己是天才？"徐梦桃说："我没有感觉，我是努力型的运动员。日复一日，年复一年。"

北京冬奥会到来前，徐梦桃做好了绽放的准备。可是，主场作战与金牌不能提前画上等号。自由式滑雪空中技巧，更无主场优势一说。从 1994 年到 2018 年，7 届冬奥会的 14 位冠军无一是东道主运动员。北京冬奥会决赛赛制微调，每名选手有两次试跳机会，取较高的得分为最好成绩，前六名进入"大决赛"。"大决赛"中，六名选手一跳定胜负，决定最终名次和冠军归属。运动员靠真功夫，三周台是主战场，倘若着陆跌倒，纵然在主场也无济于事。其实"难"和"稳"的问题早就辨析清楚，三周台动作只是拥有金牌争夺战的主动权，关键时刻，必须由稳定性来做担保。

和我们同场竞技的，恰恰是一批难稳并重的对手。以难度见长的澳大利亚名将劳拉·皮尔强势依旧，卫冕冠军白俄罗斯队的汉娜·胡斯科娃稳健如常。决赛前两跳，胡斯科娃隐忍不发，保存实力，节省体力。第一跳才获得 89.41 分，难度系数 3.710 的 bLTF 完成质量并不出色；第二跳 bLFT，相同的难度系数，92 分，排名第六，挤进冠军争夺战。

大决赛，第一个登场的胡斯科娃果然放出大招。bLFF，难度系数 4.028，姿态舒展，落地平稳，裁判打出高分，107.95 分！残酷的规则考验着选手的抗压能力和心理素质，接下来登场的劳拉·皮尔和孔凡钰接连失败。

"我前面有个 107 分？谁啊？汉娜啊。"徐梦桃赛后的"震惊"也让采访她的媒体感到吃惊。沉浸到比赛里，把干扰屏蔽掉，徐梦桃从一开始就把取胜之匙攥在手中。站在起点上，徐梦桃轻轻吸气，脚步向上挪了两步。这两步调整，给予徐梦桃恰到好处的助滑速度。

bFFF，"大决赛"6人中3名选手的选择，连续三周向后翻腾同时加一周转体。如果仅以空中姿态相比，劳拉·皮尔和阿什莉·考德威尔完全不输徐梦桃。但空中技巧各环节环环相扣，助滑速度过快，翻转过度落地时身体后仰；助滑速度不够，翻转不足落地前倾。决定命运的着陆，只有徐梦桃获得成功。

2022年2月14日，多么美妙的日子啊！

不懈的努力总会得到回报，命运的捉弄也不可能一如既往的无情。从温哥华初出茅庐，到北京圆梦登顶，徐梦桃终于完成了对自己的超越，完成了对梦想的追逐。

2022年2月14日，徐梦桃北京冬奥会夺冠（视觉中国/供图）

沈阳体育学院师生见证徐梦桃夺冠（视觉中国/供图）

自由式滑雪空中技巧早已是她生命中不可分割的爱人。这个夜晚，他们以最浪漫的方式共同庆祝。

900公里以外，同一时刻，在沈阳体育学院白清寨滑雪场，徐梦桃的老师、同事和后辈欢呼着拥抱在一起。她们的泪水和徐梦桃的泪水一起流淌。徐梦桃的眼泪，从温哥华的不甘、索契的遗憾、平昌的梦碎，终于变为北京的喜悦。喜悦的眼泪，味道是甜的。

喜悦在延续。闭幕式上，中国体育代表团旗手入场方式独特，徐梦桃被高亭宇扛在肩上，手中举起的五星红旗随风飘扬。一起"高"举中国"梦"！现场掌

新的征程 | 195

声雷动，万千观众喝彩。

徐梦桃把她的喜悦、感激，付诸笔端。"感谢我的祖国，感谢代表团的信任。担任闭幕式旗手，这不是我一个人的荣誉，光荣属于中国冰雪运动大家庭，属于中国自由式滑雪空中技巧队的每个人。梦想的力量是巨大的，追逐梦想的过程是充实和幸福的。愿筑梦、逐梦、追梦路上的你也和我一样，坚持到底，绝不放弃，一起向未来！"

"一定要付出，一定要努力，加倍努力，才能靠近目标，实现梦想。"徐梦桃的这枚金牌后面，有比金牌更加珍贵的东西。

⓪③ 这就是"5.0"

齐广璞的第一次冬奥会之旅在温哥华，那一次他排名第七；四年后索契，齐广璞已成夺金热门，但最后落地失误，只收获第四；一个四年再接一个四年，齐广璞终于亮出了"5.0"。

时间回到 2014 年，北京时间 2 月 18 日的凌晨 2 点 20 分，白俄罗斯选手安东·库什尼尔几近完美的 134.50 分，像从天而降的一场冰雨，让人心头凉了大半截。那是索契冬奥会自由式滑雪空中技巧男子决赛阶段的奖牌轮，当看到安东·库什尼尔以极高质量完成难度系数 5.000 的 bdFFdF 动作时，守在屏幕前的沈阳体育学院竞技体校师生，无一不是屏住了呼吸。

时任沈阳体育学院竞技体校校长的于树祥坦言，尽管齐广璞、贾宗洋两位中国队员还未出场，但他当时觉得，顶级运动员之间到最后比的就是心态，库什尼尔的 134.50 分等于扔过来一个巨大的包袱。

果不其然，随后出场的齐广璞挑战同样超高难度的"5.0"动作，摔倒；贾宗洋动作难度系数也高达 4.900，落地失误。在这个有希望冲击金牌的项目上，中国队最终只由贾宗洋获得一枚铜牌。

难度系数 5.000 的 bdFFdF，是齐广璞在 2013 年世锦赛上使用并夺冠的动作。然而，胜利的天平在落地时失衡。但中国队教练员纪冬当时说得明白，齐广璞和贾宗洋刚会跳三周的时候，库什尼尔就能跳"5.0"这个动作了。白俄罗斯 4 名运动员分别是1977年、1979年、1984年、1983年的，我们的运动员是1991年、1992年的——对手都练20来年了——成为一名顶级自由式滑雪空中技巧运动员，需要时间的积累。

正因为对手把动作发挥到了极致，中国选手在索契输得心服口服。面对竞技体育的残酷，确实需要更多的人生历练，但这恰恰是中国男队当时的天然劣势。"库什尼尔拿世界冠军的时候，我还不知道这个项目呢！"齐广璞笑着承认，"能和他同场竞技，此前我也赢过他，在索契冬奥会决赛和他拼到最后，已经感觉很棒！"

回忆在索契的最后一搏，贾宗洋说，已经被"逼"到那种境地，想不起来紧张，只有两个字——拼了！拼，虽败犹荣！不拼，胜亦有憾。敢于把不成熟的，甚至让自己也害怕的动作拿出来使用，这就是精神上的进步。

齐广璞最早接触bdFFdF是在2009年，备战温哥华冬奥会期间的一场北美水池世界杯比赛，贾宗洋成功完成了这个动作，直体后空翻转体720度接直体后空翻转体360度接直体后空翻转体720度。到了2011年，齐广璞也开始尝试练习，"只是为了提升自己的能力，并不是作为比赛动作来练，因为难度动作练好了练会了，再做简单动作会相对容易一些。"

从2014年索契冬奥会周期开始，以徐梦桃、齐广璞、贾宗洋为首的一批兼具高难度动作和稳定性的运动员正式走到台前，不断获得世锦赛和世界杯分站赛的冠军。

同样的索契周期，国际雪联变更了自由式滑雪空中技巧的奥运会决赛赛制。决赛由以前的两跳预赛、两跳决赛赛制，变成决赛阶段一跳递进淘汰。到平昌冬奥会，比赛规则由决赛阶段3轮以"12—8—4"的方式递进排名变为决赛阶段3轮以"12—9—6"的方式递进排名。北京冬奥会，赛制再度微调。这样一来，动作申报、比赛进程、出场顺序、参赛资格、名次排定、临场指挥等诸多方面迎来全新变化，尤其对运动员来说，意味着要储备更多的高难度动作。

新赛制下的每一跳，都与晋级和下一轮的排序相关。像2010年温哥华冬奥会上澳大利亚名将库珀竟敢在资格赛中使用2.900低难度bLF动作的情况，永远成为历史。

奥运会赛制的改变，逼迫齐广璞必须把"5.0"动作练会、练熟。

时至今日，难度已经成为杀手锏。有动作难度储备者，既可加难而强攻，也可减难以避险，上下有理，左右逢源，主动权完全掌握在自己手里。无动作难度储备者，不管形势如何变幻，只能孤注一掷，没有任何回旋余地。对志在夺金的选手，有威力的动作难度储备最起码要超过 3 个，尤其是"冲金动作"的难度，更要足够大，但这也使比赛的偶然性进一步被放大。

时间再拨回 2018 年的平昌，凤凰雪上公园滑雪场，平昌冬奥会自由式滑雪男子空中技巧决赛阶段第二轮，齐广璞最后一个出场。每一次站在起点，都是一次心理上的突破。甚至，跳得越多越感觉害怕，但这个极限项目也教会这些运动员，无论何种情况，都要保持一颗平常心。出发、滑行、起跳、翻滚、落地，深蹲后重心偏离，努力调整没有摔倒，但还是未能跻身奖牌轮，他最终名列第七。

作为该项目的难度王和世锦赛双冠王，齐广璞还没来得及使出最高难度，他的平昌冬奥会之旅就已经结束。齐广璞最初用了四五年的时间去摸索"5.0"这个动作，不断尝试，然后反馈给教练员，再不断去改善动作。过程艰辛，结果未卜。北京冬奥周期，世界强队格局再生变化，俄罗斯、乌克兰、瑞士跻身第一方阵。"5.0"的顶配难度成为男子赛场的标配动作，对男子选手来说，bdFFdF，几乎成为必答题。

2022 年 2 月 16 日，是齐广璞的答题时间。混合团体比赛冲金未果，单人项目必须打开局面。就在团体比赛结束的第二天，齐广璞训练中练了两跳"5.0"，"就是拼了，只能拼了。"

"5.0"的动作有多难？身体纵轴转体 5 周，还要在身体翻转的情况下，看地找点定位，错过那个点，后面动作很难接续。之前训练时，跳"5.0"要看天气、场地条件，还要看身体情况。每次跳完后，齐广璞都会觉得头昏脑涨，整个人的精神状态和身体状态都很疲劳。

决赛 6 名选手，5 个"5.0"。齐广璞说："我在世界杯、世锦赛都曾成功过，今天不论什么情况，跳'5.0'绝对会义无反顾。"在北京冬奥会自由式滑雪空中技巧男子决赛赛场，超难超稳，不再是空中技巧的发展趋势，而是比赛的现实需求。奖牌轮的竞争程度，也将永远这样"恐怖"下去，水平相差无几，受命运之神眷顾的，一定是保有实力的同时，内心强大、细节取胜的那个。

伊利亚·布罗夫在第一轮跳了"5.0"，前三名选手都没有成功。齐广璞出场，出发点上的他深吸一口气。现场异常安静，齐广璞滑行、腾空、转体、翻腾、平稳落地。热烈的呐喊声与掌声瞬间爆发，129分，大屏幕显示出分数，齐广璞好像还有点担心，"感觉得分有点儿低。"从2013年世锦赛"5.0"一跳成功算起，九年过去，"5.0"仍是自由式滑雪空中技巧的第一难度，但和当年相比，能跳这个难度的选手更多，在众多高手中，齐广璞抛开包袱，杀出重围，完成了职业生涯最精彩的一次自我超越。

齐广璞北京冬奥会夺冠的一跳（视觉中国/供图）

"我曾经幻想过夺冠的瞬间，在想象中我也流下了泪水，刚才我真的哭了，忍不住哭了好几次。"

"特别是当我知道自己拿下冠军，开始披着国旗奔跑的时候，泪水更是控制不住，淌在脸上，流到心里。"

齐广璞一句一句诉说的同时，已经结束比赛、未能进入决赛最后一轮的贾宗洋眼中同样饱含热泪，激动地为队友鼓掌。当齐广璞在混合采访区接受采访时，贾宗洋突然入镜，"打扰一下啊。"两人紧紧拥抱在一起。然后，贾宗洋对齐广璞说道："回去请吃饭啊！"

贾宗洋释然了，徐梦桃和齐广璞都拿到了金牌，他终于不用再为团体赛中的失误一跳而心怀愧疚。彼时，贾宗洋懊恼地大喊了出来，撕心裂肺。他明白，那枚梦想中的团体金牌，走远了。当贾宗洋在男子空中技巧决赛中再度出场时，在他之前，10位选手已经完成了第二跳，他排名第七。只需要比自己第一跳的123.45分再多0.09分，仍可拥有向奖牌乃至金牌发起冲击的机会。

叹息声突然响彻云顶滑雪场上空——贾宗洋再次失误，滑向等待区的途中，他双手抱头。即将迎来31岁生日的贾宗洋，在自己的第四届冬奥会上，虽然没能迎来和徐梦桃、齐广璞一样的圆满结局，但他还是愿意把这段逐梦的旅程总结为"荣幸大过遗憾"。

新的征程 | 199

起跳——中国自由式滑雪空中技巧发展史记

2022年2月10日，中国自由式滑雪空中技巧队获得北京冬奥会该项目混合团体亚军，图为徐梦桃（中）、贾宗洋（左）、齐广璞（右）（视觉中国/供图）

说不遗憾，又怎能不遗憾，遗憾中更显示出坚韧和热爱。当看到齐广璞圆梦，眼含热泪的贾宗洋又笑了。他在微博动情发文，说自己从温哥华的少年，变成了大家口中的"大叔"，感受到大家的祝福和鼓励，希望大家喜欢空中技巧，全队的荣耀就是中国的荣耀。

是啊，2010年温哥华，2014年索契，2018年平昌，2022年北京，我们也许根本无法理解和体会他们经历了什么。对于常人来说，可能只是四次在电视前的欢呼或者叹息，对于运动员来说，这几乎是一辈子。

04 莫忘来路

"一场没落！"与韦迪通话，是在北京冬奥会自由式滑雪空中技巧比赛全部结束的第二天。韦迪说："我昨天看比赛时，和家人聊天还说呢，20世纪90年代的时候，咱们刚上空中技巧项目，看到日本队都觉得高不可攀，因为咱们只能做两周动作时，人家早做三周动作了。现在呢，赛场上已经见不到日本运动员了吧，中国队远远超越了他们。"

韦迪之于空中技巧项目，是特殊的存在。北京冬奥会上，中国自由式滑雪空中技巧2金1银的获得，凝聚方方面面的合力，从国家体育总局、辽宁省体育局的支持，到沈阳体育学院历任书记、院长的冰雪文化传承、不断推进发展，还有竞技体校负责人和教练员的抓管理、抓训练、抓作风，上下同欲者胜。所有这一切，可能都要追溯到当年力排众议谋定向冰雪运动转移的韦迪那里。桃李不言，下自成蹊，那是沈阳体育学院三十载树人的起点。

"不要说我，这都是大家的事，我能有多大作用，是吧？"韦迪抽丝剥茧，厘清脉络。

首先值得书写的，是已经去世的国家体委训练竞赛五司司长赵常态同志。韦迪说："1989年春节期间，他专门到沈体来做工作，礼贤下士，令我非常感动。"

关于赵常态司长，杨占武有一段珍贵的回忆。1993年6月底，五司与首都体育馆行将合并，成立国家体委冬季运动管理中心。搬家之前的晚上，在东楼四楼的雪上处办公室，赵常态用习惯的姿势拉把椅子反坐着，对杨占武说："搬过去之后你去干短道吧，项目的训练竞赛得有人管起来，某种程度来说，干部的管理水平决定项目的水平！"

杨占武感叹，赵常态是他见过的最朴实、最平易近人的领导，这句话也是用平淡的语气说出来，但他知道话里的要求和期许有多重。赵常态与杨占武的这番谈话，和几年前在沈阳体育学院的建议似乎有相通之处，提前谋篇布局，为当时仍在艰难跋涉的中国冰雪项目找变化，寻突破。

变化带来挑战，更带来机遇。任命体操和技巧项目的老师担任空中技巧教练员，韦迪和陈洪斌一起经历了自由式滑雪空中技巧起步阶段的风雨，在变局中寻求破局之路。1997年12月，韦迪调任国家体委重竞技中心主任，两个月之后，雪上项目实现冬奥会奖牌"零"的突破。陈洪斌在日记里写道："比赛真紧张呀，紧张得叫人透不过气来！"2022年2月18日，回忆往事，韦迪说："陈洪斌教练是自由式滑雪空中技巧项目的功臣。"

陈洪斌还能找到的当年的日记足有七八本，从1995年记到2019年，跨度漫长；从训练工作记到思想工作，事无巨细。1995年7月16日，陈洪斌写道："全国网球比赛的运动员都在学校食堂吃饭，开会强调，希望同学们注意文明礼貌。"1995年10月8日，陈洪斌记录："带队去日本比赛，本次带款50000日元、法郎2000元、人民币4000元，早坐12次车赴北京，车票370元，买麻花、方便面34元，中午买盒饭50元，出租车60元……"每一笔都清清楚楚。

除了精打细算，在日记里，陈洪斌常常为雪板发愁，"大量时间花在修板加固板上""研究板的问题""和领导谈缺板"，这样的内容，随处可见。那年去瑞士比赛，一名外国选手随手丢弃的雪板让陈洪斌眼睛一亮，顾及中国教练员的面子，想等人家离开后再出手，在旁边等待了一个多小时，却被一名俄罗斯小队员先下手为强，这让陈洪斌后悔不迭。经费缺乏、器材落后、价格高昂，是那一代雪上项目管理者、教练员、运动员的共同回忆。

日记内容更多的还是训练，陈洪斌列好表格，运动员名字和动作名称对应，失败了画叉，成功了打对号。对号里也有学问，前一笔长，意味着起跳时后仰，后一笔上画圈，说明翻过了头。因为自己失误使徐囡囡受伤那回，陈洪斌重重写下三遍"教练混账！"北京冬奥会期间，徐梦桃把她珍藏的几张当年的训练计划拍照，发给陈洪斌，告诉陈老师，自己一定全力以赴，完成人生中最重要的起跳。

那时陈洪斌正在担任北京电视台的直播嘉宾。网络连线，需要在手机上完成一系列复杂操作。陈洪斌担心，自己会在反复操作过程中出现差错，耽误直播，就从下午3点测试信号开始到晚上10点正式直播，连续7个小时一直维持在线状态，坐在定点位置不曾离开。老体育人的专注负责和一丝不苟令电视台工作人员深深感动。陈洪斌说："运动员十几年如一日刻苦训练，金牌、成绩固然值得称道，他们的汗水、泪水、坚韧、顽强更有价值，我有义务和责任把他们的故事讲出来，让更多人了解他们的拼搏和进取。"

陈洪斌所讲述的，还有沈阳体育学院自由式滑雪空中技巧跳台的故事。韦迪同样记忆犹新："实事求是，最早国内空中技巧队伍三足鼎立，沈体比其他队伍好在哪？那就是自力更生，最先解决了夏训跳台的问题。"

中国自由式滑雪空中技巧"其作始也简"，泳池边简陋的夏训跳台是最好的见证者。1993年的脚手架跳台，用建筑工地的脚手架搭建，下滑材料自行研发，练动作，磨难度，运动员在摇摇晃晃的跳台上滑行、起跳。1996年沈阳体育学院修建夏训跳台的故事，已经被更多人知晓，全校师生员工、退休老教师和毕业校友主动解囊，倾力相助，那场面令人动容，更令人振奋。

跳台的新篇章正在续写，中国自由式滑雪空中技巧的发展，"其将毕也必巨"。受国家体育总局委托，沈阳体育学院打造一座新一代夏训跳台。什么叫新一代？沈阳体育学院党委书记姚守齐伸出三个手指——外观新，跳台占地18000多平方米，不仅包括自由式滑雪空中技巧夏训台，还包括单板U型场地夏训台，综合服务楼及附属配套设施一应俱全；材料新，跳台滑道表面采用人造滑雪材料，下滑材料上再不用浇水，一种全新的喷涂材料将使滑行效果更好，让训练不再受季节限制；理念新，跳台设计有助滑区、动作区和落地区，运动员在"着陆坡"上着陆，夏季训练仿真冬季雪上训练，一举解决落地问题，这不仅是技术的提升，更是理念的突破。

与原始设计相比，"新一代跳台"结构变化，造价提高。沈阳体育学院的构想得到国家体育总局的坚决支持。

项目上马，沈阳体育学院领导班子在讨论中各抒己见，交流后达成共识。2020年的党委会投票与1995年的那次投票遥相呼应，预算方案通过。

2021年6月18日，综合夏训台建设项目奠基仪式在沈阳体育学院举行。从开工到竣工，项目建设跑出加速度。说起夏训台的特点，刘征院长信手拈来：以前科研人员需要临时搭设视频捕捉点，夏训台直接铺设智能化的场地分析系统，即插即用；沈阳体育学院自主研发的雪上摩擦系数测量装置也会大显身手，帮助运动员更准确地确定起滑点……为冰雪运动插上科技的翅膀，站在硕果累累的今天回头望去，那段激情飞扬的奋斗岁月更值得追忆，三座夏训台接续传承的故事里，是中国自由式滑雪空中技巧项目发展的最好缩影，饱含一种精神凝聚的源泉，一种团结奋进的动力。

自由式滑雪空中技巧问鼎冬奥会，是辽宁体育的骄傲，是沈阳体育学院的骄傲。当白清寨滑雪场在夺冠日热"雪"澎湃时，刘征的心情同样激动，他说："学校立下军令状，两块金牌的目标顺利实现，国家赋予我们的使命，责无旁贷。"

一代人有一代人的使命，一代人有一代人的担当。在2006年韩晓鹏之后，中国男子运动员经过十六年的努力，终于再一次一飞冲天。而中国女子运动员的蛰伏期更加漫长，从1998年长野冬奥会，到2018年平昌冬奥会，中国自由式滑雪空中技巧女队获得5个亚军，获得银牌绝非原地踏步，而是在为取得突破蓄积力量。掌握运动项目规律，迈向更高水平，往往需要几代教练员、运动员总结、提炼。2022年，中国自由式滑雪空中技巧人终于以蓬勃的朝气、厚实的底气，谱写了新时代的胜利之歌。徐梦桃和齐广璞说："对于我们这一代运动员而言，能够实现金牌突破，是莫大的光荣。"

是的，新故相推，日生不滞，心之所向，奋斗的脚步终将抵达。中国自由式滑雪空中技巧人和中国冰雪人一道，几十年锲而不舍，在奋斗中创造了精彩人生。韦迪有感而发："真的，作为一名体育人，挺自豪的。"

05 新的起跳

2020年，姚守齐几次"硬闯"北京。新冠肺炎疫情期间，北京住宿不便，姚守齐提前联系科技部领导，说好"10分钟就行，把构想汇报一下"。乘坐夜车夕发朝至，姚守齐在科技部大楼外面，介绍自由式滑雪空中技巧的发展以及沈阳体育学院建造新夏训跳台的设想。

交谈当然不止10分钟，科技部领导听了很感动，说原来不知道这个项目在我们国家有这样的发展历程，不知道这个项目就落在你们沈阳体育学院，不知道你们现在有这样超前的想法，想做这样的事情，好，回去研究汇报。最后，沈阳体育学院新夏训台着陆坡的材料研制，作为北京冬奥会专项技术攻关项目之一在2021年初得到批复。

新夏训台的位置在沈阳体育学院东侧，按照工地围挡上的介绍，用地面积达18000多平方米，与短道速滑馆、规划中的冰上运动综合馆一字排开。

2021年9月2日，姚守齐兴致勃勃在工地现场当起"向导"。"空中技巧夏训台下方还建有综合服务楼，地上五层，地下一层，未来学院的检测评价中心、康复训练中心、营养恢复中心、高原训练中心都在这里。"在姚守齐的介绍中，一座"沈体的体育科技园"正在拔地而起，有了高水平的场地，才能培育高水平的队伍，不只对自由式滑雪空中技巧项目，所有项目的科学训练和后备人才培养都将因此受益。

工程造价不菲。姚守齐说，敢下这样的决心，是对自由式滑雪空中技巧、沈阳体育学院前几代人敢于担当、勇于创新精神的继承，从脚手架跳台到老校区的水池跳台，前人留下的榜样，不都是敢为天下先？

"那时候学校有多少钱？"张贵敏回忆，"1995年我当副院长时，学校欠外债300多万元，一年经费才1000万元。"

"队伍刚开始成立时，一看那样子，谁有信心啊，我也没底。一代代教练员、运动员、管理人员、科研人员艰苦付出，他们以强烈的事业心、奉献精神与高尚的道德情操，为项目的发展注入不朽的生命力。"2006年担任院长时收获金牌，张贵敏倾注的心血只多不少，时隔多年，他笑着说："到我这儿弄个'摘桃'。"

2006年都灵冬奥会过后的一段时间，张贵敏去国家体育总局开会，一位副局长对张贵敏说："祝贺你们啊，拿了金牌。""我说，中国军团征战都灵冬奥会，沈阳体育学院拿了一半金牌，50%。他笑说贵敏你这话说大了啊，可再一想，两块金牌，我们一块。真对啊。"

对自由式滑雪空中技巧的发展，王钰清自言，这个项目的成功必有成功之处，而且它的成功并非偶然。"2002年，《求是》杂志上有一篇文章，《星光为何这般灿烂》，讲述中国乒乓精神。我看后感触很深。在20世纪五六十年代，五星红旗在艰难中升起，中国乒乓球靠国家的支持、技术上的创新和强大的群众基础，走到世界最前列，乒乓精神感召了几代人。"

王钰清的反应是，中国自由式滑雪空中技巧走过的道路同样坎坷而辉煌。自由式滑雪空中技巧的发展是抓住了契机，凭借执着的奉献和坚持到底的韧劲，实现了中国雪上项目的弯道超车，引领了自由式滑雪空中技巧项目在国际上的发展。王钰清说，更多的细节，蕴藏在一线工作者的奋斗历程中。

时光流转，那些曾为自由式滑雪空中技巧拼搏奋斗的一线工作者，手中仍然紧握中国冰雪运动的接力棒。

徐囡囡现在的职位是沈阳体育学院冰雪教研室主任，正在为"建设冰雪特色鲜明、行业领先的国内一流、世界知名的体育大学"的发展目标付出努力。

郭丹丹坚守冰雪运动推广事业，她的身份一直在变，是体育文化公司创始人，是张家口市崇礼区政府特聘专家……北京冬奥会开幕前，她是宣讲团的一员，用亲身经历为冰雪运动"代言"。

季晓鸥担任国家单板滑雪平行回转集训队中方主教练，不仅培养出了世界冠军，更教会了运动员如何用智慧和理智战胜困难，由一个胜利走向又一个胜利的方法。

徐威以中国男子冰球集训队领队的身份投入备战，他表达出不畏艰险、全力备战、快速提升竞技水平和竞赛成绩的心声，在北京冬奥会上向世界展示了中国男子冰球的全新形象。

李妮娜 2015 年成为北京申冬奥形象大使，从申办冬奥会到现在，李妮娜尽自己的力量，推广中国冰雪运动，带动更多人关注冬奥、参与冬奥、助力冬奥。2022 年北京冬奥会上，李妮娜又出现在她熟悉的空中技巧赛场，担任视频回放裁判，为保障赛事而忙碌，时常露出的笑颜，让人看到了一代代运动员的自信与坚守。

韩晓鹏当过两次火炬手，北京 2022 年冬奥会开幕式上，第一次成为护旗手，心情荣幸且兴奋。北京冬奥会是韩晓鹏参与的第五届冬奥会，从运动员到工作人员，身份在变化，但那颗怀有冰雪情结的心从未改变。

郭心心和沈阳体育学院青年队的小运动员们一起，在逐梦之路上继续耕耘，这些年轻运动员在摔打中成长，小小年纪背后蕴藏着执着和坚毅。

孟春媛从 2019 年开始担任竞技体校校长，为队伍备战守住大后方。冬奥会连续几个比赛日，她的心情既激动又心疼，在白清寨滑雪场的会议大厅里和同事们手握着手，紧张地等待着徐梦桃、贾宗洋、齐广璞他们的每一次跳跃。喜极而泣的孟春媛拭去眼角的泪花，"只要坚持，梦想一定会实现！"

陈洪斌看到弟子徐梦桃站上最高领奖台，不禁热泪纵横。"中国空中技巧项目金牌梦想在 2006 年之后再次成真，是几代教练员和运动员用不懈努力、奋斗和坚持换来的成就。我盼着这一天，咱们空中技巧的教练员们也期盼着这一天，我非常非常激动。"陈洪斌浮想联翩，想起当教练员时二十多年爬冰卧雪，想起项目发展中的种种坎坷经历，哎呀，真是长长地松了一口气。

陈洪斌的家在沈阳北陵公园东门附近，他的生活半径，就在那座 1997 年的水池跳台不到 1 公里的距离之内。沈阳体育学院 65 周年校庆的时候，陈洪斌在一次交流演讲中有感而发："我今年 70 岁了，取得的一些成绩，离不开学校的培养，我对学校的爱发自肺腑，我对空中技巧的爱永无止境。经历都会变成财富，同学们，人生不可能什么事情都顺风顺水，克服困难，总有成功的一天。"

回望北京冬奥会的备战路，道阻且长。受新冠肺炎疫情影响，国家集训队一连十几个月没有参加国际比赛，克服长期集训带来的身体疲惫和心理疲惫，欧晓涛、纪冬、牛雪松、徐梦桃、齐广璞、贾宗洋、孔凡钰、王心迪、孙佳旭、邵琪，他们克服重重困难重新走上赛场，在追逐冬奥梦的路上砥砺奋进。

冬奥会进入"北京时间"，中国自由式滑雪空中技巧斩获 2 金 1 银，在中国体育史上写就光辉一页。中国代表团的历届冬奥征程，14枚自由式滑雪空中技巧奖牌中，13枚奖牌由沈体"制造"。沈阳体育学院，以一所学校之力，去支撑一个项目，助力自由式滑雪空中技巧在中国生根发芽，长成参天大树。与此同时，中国代表团的雪上项目奖牌总数升至20枚，北京冬奥会的9枚金牌中，5枚来自雪上项目。新格局，意味着雪上项目发展的新挑战和新机遇。

回顾中国冰雪运动的发展历程，不止自由式滑雪空中技巧一个项目从零开始，从弱到强。回顾中国自由式滑雪空中技巧的发展历程，沈阳体育学院又绝非孤军奋战。有太多的单位、个人，以体育人的执着，前仆后继，担当，坚守，探索，奋斗。他们的奋斗史值得梳理，他们的精神史更需挖掘。

中国空中技巧人，则在逐梦的路上，展现了非凡的体育精神，展现了不断追求卓越的拼搏意志，更展示出了团结自信的大国风范。在此路上，一代代中国空中技巧人书写了热血励志的体育故事，他们的奋斗精神在一代又一代教练员、运动员之间凝聚、传承，在人们心中产生了长久的共鸣——追逐梦想、超越自我的道路上，每个奋斗的人都是英雄。

雪野茫茫拓荒路，春风已解百丈冰。

现在，沈阳体育学院的工地上，工程建设一天一个样。不久之后，一座世界最高水平的自由式滑雪空中技巧水池跳台将拔地而起，中国自由式滑雪空中技巧的运动健儿们，将在这里迎来新的起跳。

路漫长，从头越。

参考文献

[1] CCTV《面对面》.王志专访都灵冬奥会冠军韩晓鹏[EB/OL].[2006-03-21].https://news.sina.com.cn/c/2006-03-21/14369404902.shtml.

[2] 央视网.我的奥林匹克（第32期）——郭心心[EB/OL].[2010-03-18].https://jishi.cctv.com/2010/03/18/VIDE1355599377341569.shtml.

[3] 郝庆威,门传胜,佟永典,等.季晓鸥自由式滑雪空中技巧水池动作的运动学研究[J].沈阳体育学院学报,2003（4）：18-20.

[4] 阎涛,马邦杰.任洪国解开韩晓鹏夺冠之谜[EB/OL].[2006-02-23].http://sports.sina.com.cn/s/2006-02-25/1043792593s.shtml.

[5] 李妮娜.奥运回想之一 02 美国盐湖城[EB/OL].[2007-06-16].https://blog.sina.com.cn/s/blog_4c68ae58010009e5.html.

[6] 李妮娜.奥运回想之二 06 意大利都灵[EB/OL].[2007-07-17].https://blog.sina.com.cn/s/blog_4c68ae5801000a21.html.

[7] 李妮娜.奥运回想之三 2010 加拿大温哥华[EB/OL].[2015-11-06].https://mp.weixin.qq.com/s?__biz=MzIzNzA2NDE0NA==&mid=400370699&idx=1&sn=5250ac9ca0ae85ad61b8b37b845e0272&chksm=7ae7d6b44d905fa25566e3d9cb5c01e96e6bcff322cc4be9bb84f0a2f5fbcd9a1796c4d389c1&mpshare=1&scene=1&srcid=1009M8RsBniHMB5m9fiNEPTd&sharer_sharetime=1665301815565&sharer_shareid=c7a9fd54af02b54521a3515b840858df#rd.

[8] 单兆鉴.中国雪上运动项目发展概况[J].冰雪运动,1991（1）：35-41.

[9] 戈炳珠.九冬会空中技巧比赛评析[J].沈阳体育学院学报,1999（2）：12-15.

[10] 李颖.冬奥会自由式滑雪空中技巧获奖牌女选手年龄特征[J].冰雪运动,2011,33（4）：

25-30.

[11] 张力为，王晋，张凯.自由式滑雪空中技巧队备战温哥华冬奥会的心理训练[J].体育科研，2013，34（1）：58-66.

[12] 纪俊峰.我自己打败了自己——自由式滑雪空中技巧运动员徐囡囡自白[J].中国体育：中英文版，2002（4）：69-71.

[13] 吴志海.我国自由式滑雪空中技巧安全问题的研究[J].沈阳体育学院学报，2006（2）：78-80.

[14] 纪冬，闫红光，徐囡囡.2007—2008赛季国家自由式空中技巧滑雪队情况分析与备战——2010冬奥会对策研究[J].沈阳体育学院学报，2010（1）：17-19，25.

[15] 王向娜.任洪国称要增三周台选手[EB/OL].[2006-02-23].http://sports.sina.com.cn/s/2006-02-23/1336790819s.shtml.

[16] 慈鑫.一场没有失败者的巅峰对决[N].中国青年报，2014-02-16（4）.

附　录

附录1　中国自由式滑雪空中技巧发展历程

1986年12月至1987年4月	黄万龙、银刚在日本参加国际雪联举办的自由式滑雪学习班
1988年8月	张永和作为自由式滑雪队教练员完成队员选拔，潘立权、尹红入队
1989年5月	张永和的队伍被黑龙江体委协议放到松花江体委名下
1989年底至1990年初	潘立权完成中国自由式滑雪空中技巧运动员的第一个雪上空翻
1990年	前卫体协自由式滑雪队成立，银刚任教练员
1990年	由王石安编写的中国第一本自由式滑雪竞赛规则出版施行
1991年2月	自由式滑雪空中技巧成为七冬会表演项目，潘立权、尹红分获男女冠军
1991年9月	沈阳体育学院空中技巧队成立，侯永民任教练员
1992年初	"奥星杯"空中技巧比赛在亚布力滑雪场举行
1993年4月	沈阳体育学院搭建脚手架水池跳台
1993年7月22日	首届全国自由式滑雪空中技巧水池测验赛在沈阳体育学院水池空中技巧场地举行
1993年	杨尔绮调入沈阳体育学院，担任越野滑雪、跳台滑雪、自由式滑雪三支队伍的滑雪基础教练员
1994年2月	中国空中技巧运动员出征利勒哈默尔冬奥会，银刚任教练员，尹红、季晓鸥分列第17名和第18名

1994年2月末至3月初	陈洪斌担任沈阳体育学院自由式滑雪空中技巧队教练员
1994年	国家体委冬季运动管理中心滑雪部组织王石安、王清华、王尔、郭亦农编写了中国第一本《自由式滑雪空中技巧裁判法》和《自由式滑雪裁判手册》
1995年1月	空中技巧列为八冬会正式比赛项目
1995年	沈阳体育学院组建空中技巧二队,杨尔绮担任教练员
1995年10月	沈阳体育学院召开党委会,决定修建标准水池跳台
1995年11月23日	沈阳体育学院标准水池跳台动工,后于1997年初竣工
1995年底	松花江队、前卫体协队和沈阳体育学院联办的长春队三支队伍以国家集训队名义合并管理训练,陈洪斌开始担任国家队教练员
1996年2月	第3届亚洲冬季运动会在哈尔滨举办,空中技巧项目中,欧晓涛获得男子冠军,郭丹丹、徐囡囡、尹红包揽女子前三名
1997年8月2日	郭丹丹在空中技巧世界杯澳大利亚墨尔本站比赛中夺冠,成为中国雪上项目的第一个世界杯冠军
1998年1月9日	季晓鸥以200.21分的成绩在空中技巧世界杯加拿大蒙特利尔站比赛中夺冠,成为世界上第一个得分突破200分大关的空中技巧女子选手
1998年2月18日	长野冬奥会,徐囡囡获得自由式滑雪空中技巧女子项目银牌
1999年1月	九冬会增设空中技巧团体项目金牌
2002年2月	盐湖城冬奥会,中国空中技巧队铩羽而归
2003年1月	十冬会增设空中技巧规定动作金牌
2004年	欧晓涛在空中技巧世界杯捷克站比赛中夺冠,成为中国雪上项目的第一个男子世界杯冠军
2005年	15岁的徐梦桃收获了自己的第一个自由式滑雪空中技巧全国冠军赛冠军
2006年	都灵冬奥会,韩晓鹏获得中国自由式滑雪空中技巧历史首金
2009年	贾宗洋在水池比赛中成功完成了最高技术难度动作bdFFdF,成为中国男选手中完成该难度动作的第一人

- 2010 年 ▶ 温哥华冬奥会，李妮娜、郭心心分别获得自由式滑雪空中技巧女子项目的银牌和铜牌，刘忠庆在男子项目中获得铜牌
- 2014 年 ▶ 索契冬奥会，徐梦桃获得女子项目银牌，贾宗洋获得男子项目铜牌
- 2018 年 ▶ 平昌冬奥会，张鑫、孔凡钰分别获得女子项目的银牌和铜牌，贾宗洋获得男子项目银牌
- 2022 年 ▶ 北京冬奥会，中国自由式滑雪空中技巧队收获混合团体银牌，齐广璞、徐梦桃包揽男女个人项目金牌

附录2　中国自由式滑雪空中技巧队参加历届冬奥会人员名单

第17届冬季奥林匹克运动会（1994年　利勒哈默尔）

教练员：银刚

女队员：李晓鸥、尹红

第18届冬季奥林匹克运动会（1998年　长野）

领队：单兆鉴

教练员：陈洪斌、银刚

队医：李福云

男队员：欧晓涛

女队员：徐囡囡、郭丹丹、季晓鸥、尹红

第19届冬季奥林匹克运动会（2002年　盐湖城）

领队：丁振平

翻译：纪俊峰

教练员：陈洪斌、杨尔绮

队医：庞晓峰

男队员：邱森、韩晓鹏、欧晓涛

女队员：徐囡囡、郭心心、李妮娜、刘丽丽、王姣

第20届冬季奥林匹克运动会（2006年　都灵）

领队：闫晓娟

翻译：杨东

教练员：达斯汀、辛迪、杨尔绮、纪冬

附　录 | 213

队医：周臣泽

男队员：邱森、韩晓鹏、欧晓涛、刘忠庆

女队员：李妮娜、徐囡囡、郭心心、王姣

第21届冬季奥林匹克运动会（2010年 温哥华）

领队：闫晓娟

翻译：李扬

教练员：达斯汀、纪冬、欧晓涛、陈洪斌、牛雪松

队医：周臣泽

女队员：李妮娜、郭心心、徐梦桃、程爽

　　　　（替补：张鑫、代爽飞）

男队员：刘忠庆、齐广璞、贾宗洋、韩晓鹏

　　　　（替补：吴超）

第22届冬季奥林匹克运动会（2014年 索契）

领队：闫晓娟

翻译：王振

教练员：纪冬、欧晓涛、周冉、牛雪松、杰弗里·温特斯廷、马修·麦克法尔

队医：周臣泽

女队员：李妮娜、张鑫、徐梦桃、程爽

男队员：刘忠庆、齐广璞、吴超、贾宗洋

第23届冬季奥林匹克运动会（2018年 平昌）

领队：杨东

翻译：王振

教练员：纪冬、欧晓涛、周冉、牛雪松、郑非

按摩师：韩龙升、李中仁

女队员：徐梦桃、张鑫、孔凡钰、颜婷

男队员：齐广璞、贾宗洋、王心迪、刘忠庆

第 24 届冬季奥林匹克运动会（2022 年 北京）

领队：闫晓娟

主教练：迪米特里·卡沃诺夫

教练员：丹尼斯·卡珀奇克、耶夫基尼·布诺诺夫斯基、纪冬、欧晓涛、
　　　　代爽飞、牛雪松

队医：杨万宏

女队员：徐梦桃、孔凡钰、邵琪

男队员：贾宗洋、齐广璞、孙佳旭、王心迪

后　记

今年8月，我作为单位的代表，踏上了第9届辽宁省"好记者讲好故事"演讲比赛的"赛场"。演讲题目和内容从这部书稿中脱胎而来，沈阳体育学院自由式滑雪空中技巧三座夏训跳台的故事凝练为8分钟的演讲稿，《起跳》打动了观众和评委，我获得全省第一名。

事非经过不知难。对一直从事文字工作的我来说，站上讲台，面对镜头，不但要保证心不慌，腿不抖，还必须要把故事讲出来，讲得好，其难度不亚于完成了一个"5.0"系数的动作。还好，"起跳"顺利，"着陆"平稳，评委们给我打出了9.97分的全场最高分。

当我讲道：

> 水池跳台训练一直持续到雪季来临。运动员浑身湿透，食堂工作人员熬好姜糖水，放在泳池边上，运动员从水里出来，喝几口，再继续爬上、跳下；雪鞋透水，双脚冰凉，运动员带好暖壶，隔一会儿往鞋里灌水热乎热乎。清晨，水面结了一层薄冰，其他队已经停止训练，跳台上只有中国队的身影。运动员说，每一跳砸在水里，冰碴儿像针扎在身上。
> ——有人眼中泛起了泪花。

当我讲道：

> 李一黎是沈体第一任教务长，当时已退休多年。老两口每个月的退休金加起来，不过200多元。老伴儿领工资回来，说："学校盖什么跳台，我捐了50，替你也捐了50。"李一黎问："干啥用啊？""冲奥运冠军！"李一黎手一挥，替我再捐50！于是，一个又一个的50元加起

来，就有了这33米高的第二座跳台。

——有人泪湿了眼眶。

赛场上最动人的，是体育情；比金牌更闪耀的，是拼搏志。所以，当我讲道：

北京2022年冬奥会在家门口举办，中国自由式滑雪空中技巧再获2金1银。听到四战奥运赛场的徐梦桃大声喊出"赢了"，24年前徐囡囡那句"拼了"，又在我耳畔响起。

——我感受到，观众的心和我的心在一起跳动。

雪上项目曾经少人问津。人们或许只知道，有一支队伍在冬奥会前从沈阳体院出发去为中国摘金夺银了，可很少有人了解，他们的名字，以及他们在这条艰难的路上经历了什么，付出了多少。正因如此，陈洪斌老师总说，一定要让这些运动员的奋斗故事被更多人知道啊；我回答他，我一定不会让这些故事被历史湮没。

写这本书的初心就在于此。我想把自由式滑雪空中技巧这部雪上传奇记录下来，把这些运动员的逐梦故事记录下来，更把他们超越自我、顽强拼搏、为国争光的体育精神记录下来。

这些教练员和运动员的奋斗历程，值得赞颂千篇。我知道，故事的背后，是中国雪上项目筚路蓝缕、始简毕巨；观众的掌声，是对那些奋斗者的褒扬。

我更知道，从脚手架跳台到正规跳台，再到新一代跳台，三座跳台的故事，是中国雪上项目发展的最好缩影，是事业的延续、精神的传承和新辉煌的起点。在这辉煌的光焰中，是走在民族复兴伟大征程上的中国，是她年轻的儿女们对她最炽热的爱、最无悔的付出与奉献。

谢谢，谢谢大家。这是我最想说的话。

黄　岩
2022年10月31日